企業価値創造会計の理論と実践

日本トップ500社調査

紺野　剛 著

中央大学出版部

は し が き

　企業価値概念は非常に関心を深めているわりには，相変わらず不明確のまま多くの企業により，企業目的・目標そして戦略の説明において多用されている。それでも企業の目的として，企業価値を創造することに一般化されつつもある。すなわち多くの企業は企業価値を創造する経営を間違いなく推進している。しかし，その具体的な説明はいまだに不十分であり，明確性に欠ける。そして計量的な測定を試みている企業も多少は増えてきたが，しかし具体的な測定額は多種多様で比較困難である。本書では企業価値の基本概念の体系的な整理を試みながら，その背景に存在する重要因子指標を抽出・検証して行くプロセスをも考察している。企業価値を創造するためには，主として会計的支援を基礎として探求しなければならない事は自明である。そこで，企業価値を具体的に測定する方法として，3つの視点で体系化して整理することを提案したい。すなわち本源的視点からの本質的な企業価値を本質的企業価値，会計的視点からの企業価値を会計的企業価値，そして市場的視点からの企業価値を市場的企業価値と定義する。

　企業価値創造を支援する会計の総称を企業価値創造会計と呼ぶことにする。企業の主要ステークホルダーとして，人，顧客，株主そして社会・環境と分類・整理すれば，企業価値創造会計は，人的価値創造会計，顧客価値創造会計，株主価値創造会計そして社会・環境価値創造会計と体系化可能であろう。各相互関係としては，たとえば人的価値の向上を通して，顧客価値を向上させ，究極的には株主価値を向上させ，さらに社会や環境の価値を向上させる好循環の仕組みを創造することを支援する主として会計的なアプローチでもある。このようにステークホルダーとの良好な関係構築から，企業価値の創造を意図しているのが企業価値創造会計である。もちろん他の企業価値創造方法を否定するものではない。

　企業価値創造会計を提案するために，実際事例を通して，当初エレクトロニ

クス業界に焦点を当てながら実務状況の考察を試みた。本書では，時価総額トップ500社に限定して，企業価値概念，会計的視点からの企業価値，市場的視点からの企業価値，本質的視点からの企業価値を比較・検討し，相互関連性についても触れている。各社の企業価値創造の全体像を企業価値創造マップとして総括的に整理することも提案する。

　本書の構成は，第1章で，企業価値創造会計の研究概要を研究目的と研究方法から簡潔に整理している。第2章では，企業価値創造会計の意義を調査対象企業，企業価値概念，企業価値創造会計というもっとも重要な基礎概念を明確化している。企業価値を本質的企業価値，会計的企業価値，そして市場的企業価値と3分類・整理し関係性を提起している。第3章では，企業価値創造会計の本質として，企業価値創造のプロセス，企業価値創造会計による体系的分析を論述している。第4章では，企業価値創造の連鎖として，連鎖プロセスと連鎖の課題に関して検討している。第5章では，企業側の回答を確認するために，2017年3月末日現在株式時価総額上位500社を対象にアンケート調査を実施した。その調査概要と調査結果を整理している。第6章では，企業価値創造会計の各論としてステークホルダーの視点から4分類し，株主価値創造会計について，本質，分析として詳細にその内容を整理・検討している。第7章では，顧客価値創造会計について，本質，分析として詳細にその内容を整理・検討している。第8章では，人的価値創造会計について，本質，分析として詳細にその内容を整理・検討している。第9章では，社会価値創造会計について，本質，分析として詳細にその内容を整理・検討している。最後に第10章において，企業価値創造会計の課題と展望として，本書全体のまとめとして整理・検討している。

　この調査・研究のために，協力いただいた各社の皆様には，お忙しい中，アンケートに回答し，必要に応じてインタビューに快く応じていただいたことを心より感謝申し上げます。企業名・個人名は，企業の要望もあり，誤解が生じないように省かせていただいた。

　2002年から，社会人が主体の中央大学専門職大学院生との議論からは，多

くの実践的な示唆を受け，課題考察のヒントを得られたことには感謝したい。そこで，本書は社会人学生との共著ともいえる。

　2019年度の中央大学学術図書出版助成を受けて，本書を出版することができたが，その際審査委員会の諸先生から貴重なコメントをいただいた。心より感謝申し上げる。

　中央大学出版部の橘由紀夫さんは当初の準備段階から大変お世話になり，髙橋和子さんには編集でお世話になった。

　中央大学で学び，教え，そして自由な研究を継続させていただいたことは幸いであり，特に国際会計研究科，法務研究科の諸先生にもご支援をいただき御礼申し上げる。

　最後に，これまで多くの諸先生にご指導を賜り心より感謝申し上げたい。天野恭徳先生，井上達夫先生，内山力先生，中西旭先生，飯野利夫先生，青木茂男先生，田中雅康先生，石崎忠司先生，中瀬忠和先生，深井秀夫先生，上岡一嘉先生，児島康夫先生等多くの数えきれない諸先生にお世話になった。学恩にとても応えられなかったが，これが私の実力なので，お許しいただきたい。

　最後に，亡き父母の武，十美子，そして家族にも感謝したい。

2019 年 3 月 3 日

　　　　　　　　　　　　　　　　　　　　　　　　　　　　紺　野　　剛

企業価値創造会計の理論と実践
日本トップ500社調査

目　　次

はしがき

第1章　企業価値創造会計の研究概要
1. 企業価値創造会計の研究目的 …………………………………… 1
2. 企業価値創造会計の研究方法 …………………………………… 1
   1　先行関連研究　1
   2　理論と実践　5

第2章　企業価値創造会計の意義
1. 調査対象企業 ……………………………………………………… 7
   1　日本のトップ500社　7
   2　日本トップ500社の比較分析　10
2. 企業価値概念 ……………………………………………………… 13
   1　企業価値の意義　13
   2　企業価値の測定　16
   3　企業価値概念の使用状況　19
   4　企業価値概念の分類　22
3. 企業価値創造会計 ………………………………………………… 33
   1　企業価値創造の意義　33
   2　企業価値創造会計の意義　42

第3章　企業価値創造会計の本質
1. 企業価値創造のプロセス ………………………………………… 47
2. 企業価値創造会計による体系的分析 …………………………… 49
   1　企業価値創造戦略の類型化による分析　49
   2　企業価値創造主要ドライバー　69

第4章　企業価値創造の連鎖

1. 企業価値創造の連鎖プロセス ……………………………………… 77
   1　企業価値創造連鎖の基本フレームワーク　77
   2　経営理念・戦略・計画による企業価値創造連鎖　78
   3　会計的体系化に基づく企業価値創造連鎖　80
   4　会計的・市場的企業価値創造連鎖　83
   5　本質的企業価値創造連鎖　83
2. 企業価値創造連鎖の課題 …………………………………………… 84

第5章　企業価値創造のアンケート調査

1. 企業価値創造のアンケート調査方法 ……………………………… 87
   1　アンケート調査　87
   2　企業価値創造関連の先行研究　90
   3　アンケート調査方法　91
2. 企業価値創造のアンケート調査結果 ……………………………… 92
   1　アンケート集計結果の概要　92
   2　アンケートの分析　97

第6章　株主価値創造会計

1. 株主価値創造会計の本質 …………………………………………… 107
   1　株主価値創造会計の意義　107
   2　株主価値概念の使用状況　108
   3　株主価値概念の意義　110
   4　株主価値創造の意義　112
   5　株主価値創造会計　113
2. 株主価値創造会計の分析 …………………………………………… 114
   1　株主価値創造戦略による分析　114

2　ROEによる株主価値創造　115
　　3　株主価値創造主要ドライバー　127
　　4　株主価値創造会計の要約　129

第7章　顧客価値創造会計
　1. 顧客価値創造会計の本質 …………………………………… 131
　　1　顧客価値創造会計の意義　131
　　2　顧客価値の意義　132
　　3　顧客価値創造会計　135
　2. 顧客価値創造のプロセス …………………………………… 141
　3. 顧客価値創造会計の分析 …………………………………… 146
　　1　顧客価値創造の比較分析　146
　　2　顧客価値創造戦略の分析　152
　　3　顧客価値創造主要ドライバー　155
　　4　顧客価値創造会計の要約　156

第8章　人的価値創造会計
　1. 人的価値創造会計の本質 …………………………………… 159
　　1　人的価値創造会計の意義　159
　　2　人的価値概念の意義　160
　　3　人的価値概念の使用状況　162
　　4　人的価値創造の意義　163
　　5　人的価値創造会計　165
　2. 人的価値創造会計の分析 …………………………………… 166
　　1　人的価値創造戦略による分析　166
　　2　人的価値創造会計による総合分析　173
　　3　女性活躍による人的価値創造　185

4　人的価値創造主要ドライバー　189
　　5　人的価値創造会計の要約　192

第9章　社会価値創造会計

　1. 社会価値創造会計の本質 …………………………………… 195
　　1　社会価値創造会計の意義　195
　　2　社会価値概念の意義　196
　2. 社会価値創造会計の分析 …………………………………… 200
　　1　社会価値創造戦略の類型化による分析　200
　　2　環境価値創造会計　212
　　3　社会価値創造会計　220
　　4　ガバナンス価値創造会計　221
　　5　社会価値創造主要ドライバー　222
　　6　社会価値創造会計の要約　226

第10章　企業価値創造会計の課題と展望

　1. 企業価値創造会計の課題 …………………………………… 229
　　1　企業価値創造会計の課題概要　229
　　2　評価上の課題　230
　　3　定義の課題　231
　　4　ドライバー選定の課題　232
　2. 企業価値創造会計の展望 …………………………………… 233
　　1　企業価値創造の整理　233
　　2　企業価値の拡張性と定義　236
　　3　企業価値の定義・測定の展望　237

主要参考文献 …………………………………………………… 241
初 出 一 覧 …………………………………………………… 257

第1章

企業価値創造会計の研究概要

1. 企業価値創造会計の研究目的

　企業目的は，これまで利益目的で集約されてきた。しかし，利益だけではないとの見解が多く見かけられるようになってきている。利益以外は多様に考えられてもいる。利益だけでは説明できない時代に突入しているのであろう。それではそれは何か。多様な選択が可能であろう。各企業で自主的に決定できると考えるべきであろう。そうなると，企業間比較が困難となる。この問題を解決する利益を超越する概念として，企業価値に注目している。そのためにか，企業価値はわかりやすくもあり，同時に不明確である。

　企業経営の実態を理解するには，もっとも統一的に明らかにする手段が，会計であり，会計情報の利用が重要である。会計の客観性に基づく計算構造が企業利益を明確にしてくれる。同時に，利益だけでなく，企業活動に関連した重要情報をも包含している。すなわち，企業価値関連の情報をも多く提供している。しかし，会計以外の情報をも駆使しなければ，企業価値の全体像は把握できない。そこで，会計を中核とする企業価値への展開に注目すべきであろう。これを企業価値創造会計として以下考察する。

2. 企業価値創造会計の研究方法

1　先行関連研究

(1) 管理会計と戦略会計

　企業経営のための会計が管理会計である。企業経営が経営戦略に依存する環

境が到来してから，経営戦略に基づく経営が定着してきた。経営戦略に基づく管理会計は，戦略会計として展開可能であろう。

(2) 経営資源分析

経営戦略に基づく経営では，経営環境と経営資源の相互作用で進められている。経営環境は，企業の意思ではコントロールできないが，経営資源は企業の意思でかなりコントロール可能である。経営資源は，人（ヒト），物（モノ），金（カネ），情報等で構成されている[1]。経営資源の配分は，経営戦略そのものでもある。

(3) 戦略・計画・予算システム

戦略的経営管理の根幹として，戦略・計画・予算システムを展開してきた[2]。経営理念を目指して，経営目標を定め，この目標達成のために，戦略を策定し，その計画を編成し，さらに実行を担保するために予算を編成する。この一連の連関を繰り返しながら，目標を達成するために日々の実行を行う。経営目標として，企業価値創造を置くと，企業価値創造のための戦略・計画・予算のシステムとなり，戦略経営の根幹となる。この実績把握に主に会計が用いられる。

(4) BSC

BSC（Balanced Scorecard）は，カプランとノートンにより開発された，戦略遂行と業績評価制度を支援する手法である。このフレームワークは,「財務」,「顧客」,「内部プロセス」,「学習と成長」という視点をバランス良く組み合わせて，短期のみならず中長期的な施策を評価・管理することを目的としている。BSCは，業績評価方法のみならず，戦略の方向性を統一し，社内に浸透させていく戦略マネジメントとも考えられている。内部プロセスの検討が多様で難しいので，自由に応用できることが現実的であろう。そこで，ステークホルダーの視点から整理する提案をしてきた。財務は株主の立場と，顧客はそのまま顧客と，学習と成長は人的と，そして内部プロセスは除き，社会・環境を加えたい。もちろん，他の多くの多様な活用方法も展開可能である。

---

1) 紺野（1994）。
2) 紺野（2000）。

(5) 統合報告

　IIRC（International Integrated Reporting Council：国際統合報告評議会）は，参加団体による審議やパブリックコメントの検討などを経て，2013年12月，統合報告のフレームワークを公表した。IIRCが提唱する統合報告とは，企業が財務資本提供者に，長期にわたって価値をどのように創造していくかについて，財務情報と非財務情報を関連づけて報告するものである。報告の内容としては図表1-1に表される8つの要素を，7つの基本原則に従って記載する。

図表1-1　統合報告の要素と原則

8つの内容要素
企業概要と外部環境
ガバナンス
ビジネスモデル
機会とリスク
戦略と資源配分
実績
見通し
作成と表示の基礎

7つの基本原則	
戦略的焦点と将来志向	戦略や目標が何か，それが将来にわたる価値創造にどう関わるかを伝える。
情報の結合性	価値創造・維持のために重要な情報の関連性を示しながら一つのストーリーとして伝える。
ステークホルダーとの関係性	ステークホルダーとの関係性や，ステークホルダーのニーズにどう対応するかを伝える。
重要性	価値創造・維持のために重要な情報のみを伝える。
簡潔性	簡潔に伝える。
信頼性と完全性	完全性・中立性・正確性が保たれた，信頼性の高い情報を伝える。
一貫性と比較性	毎年首尾一貫性を保ちつつ，他の組織と比較可能な情報を伝える。

出所：THE INTERNATIONAL〈IR〉FRAMEWORK 16-32頁より作成

統合報告の中核となるのはビジネスモデルである。つまり企業が社会からどのような資本（財務，製造，知的，人的，社会関係，自然の各資本）を利用しながら事業活動をしているか，その結果どのような価値を付加した商品，サービスを社会に提供しているか，というビジネスの仕組みである。統合報告では，そのビジネスモデルが中長期的に持続可能かどうかについて伝える。中長期的に事業環境が変化するなか，組織自体も，利用できる資本も変化するし，機会とリスクが表裏一体で待ち構えている。そういう状況をすべて踏まえたうえで企業は持続可能なのかについて伝える。とすると，報告する内容としては以下のものになる。

「企業はどのような事業を行っているか」

「中長期的に価値を維持，創造するためのビジネスモデルはどのようなものか」

「目指す姿はどのようなものか」

「今後事業環境はどのように変化し，どのようなリスクや機会に遭遇する可能性があるか」

「リスクや機会に対応するために，どのような戦略を策定し，達成するためにどう資源配分を計画しているか」

「目指す姿になるために企業活動を支える体制は整っているのか」

統合報告でいう「非財務情報」とは，IIRCによるとビジネスモデルに取り込む6つの資本のうち財務以外の資本（製造，知的，人的，社会，自然）であると説明している。

図表1-2 「非財務情報」の要素

製造資本	建物，設備，インフラなど
知的資本	知的資産（特許，ライセンス），組織的資本（知見，システム，手順）など
人的資本	組織ガバナンス，戦略を開発・実践する能力，ロイヤルティ，意欲など
社会関係資本	共有された規範，共通の価値や行動，主要なステークホルダーとの関係性，ブランド，ソーシャル・ライセンスなど
自然資本	空気，水，土地，生物多様性，生態系の健全性など

出所：THE INTERNATIONAL 〈IR〉 FRAMEWORK 11-12頁より作成

(6) コーポレートガバナンス・コード

2015年から導入されたコーポレートガバナンス・コード（Corporate governance code：CGC）は，企業の持続的成長と中長期的な企業価値向上とを目的にしている。企業のガバナンスを見直し・改革しながら，企業価値の視点から経営管理方法を高度化し，業績の向上を目指している。コーポレートガバナンス報告書から，企業価値創造の考え方はかなり推測可能となろうか。

2　理論と実践

これまでの多くの基礎理論を基本として，独自の考えを組み込んで，望ましい方向性を目指してきた。実践の有効性を踏まえて，実際に使える手法を考察している。実践を調査すると多くの知見や考え方が発見できた。理論を前提に，実践を調査しながら，理論を進化させる可能性がある。実践から，理論的裏付けを得，新たな理論構築を可能としてもいる。理論と実践は，相互に調査研究により進化させることができる。そこで，本書においても，理論と実践の相互作用の結晶となるべく試みている。すなわち，理論と実践との相互作用を重視している。

図表1-3　理論と実践の相互作用

```
┌─────────────┐              ╭──────────────────────╮
│   理論       │              │    実践・実務         │
│ 文献・知見・提案 │  ⟷         │ 公表情報・調査・分析    │
│              │              │ アンケート・インタビュー  │
└─────────────┘              ╰──────────────────────╯
```

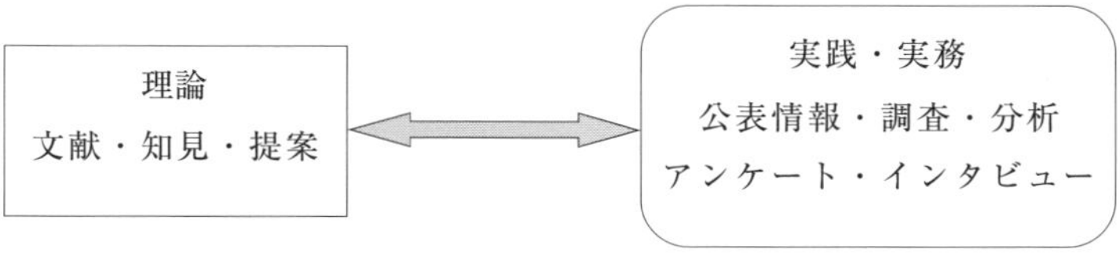

出所：著書作成

本章では，企業価値創造会計誕生の背景としては，これまでの管理会計，戦略会計研究の発展結果として行き着いた理論的考察だけでなく，実践に役立つ理論を目指しながら，実際の実務から多くを確証し，同時に学ぶこともできた。本書は理論と実践の相互作用の産物でもある。

第2章

企業価値創造会計の意義

1. 調査対象企業

1 日本のトップ500社

　本書では，日本のトップ企業に焦点を当てて調査分析した。選定は2015年3月末日，2016年3月末日，2017年3月末日，そして2018年3月末日現在株式時価総額上位各500社を選択し，過去の対象期間としては，原則としてキャッシュ・フローデータが入手可能な1999年度から2017年度までの19年間である。合併などの関係で，19年間の算定が不可能な場合には，入手可能な期間としている。

　原則的に，ウェブサイトから関連項目を抽出した。一部の企業はインタビューをもお願いした。関連書籍・雑誌・新聞・HPなども必要に応じて参照している。各項目別にテンプレートを作成し，収集したデータをスプレッドシートに記載・評価・集計した。2018年3月末日調査対象企業は図表2-1の通りである。証券コード順に並べている。過年度に500社以内にあり，今年度500社に入らなかった企業も過年度では考察対象としているが，毎年直近の500社に整理・集計し直している。

図表2-1　調査対象の日本トップ500社名（2018年3月末日）

業　種	企　業　名	社数
鉱業・建設	ショーボンドHD，国際石油開発帝石，コムシスHD，大成建設，大林組，清水建設，長谷工C，鹿島，前田建設工業，戸田建設，大東建託，NIPPO，前田道路，五洋建設，住友林業，大和ハウス工業，積水ハウス，関電工，レンゴー，協和エクシオ，九電工，日揮，東芝プラントシステム	23社

(図表2-1つづき)

業　種	企　業　名	社数
食　品	日清製粉グループ本社, ミクシィ, 日本M&Aセンター, パーソナルHD, 森永製菓, 江崎グリコ, 山崎製パン, カルビー, 森永乳業, ヤクルト本社, 明治HD, 雪印メグミルク, 日本ハム, 伊藤ハム米久HD, 新日鉄住金S, ALSOK, いちご, カカクコム, ディップ, ベネフィット・ワン, エムスリー, ディー・エヌ・エー, 博報堂DYHD, サッポロHD, アサヒGHD, キリンHD, 宝HD, コカ・コーラBジャパン, サントリー食品インターナショナル, 伊藤園, 不二製油G本社, ローソン, ABCマート, 日本マクドナルドHD, 双日, セリア, アルフレッサHD, キッコーマン, 味の素, キューピー, ハウス食品G本社, カゴメ, アリアケジャパン, ニチレイ, 東洋水産, 日清食品HD, JT	47社
繊　維	RIZAPグループ, ヒューリック, ビックカメラ, MonotaRO, JフロントR, マツモトキヨシHD, スタートトゥデイ, 三越伊勢丹HD, 日清紡HD, トヨタ紡織, ウエルシアHD, すかいらーく, 野村不動産HD, オープンハウス, 東急不動産HD, 飯田GHD, コスモ薬品, セブン&アイHD, ツルハHD, 帝人, 東レ, クラレ, 旭化成, SUMCO, クスリのアオキHD, ワコールHD, TIS, コーエーテクモHD, ネクソン, ティーガイア, ガンホーOE, GMOペイメントゲートウェイ	32社
パルプ・化学	王子HD, 日本製紙, 大王製紙, LINE, レンゴー, 昭和電工, 住友化学, 日産化学工業, 東ソー, トクヤマ, デンカ, イビデン, 信越化学工業, エア・ウォーター, 大陽日酸, 日本パーカライジング, 日本触媒, カネカ, 協和発酵キリン, 三菱ガス化学, 三井化学, JSR, 三菱ケミカルHD, ダイセル, 住友ベークライト, 積水化学工業, 日本ゼオン, アイカ工業, 宇部興産, 日立化成, 日本化薬, 野村総合研究所, 電通, 日油, 花王	35社
医　薬	武田薬品工業, アステラス製薬, 大日本住友製薬, 塩野義製薬, 田辺三菱製薬, 日本新薬, 中外製薬, 科研製薬, エーザイ, ロート製薬, 小野薬品工業, 久光製薬, 参天製薬, ツムラ, テルモ, みらかHD, 沢井製薬, 第一三共, 大塚HD, 大正製薬HD, ペプチドリーム	21社
石　油	日本ペイントHD, 関西ペイント, DIC, オリエンタルランド, パーク24, フジMHD, リゾートトラスト, オービック, ヤフー, トレンドマイクロ, 日本オラクル, ユー・エス・エス, オービックビジネスコンサルタント, 伊藤忠テクノS, サイバーエージェント, 楽天, 大塚商会, エン・J, 富士フイルムHD, コニカミノルタ, 資生堂, ライオン, ファンケル, コーセー, シーズHD, ポーラ・オルビスHD, ノエビアHD, 小林製薬, タカラバイオ, 昭和シェル石油, 出光興産, JXHD, コスモエネルギーHD	33社

第 2 章　企業価値創造会計の意義　9

（図表 2-1 つづき）

業　　種	企　業　名	社数
ゴム・ガラス・鉄鋼・金属	横浜ゴム，東洋ゴム工業，ブリヂストン，住友ゴム工業，旭硝子，日本電気硝子，太平洋セメント，東海カーボン，TOTO，日本ガイシ，日本特殊陶業，新日鐵住金，神戸製鋼所，JFEHD，丸一鋼管，大同特殊鋼，日立金属，日本製鋼所，三井金属，三菱マテリアル，住友金属鉱山，DOWAHD，古河電気工業，住友電気工業，フジクラ，東洋製缶GHD，三和HD，LIXILG，リンナイ，ニッパツ	30社
機　　械	三浦工業，テクノプロHD，リクルートHD，オークマ，アマダHD，富士機械製造，OSG，DMG森精機，ディスコ，日本郵政，豊田自動織機，島精機製作所，ナブテスコ，SMC，コマツ，住友重機械工業，日立建機，ハーモニック・ドライブ・システムズ，クボタ，荏原，千代田化工建設，ダイキン工業，栗田工業，ダイフク，タダノ，平和，SANKYO，ユニバーサルエンターテインメント，アマノ，ブラザー工業，グローリー，セガサミーHD，ホシザキ，日本精工，NTN，ジェイテクト，ミネベアミツミ，THK	38社
電　　気	日立製作所，東芝，三菱電機，富士電機，安川電機，マキタ，マブチモーター，日本電産，オムロン，ジーエス・ユアサC，NEC，富士通，ルネサスE，セイコーエプソン，アルバック，パナソニック，シャープ，富士通ゼネラル，ソニー，TDK，アルプス電気，ヒロセ電機，横河電機，アズビル，日本光電，堀場製作所，アドバンテスト，キーエンス，シスメックス，デンソー，スタンレー電気，カシオ計算機，ファナック，ローム，浜松ホトニクス，京セラ，太陽誘電，村田製作所，日東電工，東海理化	40社
輸送用機器	三菱重工業，川崎重工業，IHI，全国保証，めぶきFG，九州FG，かんぽ生命保険，ゆうちょ銀行，コンコルディアFG，西日本FHD，日産自動車，いすゞ自動車，トヨタ自動車，日野自動車，三菱自動車，NOK，アイシン精機，マツダ，ホンダ，スズキ，富士重工業，ヤマハ発動機，小糸製作所，豊田合成，シマノ，テイ・エステック，良品計画，第一興商，メディパルHD，ドンキホーテHD，ゼンショーHD，ワークマン，日本ライフライン，スギHD	34社
精密機器	島津製作所，ナカニシ，ニコン，トプコン，オリンパス，SCREENHD，HOYA，朝日インテック，キヤノン，リコー，シチズンHD，CYBERDYNE，バンダイナムコHD，パイロットC，フジシールインターナショナル，凸版印刷，大日本印刷，アシックス，エフピコ，ヤマハ，ピジョン，リンテック，任天堂，コクヨ，ニフコ	25社
商　　業	伊藤忠商事，丸紅，長瀬産業，豊田通商，ユニ・ファミリーマートHD，三井物産，東京エレクトロン，日立ハイテクノロジーズ，住友商事，日本ユニシス，三菱商事，キヤノンマーケティングJ，ニプロ，ユニ・チャーム，日本瓦斯，青山商事，しまむら，高島屋，H2OR，丸井G，クレディセゾン，イオン，イズミ，ヤオコー，ケーズHD，PALTAC	26社

(図表2-1つづき)

業　　種	企　　業　　名	社数
銀　　行	新生銀行，あおぞら銀行，三菱UFJFG，りそなHD，三井住友トラストHD，三井住友FG，千葉銀行，群馬銀行，ふくおかFG，静岡銀行，スルガ銀行，八十二銀行，京都銀行，広島銀行，中国銀行，伊予銀行，セブン銀行，みずほFG，山口FG，芙蓉総合リース，東京センチュリー，SBIHD，イオンフィナンシアルサービス，アコム，オリエントC，日立キャピタル，オリックス，三菱UFJリース	28社
証券・保険	大和証券G本社，野村HD，松井証券，SOMPOHD，日本取引所G，MS&ADIGHD，ソニーFHD，第一生命HD，東京海上HD，T&DHD	10社
不　動　産	三井不動産，三菱地所，東京建物，住友不動産，レオパレス21，リロG，イオンモール，NTT都市開発，東武鉄道，相鉄HD，東京急行電鉄，京浜急行電鉄，小田急電鉄，京王電鉄，京成電鉄，東日本旅客鉄道，西日本旅客鉄道，東海旅客鉄道，西武HD，西日本鉄道，近鉄GHD，阪急阪神HD，南海電気鉄道，京阪HD，名古屋鉄道	25社
陸運・海運・空運・倉庫	日本通運，ヤマトHD，山九，福山通運，セイノHD，日立物流，日本郵船，商船三井，川崎汽船，九州旅客鉄道，SGHD，日本航空，ANAHD，上組	14社
情報・通信・電気・ガス	TBSHD，日本テレビHD，テレビ朝日HD，日本電信電話，KDDI，光通信，NTTドコモ，GMOインターネット，東京電力HD，中部電力，関西電力，中国電力，東北電力，四国電力，九州電力，J-POWER，東京ガス，大阪ガス，東邦ガス	19社
サービス	松竹，東宝，エイチ・アイ・エス，NTTデータ，アインHD，スクウェア・エニックスHD，カプコン，日本空港ビルデング，SCSK，セコム，コナミHD，ベネッセHD，イオンディライト，ヤマダ電機，ニトリHD，ミスミG本社，ファーストリテイリング，ソフトバンクG，スズケン，サンドラック	20社
計		500社

出所：著者作成

2　日本トップ500社の比較分析

（1）500社公表情報の実態

　企業価値創造会計の視点から，過去の実績を比較・分析する。主として会計的企業価値創造と市場的企業価値創造の分析である。会計的企業価値創造の視点からは，当期純損益，フリーキャッシュ・フロー（FCF：営業・投資キャッシュ・フロー）を抽出した[1]。市場的企業価値創造の視点からは，統一的に各年度の

---

1) 財務データは有価証券報告書，eolなどから入手した。

3月末日の株価から計算した株式時価総額の年間増減額を算出している[2]。19年間の平均当期純損益と平均FCFの平均値と平均株式時価総額増減額の単純平均値を算定してみた。会計データは3月期以外でも，各決算期の金額をそのまま用い，12カ月に満たない変則的な期間も年換算しないで用いている。

各指標間の関連性を相関分析すれば，平均当期純損益と平均FCFとがかなりの相関性を示しており，平均当期純損益と株式時価総額増減額とも相関している。株式時価総額は3月末日で統一的に計算しているが，マクロ経済の影響を極めて強く受けており，各社共にある程度同じような傾向を示している。特定時点では，年間変動額はかなり大きく動くので，企業価値の極端な一面しか表していない可能性もあるが19年間ではある程度株主価値創造力を表しているであろう。平均FCFは，株式時価総額増減額とはマイナスで相関していない。

図表2-2　相関分析

		純利益	FCF	時価増減額
純利益	Pearson の相関係数 有意確率（両側） 度数	1 500		
FCF	Pearson の相関係数 有意確率（両側） 度数	.420＊＊ .000 500	1 500	
時価増減額	Pearson の相関係数 有意確率（両側） 度数	.264＊＊ .000 499	−.043 .343 499	1 499

＊＊相関係数は1％水準で有意（両側）

出所：著者作成

日本トップ500社は，景気変動の影響を受け，厳しい国際競争を繰り拡げてきた。2001年度の業績悪化はITバブル崩壊の影響が，2007・2008年度の業績悪化は世界金融危機の影響が色濃く反映している。失われた20年を経過し，回復基調であったが，世界金融危機に遭遇し，大幅に業績を悪化させたが，最近はかなり株主価値創造力を増しつつある。それでも，各社の経営対応力に応

2）3月末日の株価は日本経済新聞，ヤフーファイナンスなどから，発行済み株式数は有価証券報告書，eolなどから入手した。

図表 2-3 平均会計・市場的企業価値業績の類型

分　類	平均業績増加	平均業績減少	計
すべて増加型	373社（74.7%）	－	373社
利益・FCF増加，時価減少型	45社（9.0）	16社（3.2）	61社
利益・時価増加，FCF減少型	45社（9.0）	2社（0.4）	47社
FCF・時価増加，損失型	7社（1.4）	0社	7社
利益増加，FCF・時価減少型	1社（0.2）	5社（1.0）	6社
FCF増加，損失・時価減少型	1社（0.2）	2社（0.4）	3社
時価増加，損失・FCF減少型	1社（0.2）	1社（0.2）	2社
すべて減少型	－	0社	0社
計	473社（94.8）	26社（5.2）	499社

出所：著者作成

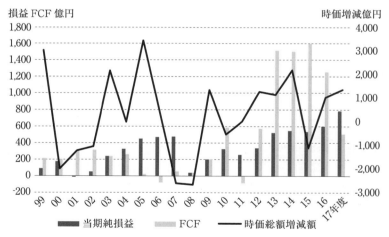

図表 2-4　業績推移（2017年度）

出所：著者作成

じて，株主価値創造の状況はかなり優劣が生じている。

　株式時価総額トップ500社では，19年間の平均株式時価総額は最近かなり増加してきており，373社（74.7%）の企業では利益・FCF・時価を増加している。株式時価総額トップ500社の調査では，下位企業の規模・株主価値はかなり小さな金額である。株式時価総額の違いが顕著に表れており，500社単純平

均を使用する意義はかなり後退する。株式時価総額の変動により，トップ300社以下は容易に変動して順位も動いてしまう。毎年30社程度入れ替わっている。図表2-3では，直近上場で株式時価総額増減額が算定できない1社（0.2%）を除く499社を各類型別に集計した。

2. 企業価値概念

1　企業価値の意義

　企業価値（Enterprise Value）概念は，厳密に定義すれば，企業が将来にわたって生み出す付加価値（Cash Flow:CF）の割引現在価値と定義できる。多くの企業では，株主価値，DCF（Discounted CF）や株式時価総額等のファイナンスにおける一般的な定義で使用しているから，あえて定義していないのかもしれない。しかし，このようなファイナンス的な定義に必ずしも統一されていない日本企業の実状を時価総額上位500社調査により指摘したい。企業価値概念としては，各種多様な概念を使用している。しかもほとんどの企業においては，企業価値を明確に定義していない。多様な使い方をするために，あえて定義していない企業も存在していることも確認された。しかし企業価値概念の混乱を避

図表2-5　企業価値の定義（アンケート調査）

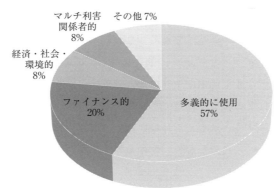

出所：著者作成

けるためには，各企業の独自の定義を明確にして使用することが望ましい。企業固有の定義を採用する場合には，明確に定義しているとも考えられる。誤解や混乱を避けるためには明確に定義し，わかりやすく説明する必要がある。

　企業価値は主観的な「信頼度・満足度」を内蔵している側面がある。企業価値をステークホルダーの視点から考えれば，ステークホルダーの信頼・満足を目指すことになる。そこで，企業価値概念とステークホルダー価値概念の関係が極めて重要である。企業価値概念を直接的に定義しようとするアプローチがある。それに対して，ステークホルダー価値概念に基づくアプローチは，企業価値をその構成要素である各ステークホルダー価値の総和として各構成要素の価値を加算して求めようとしている。ステークホルダーとの関係から企業価値を考えようとするから，ステークホルダーによる信頼が基本となる。企業価値をステークホルダーの視点から分解すると，株主価値，顧客価値，人的価値，社会価値である。

　ステークホルダーとの関係から企業価値を考えることが，より企業価値を創造可能と思われる。日本企業の調査結果から，ステークホルダーを重視する傾向は確認された。そこで，企業価値概念とステークホルダー価値概念の関係が極めて重要となる。理想的には人的価値を創造し，顧客価値の創造に繋げる。顧客価値が創造できれば，通常は利益・CFも増えていくだろう。利益・CFが増加すれば株価が上がり，株主価値が創造されよう。株主価値が創造できれば，社会・環境価値を創造できる可能性が高まる。そして社会・環境価値が創造できれば，人的価値の創造に繋がる。これらが繰り返され，スパイラルに企業の価値を継続的にダイナミックに創造していく仕組みが望まれる。しかし，このような好循環な企業価値創造プロセスは可能であろうか。人的価値創造が顧客価値を本当にどのように創造できるのであろうか。現実的にはそう単純に好都合に価値連鎖するとは考えられない。いずれにしろ，主要ステークホルダーの満足・信頼を相互に高めながら，総和としての企業価値をより創造する戦略展開が課題となる。

　Human (Employee) Satisfaction, Customer Satisfaction, Investor Satisfaction

を向上させることが求められる。そして Social Satisfaction 等の総和の創造として理解することが効果的であろう。企業は，自社の経営資源を活用して，企業価値を作り出し，その対価として利益を得る。つまり，企業は企業活動を通して，企業価値を追求している。

企業価値を3つの視点で体系的に整理することを提案したい。すなわち，本質的企業価値，会計的企業価値，そして市場的企業価値である。企業価値創造の視点からは整理しやすいと思われるが，測定上の課題があり，間接的で使いづらい難点もある。

桜井の調査[2010]では，経済価値を将来の CF 現在価値(60.2%)，株価(50.4%)，利益（47.2%）と多様に解釈されていることを指摘している。企業価値は，経済価値だけで考える（11.5%）より，社会価値，組織価値をも考える傾向（88.5%）が強いと論述されている。

図表2-6　企業価値の分解

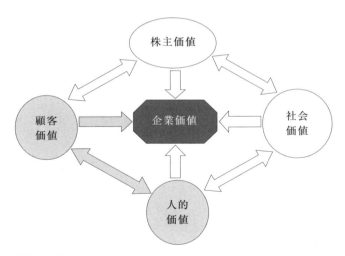

出所：著者作成

2　企業価値の測定

　企業価値を具体的に測定するために，ストック面から3つの視点で体系化して整理することを提案したい。本源的視点からの本質的な企業価値を本質的企業価値，会計的視点からの企業価値を会計的企業価値，そして市場的視点からの企業価値を市場的企業価値と呼ぶことにする。**本質的企業価値**は，企業価値を本質部分から本源的に理解しようと試みるが，実際に具体的に測定しようとすると，定性的な項目，非財務的指標も当然考慮しなければならなく，極めて現実的には難しいという測定上の課題を有している。しかし，測定への挑戦は今後も続けるべきであろう。そこで，過去の実績を重視し，統一的な基準による取り扱いができる，より客観的な会計的な視点がもっとも重要な基本的情報として注目される。会計的指標は企業価値そのものではないから，会計的企業価値との表現は不適切との見解もあろう。しかし**会計的企業価値**は，会計的指標を用いて企業価値を推定しようと試みたものと解することもできる。そして会計的に将来を予測するには，不確実かつ客観性の欠如という難問が同様に存在する。そこで，現在もっとも注目され，もっとも簡単に共通的に認識できる，毎日株式市場で取引されている**市場的企業価値**が提案される。企業価値といえば，もっとも一般的には市場で決定される株価に基づく株式時価総額と考えられてもいる。厳密には，株主価値である。株価は，現在時点の株式市場における企業の取引価値であるから，確かに直近の企業価値を極めて客観的に表現している。しかし，企業価値の本源的部分がすべて効率的に株価に反映している訳ではない。むしろ株式市場全体の影響や市場の過敏な反応を受け過ぎている側面が強い。株価の日々の変動ほどに，企業価値が毎日変動している訳がない。中長期的には調整されるとは説明されているが，どの時点で妥当性を判断できるのであろうか。直近の株式時価総額は間違いなく，極めて重要な企業価値指標の一つではあるが，これだけではすべての企業価値問題を解決できない。しかも経営管理の側面から展開するには，株価は直接的な管理対象とはなりにくい欠点がある。そこで，3つの企業価値を明確に区別して，相互に関連させて理解することがこれからは必要ではないか。本質的企業価値，会計的企業価値，

そして市場的企業価値であり，今後これらの関連性の検討も詳細にしなければならないが，ここでは，極めて単純明快に整理しておこう。

　最初に会計的企業価値について考えてみよう。企業価値は，本来会計的な側面から，すべての経営活動を金額換算して捉えられてきた。すなわち，会計的企業価値とは総資産額，株主資本額として定義できた。企業活動に投入された，資金運用の結果として捉えられる。しかし，最近は会計的に認識・測定されていない事項が増加しつつある。そこで，経営成果により，たとえば売上，利益，キャッシュフロー（CF）から企業価値を推定する試みが提案されている。過去の売上，利益，CFは，正確な情報として利用できるが，できれば，将来の売上，利益，CFを予測して，活用することがより有益であろう。

　次に市場的企業価値について考えたい。株式市場では，企業の価値額が株価として取引されている。株式時価総額（market value）が企業の価値として，市場で極めて客観的に決定される。株式時価総額は，正確には企業価値ではなく，株主価値である。企業価値には外部債権者持分としての他人資本部分も含まれる。すなわち，厳密には次のように理解すべきである。

　企業価値 = 債権者価値 + 株主価値 =（有利子）負債 + 株式時価総額

　株価は，残念ながら常に企業本来の価値を必ずしも適正に反映しているとは限らない。すなわち通常は多くのノイズが含まれている。将来の期待，マクロ経済等の影響を敏感に受けており，株価向上だけを目指す経営は現実的には機能しないであろう。そこで，企業本来の本質的，本源的，理論的かつ内在的な価値に焦点を当てる経営が求められている。すなわち，本質価値を測定するための研究が続いている。しかし，その測定・把握が極めて困難である。株式時価総額は，本質価値と一致する場合もあるが，ほとんどの場合，過大か，あるいは過少となっている。かなりの乖離が生じているのが現実である。

　本質的企業価値は，経営的企業価値と呼ぶこともできる。未認識の資産，特に無形の資産をどのように認識して行くべきかという重大な課題が残されている。時間の流れから整理すると，過去に基づく会計的企業価値，現在を反映する市場的企業価値，そして未来を決定する本質的企業価値となろうか。このよ

うに，企業価値を3つの視点から会計的企業価値，市場的企業価値そして本質的企業価値と明確に区別して，3者の関連性を意識して接近していきたい。

　企業価値は企業が本来有している価値で，本源的視点からの本質的な企業価値であり，将来のCFを現在時点に割引いて算定されるが，残念ながら測定自体が困難である。そこで，株式市場で取引されていれば，株式時価総額が企業の価値として，市場で決定されている。しかし，株価は本質的な企業価値以外の要素によってもかなり影響される。

　企業価値概念は，会計的企業価値に限定する段階から，会計的企業価値に市場的企業価値を包含する段階，そして会計的企業価値と市場的企業価値だけでなく本質的企業価値をも包含する段階に分けられる。本質的企業価値をも包含する段階では，ステークホルダーの視点からとCSRの視点からアプローチしている企業に整理できる。本質的企業価値を創造することにより，会計的企業価値の創造に繋げられる可能性があり，会計的企業価値が創造されれば，市場的企業価値の創造に連鎖する可能性が増すプロセスに注目している。

図表2-7　ストック面からの企業価値概念の関連図

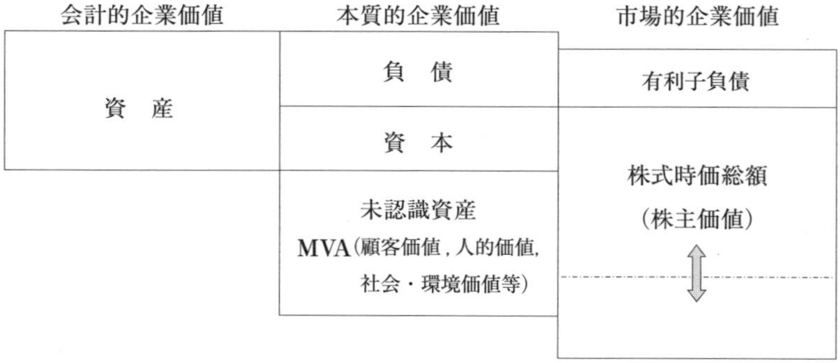

会計的企業価値	本質的企業価値	市場的企業価値
資　産	負　債	有利子負債
	資　本	株式時価総額 （株主価値）
	未認識資産 MVA（顧客価値，人的価値，社会・環境価値等）	

出所：著者作成

図表 2-8　会計・市場・本質的価値

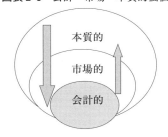

出所：著者作成

図表 2-9　企業価値概念とステークホルダー価値概念の関連性

◎非常に関連　○関連　△少し関連　×関連なし

	本質的企業価値	会計的企業価値	市場的企業価値
株主価値	○	◎	◎
人的価値	◎	△	△
顧客価値	◎	○	△
社会・環境価値	◎	×	△

出所：著者作成

3　企業価値概念の使用状況

　500社のうち464社（93％）で企業価値概念をいずれかの箇所で使用している。残りの36社は，公表している情報等からは，企業価値という用語を発見できなかった。これによりほとんどの時価総額の多い企業（トップ500社）においては，企業価値概念が用いられていることは確かに確認できた。

　企業価値概念をどの箇所で使用しているかを調査整理すると，CSR（41％），方針（29％），理念（7％），計画（7％），戦略（3％），目標（1％），その他（12％）でかなり分散して各視点から用いられていることが判明した。

　日本トップ500社の93％で，企業価値概念を使用していることは確認できたが，明確に定義して使用している割合はわずか5％にすぎない。使用箇所，文脈，前後の内容から，ある程度推定可能な割合は92％である。残り3％の企業では，どのような内容かの判断が大変困難であった。多くの企業では，DCFや株式時価総額等のファイナンスにおける一般的な定義で使用している

から，あえて定義していないのかもしれない。企業固有の定義を採用する場合には，明確に定義しているとも考えられる。誤解や混乱を避けるためには明確に定義し，わかりやすく説明する必要がある。

図表 2-10　企業価値の使用状況　　図表 2-11　企業価値の使用箇所

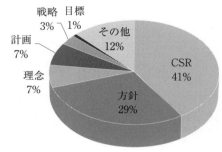

図表 2-12　企業価値の定義状況

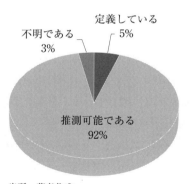

図表 2-13　企業価値の使用状況（アンケート調査）

出所：著者作成

図表 2-14　各種価値の使用状況（アンケート調査）

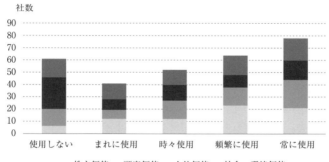

出所：著者作成

　米国では株主重視の立場から企業価値は論じられているが，日本企業では，株主（シェアホルダー：shareholder）の視点からのみならず，利害関係者（ステークホルダー：stakeholder）の視点からより論じられる傾向がある。ステークホルダーとの関係から企業価値を考えることが，より企業価値を創造可能となるであろうか。日本企業の公表情報の調査結果から，ステークホルダーを重視する傾向は確認された。しかし，アンケート調査では必ずしもそれ程重視されていない（図表 2-5 参照）。

4　企業価値概念の分類

　企業価値概念の多様な使用状況を理解するために，企業価値概念を整理し，企業固有の定義をしている事例を紹介しよう。
　①　将来 CF の割引現在価値概念
　②　ステークホルダーの視点からの企業価値概念
　ステークホルダーの視点から企業価値を定義している企業もかなりの数にのぼる。以下にその例示をしたい。
　中外製薬では，「企業価値は，ステークホルダーの総合評価。企業が創出する価値には，社会価値，従業員価値，患者価値，そして株主価値があります。……企業価値は社会の総合評価だと考えています。……企業価値を形成するものは，経済性，社会性，人間性です」[3]。
　住生活では，経営の基本方針において，「全てのステークホルダーにとって魅力のある価値の創造と提供を行う集団となることを基本とし，
　1　株主価値：市場の評価する株式時価総額を増大させること
　2　顧客価値：21世紀の快適な住生活・都市環境を提供すること
　3　従業員価値：社員が学習能力を高め，生きがいを見出す舞台となること
　4　社会的価値：真に社会から認められ，貢献する企業集団となること」と述べている［住生活グループ平成23年3月期決算短信，12頁］。
　エーザイでは，「企業価値向上のため，患者価値，株主価値，社員価値を継続して創出する」［エーザイの決算説明会資料（2008年5月14日），38頁］。ステークホルダーズの価値増大をはかるとともに良好な関係の発展・維持に努めると述べている。
　大阪ガスの経営理念では，「価値創造の経営」を掲げ，お客さま価値，株主さま価値，社会価値，従業員価値という全てのステークホルダーの価値を共に高めていくとしている［大阪ガスのトップコミットメント，http://www.osakagasu.co.jp］。お客さま価値，株主さま価値，社会価値について価値目標を設定し，

---

[3]　上野幹夫（2016.1）「企業価値向上のための経営活動」『月刊監査研究』（No, 506）17-18頁。

公表，フォローすると述べている。企業価値の向上として，資産効率，資本効率の向上（ROA, ROE），株主還元（配当性向，自己株式取得），財務健全性の維持（定量的なリスク量管理，自己資本比率，D/E 比率）を掲げている［大阪ガスの Field of Dreams 2020（2009 年 3 月），22 頁］。

　オリンパスでは，「企業価値とは「財務的価値」と「知的資本価値」の総和と捉えている。企業価値を高めるには，企業体質そのものを高めることであり，社員一人ひとりの価値を高めることである。企業価値の最大化とは株主価値の最大化だけでなく，従業員やその家族，お客さまやお取引先，株主，さらには地域や社会といったすべてのステークホルダーが誇りを持ち，信頼の絆を結び，Win-Win の関係をつくること」と考えている［オリンパスのトップメッセージ, http://www.olympus.co.jp］。

　九州電力の経営の方向性において，3 つの経営の方向性に基づいた事業活動を通じ，持続的に企業価値を生み出している。事業活動を通じて生み出す価値は，次の価値である。

「1　お客さまの満足

　環境にやさしいエネルギーを安定的に供給〈環境性，信頼性〉

　－経営効率化の徹底などによる，競争力のあるエネルギー価格の実現〈効率性〉

　－快適性と環境性の両立した生活の提案やサービスの提供〈サービス〉

　2　持続可能な社会への貢献

　－CO_2 排出量の削減〈環境性〉

　－持続可能な地域社会づくりに貢献〈地域への貢献〉

　－エネルギーや環境に関する技術やノウハウの活用によるアジア，世界における持続可能な社会づくりへの貢献〈アジア・世界への貢献〉

　3　ビジネスパートナーとの共創

　－相互信頼関係を築き，協働して，共に価値を創出〈共創〉

　4　社員の働きがいや成長

　－働きがいと成長〈仕事を通じた自己実現〉

－ワークライフバランスの充実〈生活の充実〉
5　財務的な成果
－お客さま，地域・社会への価値提供を通じた財務的な成果」
［九州電力，長期経営ビジョン，http://www.kyuden.co.jp/ir_long-term_management vision.html］。

　コマツでは，「企業価値とは，社会とすべてのステークホルダーからの信頼度の総和であると考え，企業価値を最大化するためには，株式時価総額の極大化や，売上げや利益の増大だけでなく，さまざまなステークホルダー，とりわけお客さまの満足度を追求することによって，企業の価値を継続的かつ着実に高めていくしくみを構築することが重要である」と考えている［コマツのトップメッセージ，http://www.komatsu.co.jp］。

　テルモでは，「企業の真の価値とは，そこで働く人たち，アソシエイトの価値の総和である」と述べている［テルモのトップメッセージ社会の責任2009, http://www.terumo.co.jp］。

　東京海上HDでは，「各ステークホルダーに提供する価値を高め，ひいてはその価値の総和である企業価値を高めていく」ことを目指している。東京海上日動では，「企業価値をステークホルダー（お客様，株主，代理店，社員，地域・社会）に提供する価値の総和と定義し，毎年の施策の実行によって企業価値が向上しているかどうかを定量評価し，CSRの取り組み水準の向上や新たな戦略立案等につなげ，役員報酬の評価項目に組み入れている。品質の向上により，収益性・資本効率を向上させ，社員価値の増加，お客様価値の増加，社会価値の増加，株主価値の増加へと拡大成長サイクルを持続的に回し，全てのステークホルダーへ提供する価値を増加させることを目指す」［東京海上日動の企業価値指標・CSR指標，http://www.tokiomarinehd.co.jp］としている。

　パナソニック電工では，「企業価値は企業を取り巻く様々な人々……株主，顧客，従業員などにとっての企業の存在価値であり，それらの総和である。それぞれの価値を計る尺度として，

　株主価値については株式時価総額（株価×発行済株式数）

顧客価値については連結売上高

従業員価値については従業員満足度（自己実現・報酬制度・共同体維持に満足と答えた人の割合）

企業を取り巻く様々な人々それぞれに応える施策により全社をあげて企業価値の最大化に力を注ぎます」としている［パナソニック電工の中期経営計画「Smart Solutions-2003」，http://Panasonic-denko.co.jp］。

カゴメのステークホルダー価値

「消費者

　サプライヤー（原料生産，製造加工）

　農家，地域社会

　株主・投資家

　社員

　自然環境」

［http://www.kagome.co.jp/company/kankyo/report/value/index.html］。

③　CSR の視点からの企業価値概念

企業価値概念を CSR（Corporate Social Responsibility）の視点から定義する考え方である。

クボタでは，「経済価値，社会価値，環境価値のバランスをとりながら，企業価値を高める経営活動を行っている」と CSR 経営の基本的な考え方で述べている［クボタグループ CSR 報告書 2010，17 頁］。

積水ハウスの企業価値は，次の通りである。

「私たちが「4つの価値」と「13 の指針」で大切にしているのは，一つひとつの事業や取り組みを項目に当てはめるのではなく，常に全体のバランスでものを考え，評価することである。その取り組みがサステナブル社会へ近づくことにつながると考えている。

1　環境価値は，私たちの社会と暮らしが大切な地球の資源とそこに成り立つ多様な自然から生み出されたことを常に意識している。環境保全，地球温暖化防止に貢献する住宅産業の役割と責任を自覚し，私たちは住宅が環境に与え

る影響をライフサイクルを通して把握し，その負荷を削減するための対策を進めている。

エネルギー——化石燃料に依存しないエネルギー利用の実現

二酸化炭素など温室効果ガスを排出する石油，天然ガスなど「化石燃料」の使用量を減らします。また，未来にわたって持続可能に使用できるエネルギーの普及を促進し，その再生可能な範囲内で利用します。

資源——自然生態系の再生能力を超えない資源の利用

3R（リデュース・リユース・リサイクル）を通じて廃棄物を発生させない資源の利用を達成し，同時に，いずれ枯渇する自然資源の使用を，再生可能な資源またはリサイクル資源に置き換え，その持続可能な供給範囲内で資源を利用します。

化学物質——自然界に異質で分解困難な物質の濃度を増やしつづけない化学物質の利用の影響が自然の分解能力の範囲内に収まるよう，使用する化学物質の種類と使用量を抑え，またその影響が不明な場合には事前に関係者と協議して進める予防原則を踏まえて利用します。

生態系——自然の循環と多様性が守られるよう配慮する

何万年もの歴史を経て地球上の生き物の生存を支え，浄化・再生能力によって我々の暮らしを成り立たせつづけてきた微妙な生態系，生物の多様性を尊重し，これを維持保全することをめざします。

2 経済価値は，住宅産業は広く社会や経済の活性化に寄与する裾野の広い事業です。新しい技術やサービスも持続可能な社会，住環境と暮らしを豊かにするために還元していきます。魅力的な付加価値を多くの人に提供し，得られた利益を社会に還元する経済の良好な循環をめざしています。

知恵と技——「サステナブル」な価値を創造する知恵と技術の蓄積

資源・エネルギーと時間の生産性を高め，環境・社会と調和する知恵，技術，プロセスを開発，蓄積し，「サステナブル」な商品とビジネスモデルを提供しつづけます。

地域経済——地域経済の活性化

住まいの提供を行う各地域において，地元の材やサービスを活用し，その波及効果を創り出すことを通じて，地域内での価値の循環による経済の活性化を図ります。

適正利益と社会還元——適正な企業利益の追求と社会への還元

3　社会価値は，暮らしの器である住まいを提供することは，生活文化を継承し，創造していくこと。美しいまちなみといきいきとしたコミュニティを育むことが私たちの役割です。コンプライアンスをすべてのベースとしつつ，豊かなコミュニケーションを推進し，新しい社会の構築に寄与します。

共存共栄——社会のさまざまな関係者との信頼と共感に基づく共存共栄の関係の構築

法の遵守はもちろん，企業市民として積極的に社会貢献活動に従事するとともに，企業活動を通じてつながる現在および未来のすべての人々との双方向コミュニケーションと協働を深め，信頼と共感を醸成し，公正かつ共存共栄の関係を築きます。

地域文化と縁起こし——地域文化の継承・醸成とコミュニティ育成

地域の多様な文化を継承・醸成しながら，年が経つとともに美しいまちなみ・景観をつくり，「血縁」「地縁」「知縁」の「縁起こし」の拠点となるコミュニティ育成に貢献します。

人材づくり——「サステナブル」な価値を創出する人材づくり

従業員の多様性を高め，視野を広げ，人間愛に満ちた「サステナブル」な価値創出の能力を開発し，業務を離れた場面においても社会に貢献できる人材をつくります。また，従業員のワーク・ライフ・バランスを整え，やりがいを提供することで，能力を発揮できる環境を整えます。

4　住まい手価値は，家族の想いに応える住まいを提案し，すべての人々が生涯，安全・安心で快適に暮らせるための性能を提供します。永く住み継がれる住まいづくりに努め，住まいの資産価値を守ることも私たちの役割です。自然や社会との関係を考えた提案によって末永く快適な暮らしを支え，住まい手の価値を高めます。

永続性——末永く愛され，時とともに値打ちを高める住まいづくり

年月とともに成熟する佇まいを持ち，暮らしの変化に対応して永く愛され，住み継がれる住まいを創り，適正なライフサイクルコストを実現し，時とともに値打ちの出る住まいの提供をめざします。

快適さ——穏やか，健やかで快適な暮らしの提供

ユニバーサルデザインや防災，防犯，カスタマーズサポートや最適なリフォーム提案などすべての人にとって安全，安心，健康，快適な住まいを提供します。

豊かさ——永きにわたる豊かさの提供

家族の想いに応えるコンサルティング・ハウジング（「私だけの一邸」）を通じて，家族や近隣，自然とのふれあい，美しさ，楽しさを創り出し，永きにわたり住まい手の心の豊かさを実現する住まいを提供します」［積水ハウス CSR，2006 年策定，http://www.sekisuihouse.co.jp/2011/profile/vis03.html］。

図 2-15　積水ハウスの企業価値

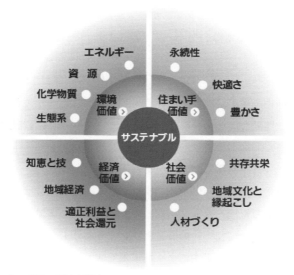

出所：積水ハウス CSR，2006 年策定，http://www.sekisuihouse.co.jp/2011/profile/vis03.html

第一三共の企業価値は，社会的価値，経済的価値，人間的価値からなる。
　「社会的価値については，製薬企業としての使命である革新的な医薬品を継続的に創りだすことに加え，コンプライアンス経営，環境経営，社会貢献活動などへの取り組みによって評価される社会的価値の向上に努める。経済的価値については，付加価値を生み出して，継続的に成長していくことにより，資本市場が企業を評価する指標である株価，時価総額の向上に努める。人間的価値については，プロフェッショナルで高い使命感と情熱をもった人材を育て，それらの人材が思う存分，力を発揮することにより示される価値，すなわち人間的価値の向上に努める。経済的価値の事例としては，営業利益，時価総額，株価，売上高，社会的価値の事例としては，環境経営の推進，コンプライアンス，社会貢献活動の実践，人間的価値の事例としては，働く人へ働きがいの提供，挑戦と革新を尊ぶ人材の育成，社会貢献を目指す人材の育成を示している。3つの価値をバランスよく最大化していくことが経営の使命としている」［第一三共のビジョン，http://www.daiichisankyou.co.jp］。
　三菱ケミカルホールディングスグループは，企業価値を財務的企業価値（営業利益，売上，成長率，利益率，ROA，ROE）とMOS（Management of SUSTAINABILITY）価値の和であると規定した。この企業価値をKAITEKI価値と定めている。
　「KAITEKI」は，21世紀に企業が世界に発信するべき価値である。21世紀型のKAITEKIは，人間にとってのここち良さに加えて，社会にとっての快適，地球にとっての快適を併せ持ったもので，真に持続可能な状態を意味する。その進捗と成果について新たに導入した経営機軸：MOSへの貢献として数値化し，モニタリングする方法について検討を重ねてきた。MOS指標は，三菱ケミカルホールディングスグループ全体として重要性が高く，共通性があって，企業価値の向上に資する項目を選定している。Sustainability, Health, Comfortへの貢献を測るものとして，それぞれ3項目計9項目，さらに複数の中項目から構成されている。中期経営計画APTSIS 15（2011年4月～2016年3月）では，KAITEKI経営推進の機軸である経営学軸，技術経営軸と並ぶ経営の新基軸として導入したMOS軸の進捗を測る指標として，このMOS指標を

APTSIS 15 の経営目標に組み込んだ。

「1　Sustainability 指標

　S-1　地球環境負荷の削減への貢献

　S-1-1　環境負荷を'05年度比 30%削減する。

　S-1-2　製品を通じて CO_2 を 400 万トンの削減する効果を出す。

　S-2　省資源，エネルギー枯渇対応の実践

　S-2-1　再生可能原料・材料の使用量を原油換算で 6 千トンにする。

　S-2-2　希少金属の使用を 800 トン抑制する効果を出す。

　S-2-3　原燃料 130 億円相当の省資源・省エネルギー効果を出す。

　S-3　調達を通じての環境負荷削減の貢献

　S-3-1　購入原料品目の有害物質含有調査の実施率を 80%にする。

　S-3-2　CSR 調達率を原料・包材の 90%にする。

2　Health 指標

　H-1　疾病治療への貢献

　　　　治療難易度と投与患者数から算出する指数を 30%増加させる。

　H-2　QOL 向上への貢献

　　　　QOL 改善への寄与度を 40%増加させる。

　H-3　疾患予防・早期発見への貢献

　H-3-1　ワクチンの投与係数を 40%増加させる。

　H-3-2　医療検査・診断数を 17%増加させる。

3　Comfort 指標

　C-1　より快適な生活のための製品の開発・生産

　C-1-1　コンフォート商品の売上を 6 千億円増加させる。

　C-1-2　新商品化率を 16%から 35%に増加させる。

　C-2　ステークホルダーの満足度の向上

　C-2-1　社外企業ランキング評価を向上させる。

　C-2-2　従業員満足度指標を向上させる。

　C-3　より信頼される企業への努力

事故，トラブルを半減させる。

休業度数率を半減させる。

GPSに沿った製品の安全確認を製品の70％について終了する。

必達　重要な事故，重大なコンプライアンス違反はゼロにする」〔三菱ケミカルホールディングス新中期経営計画説明資料（2010.12.8），http://www.mitsubisichem-hd.co.jp/csr/social responsibility.html〕。

三菱商事では，全てのステークホルダーの要請・期待を踏まえ，事業活動を通じて日本や世界の課題解決に貢献しながら，「継続的企業価値」の創出を目指す。「継続的企業価値」(「継続的経済価値」,「継続的社会価値」,「継続的環境価値」の3つの価値)の創出を掲げる。「継続的経済価値」弛まぬ収益モデルとポートフォリオの変革により，健全な利益成長と企業価値の増大を目指す。「継続的社会価値」企業市民として「社会との共生」という観点から，経済社会の発展に寄与する。「継続的環境価値」地球を最大のステークホルダーと捉え，地球環境の保全と改善に取り組む〔三菱商事の経営計画，http://www.mitsubisicorp.com.jp〕。

ピジョンの考える企業価値は，社会価値と経済価値である。社会価値は，社会や顧客にとってなくてはならない存在で，経済価値は，将来フリーキャッシュフローの現在価値の合計である。社会価値は，開発力とブランド力で，環境負荷の低減と事業以外の部分での社会貢献である。フリーキャッシュフロー＝NOPAT＋減価償却費－投資－運転資本の増加額で，管理指標として，PVA，CCC，ROE，ROICとしている〔ピジョンの2018年1月期決算説明会資料，http://www.pigeon.co.jp/ir/assets/pdf/kessan201803.pdf〕。

④　その他の視点からの企業価値概念

住友金属工業では，「企業価値は，見えない資産とみえる資産から構成されている。見えない資産は，顧客資産，人的資産，技術資産，組織資産から構成される。みえる資産は，物的資産，金融資産から構成される。両方の資産を育てることにより，企業価値の向上，最大化を図る」〔住友金属工業の経営報告書2009，31-46頁〕と述べている。

丸井では,「ステークホルダー間の利益は,しばしば相反関係にあるようにいわれることがありますが,相互に重なり合う利益や価値も少なくありません。私たちは,その重なり合う部分こそが真の企業価値であり,これを「共創価値」経営によって調和させ,また拡大させていくことが企業価値の向上につながると確信しています」[http://0101maruigroup.co.jp/value.html]。

このように,企業価値は各社の考え方を反映して多様な概念として用いられている現状を明確に確認できる。しかし,多くの企業においては,どのような意味で企業価値概念を用いているのかは残念ながら,不明であるのも事実である。

図表 2-16　丸井の企業価値の考え方

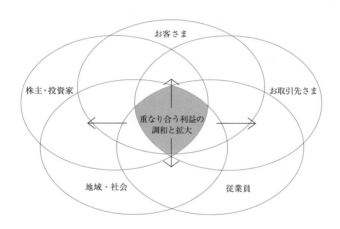

出所：http://0101maruigroup.co.jp/value.html

3. 企業価値創造会計

1 企業価値創造の意義

企業価値創造とは，企業価値を将来創造できるかどうかが特に課題となる。創造概念とは，開発・設計・製造からマーケティング・営業などの企業活動により価値を創り出して具現化する機能であり，新しく価値を生み出すことを意味している。そこで企業価値創造とは，期間フローとしての正味期間変動額（期間増減額）として捉えられる。

現在の企業価値創造額＝現在時点の企業価値額－過去時点の企業価値額
　　　　　　　　　　＝当期末の企業価値額－前期末の企業価値額
未来の企業価値創造額＝未来時点の企業価値額－現在時点の企業価値額
　　　　　　　　　　＝未来の企業価値額－当期末の企業価値額
過去の企業価値額＋現在の企業価値創造額＝現在の企業価値額
現在の企業価値額＋未来の企業価値創造額＝未来の企業価値額
　　　EVtp　　＋　　　EVC　　＝　　EVtf

企業価値は絶対額として算定することも，期間の変化額（割合）から算定する方法も考えられる。会計的企業価値と市場的企業価値との大きな違いは，市場的企業価値には会計上認識されていない無形資産等が影響している。

市場的企業価値額－投下資本の簿価（総資本の帳簿価値）＝未認識無形資産

未認識無形資産を考慮するには，企業価値そのものを探求するよりも，企業価値を決定する主要要因（価値決定因子:Value Driver, VD）に焦点を当て，その要因を必要に応じて分解し，展開することがより現実的であろう。フロー面から企業価値創造額を考えると，会計的企業価値創造額，本質的企業価値創造額そして市場的企業価値創造額とに分けられる。会計的企業価値創造額としては，利益，CF（営業CF，FCF），売上高，付加価値，Stern Stewart社の登録商標であるEVA（Economic Value Added:経済的付加価値）等により算定される。市場的企業価値創造額としては，株式時価総額増減額が用いられる。

企業価値をより創造するためには，より戦略的に企業経営を展開していかなければならない。そのためには，どのように企業価値を創造するのかの目標・プロセスが極めて重要となる。それを検証するためには，測定可能な企業価値関連指標が欠かせない。指標化するには会計的指標は必要不可欠であり，もっとも基本的な情報である。企業の全体像を把握可能とする測定・指標化も進めなければならない。同時に個別のより具体的な指標をも組み込んで究極的には統合指標化し，そしてより積極的にステークホルダーに情報を開示・対話して行くことも有益となる。どのように企業価値創造の好循環の仕組みを構築して行くのか。多くの企業で展開され，社会全体で好循環をもたらし，個別企業だけでなく，業界全体そして社会全体の価値創造にも貢献できる可能性があれば，幸いである。主として会計的視点を基礎として，重要な関連事項を包含しながら企業価値創造に貢献し，そのためにはどのような役割を担えるかを考察したい。

企業価値を創造しているかどうかを判断できる，企業価値の源泉としては，会計的視点からの業績が重要となる。そして，会計的業績を増大させ，企業価値を創造するには，利害関係者（ステークホルダー）の視点から企業価値の創造を検討することが極めて重要と考える。そこで，ステークホルダーとの関係から企業価値を考察することが有効と思われる。

未来の企業価値創造額＝未来時点の企業価値額－現在時点の企業価値額

本質的企業価値創造額としては，ステークホルダーの視点から分類すれば，株主価値創造額，顧客価値創造額，人的価値創造額そして社会・環境価値創造額等から構成される。株主価値創造額は，会計的企業価値創造額そして市場的企業価値創造額と極めて相互依存関係にある。そこで，株主価値創造額以外の顧客価値創造額，人的価値創造額そして社会・環境価値創造額等の測定が特に問題とされる。しかし，現在のところ，客観的な測定方法は必ずしも開発されていない。むしろ，これからこれらへの挑戦が増していくであろうと期待する。

図表 2-17　フロー面からの企業価値創造概念の関連図

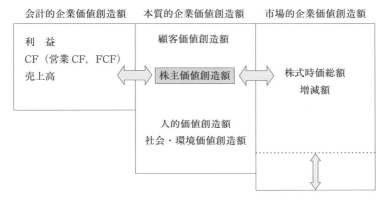

出所：著者作成

　企業価値創造額（EVC）＝会計的企業価値創造額（AVC）＋本質的企業価値創造額（HVC）＋市場的企業価値創造額（MVC）と定義する。

　会計的企業価値創造額，本質的企業価値創造額，市場的企業価値創造額の企業価値創造額への貢献割合（ウエート）を考慮する。wa ＋ wh ＋ wm ＝ 1

　　EVC ＝ AVC × wa ＋ HVC × wh ＋ MVC × wm

　会計的企業価値創造額として利益とFCFを，市場的企業価値創造額としては，株式時価総額の増減額を抽出する。本質的企業価値創造額としては，人的価値創造額，顧客価値創造額，そして社会・環境価値創造額から構成されるものとする。

　　AVC × wa ＝ NP × wp ＋ FCF × wf

　　HVC ＝人的価値創造額＋顧客価値創造額＋社会・環境価値創造額

　人的価値創造額を，人件費で表されるものと仮定すれば，次のようになる。

　　HVC ＝ hVC ＋ CVC ＋ SVC

　人的価値創造額，顧客価値創造額，社会・環境価値創造額の本質的企業価値創造額への貢献割合（ウエート）を考慮する。wa ＋ whh ＋ wc ＋ ws ＋ wm ＝ 1

　　HVC ＝ hVC × whh ＋ CVC × wc ＋ SVC × ws

極めて単純化すれば，次のように要約することも可能である。

EVC = NP × wp + FCF × wf + hVC × whh + MVC × wm

wp + wf + whh + wm = 1

「企業価値創造」も「企業価値」同様に，概念的には必ずしも一般化していない。企業価値向上，企業価値最大化等の表現が多種多様に用いられ，その内容も定かでない。明確に定義して用いるべきである。企業価値が創造できれば，通常は利益・CFという会計数値に結び付くであろう。顧客価値の創造を最終的に検証するためにも利益・CFなどの会計数値が重要である。したがって，会計的側面を組み込んだ企業価値創造会計を提案している。

図表 2-18　企業価値とステークホルダー価値の関係

出所：著者作成

図表 2-19　企業価値とステークホルダー価値の関連図

出所：著者作成

SBIHDでは，企業価値は顧客価値，株主価値，人材価値の総和とし，その極大化を追求しており，各事業分野の評価を公開類似企業の株価を基に推定し，

企業価値を金額評価して開示している［決算説明会資料, http://www.sbigroup.co.jp/］。このように企業価値を金額的に評価して開示する事例が，今後も増えればと期待している。

「テレビ朝日は，放送人としての使命を常に自覚して，今後も企業を取り巻くさまざまな方々との関係を重視して，企業活動を継続してまいりましたが，あらためてテレビ朝日の企業価値は何かを問い直し，企業価値基準として文書化し，社内外に公表することといたしました。

この企業価値基準は，私たちテレビ朝日が，テレビ放送事業者として，また，報道機関として，さらには，国民に情報・娯楽を提供するコンテンツの送り手として，これまで築いてきた企業価値を，時代の変化の中でも損なうことなく，さらに高めるために，検討を行った結果であります。私たちテレビ朝日の基本的考えとご理解いただければ，幸いであります。

2007年5月15日　株式会社　テレビ朝日

総則［企業のあり方］

・当社は民間放送局として，放送法・電波法・国民保護法の要請をはじめとして，放送の公共性・公益性を常に自覚し，国民生活に必要な情報と健全な娯楽を提供することによる文化の向上に努め，不偏不党の立場を堅持し，民主主義の発展に貢献するとともに，適切・公正な手法により利潤を追求する。

［企業価値の源泉］

・当社は放送が担う公共的使命を果たしながら企業活動を行うため，共通の理念を持つ人材の育成と確保，ステークホルダーとの信頼関係の保持，放送局・報道機関としての使命の全う，および，これ等を前提にして，社会のニーズに適うコンテンツを制作・発信し続けることが企業価値の源泉であると確信する。

［企業活動］

・当社は，市民社会に貢献する企業活動を継続することが，社会的責務であり，かつ経済的存立の基盤であるとの認識に基づいて，事業活動を行う。

企業価値を支えるステークホルダーとの関係［株主］

・当社の社会的責務への理解を前提に，当社の企業価値向上に向けた長期的

な信頼関係に基づく良好な関係を維持する。
・当社は，法令および取引所ルールに基づいて，的確な情報開示を行う。
［視聴者］
・当社は，法令や社会規範を遵守し，迅速で正確な報道と健全な娯楽など，多様な情報を提供し，メディアとして視聴者との信頼関係の強化に努める。
・このため，当社は，視聴者のニーズを正確にとらえる体制を維持し，適正・適確な編成により，多面的な情報・文化の向上に貢献するコンテンツを提供しつづける。
［スポンサー等］
・当社は，視聴者のニーズを的確に放送等に反映させることにより，スポンサー等との信頼を基調とした継続的な関係を築く。
・当社は，スポンサー等のニーズを把握し，優良なコンテンツの制作・放送に努め，広告放送・事業活動を通じて，スポンサー等の自由な競争の維持促進と健全な企業発展に寄与する。
［従業員・当社の企業活動に従事する関係者］
・従業員をはじめ制作会社など，当社の企業活動に従事するすべての関係者が，放送局の社会的使命を理解し，良質なコンテンツの創出を担うとの自覚と信頼に基づく関係を築く。
・当社企業活動に従事するすべての関係者が一丸となって，その主体性と創造性を事業活動に活かすために，当社は，活力のある明るい職場環境の維持，適切な労働条件の提供を行う。
［グループ企業］
・企業グループとして，当社の放送局としての使命を理解し，グループ価値向上という共通の目標実現を目指す。
・業務の連携・人材の活用などを通じ，放送事業活動を補完し合い，また総合的な事業活動により，グループの発展に貢献する関係を築く。
［系列局］
・系列局が相互に繁栄し，それぞれの地域社会へ貢献することを基盤として，

全国への放送文化の普及に寄与するべくネットワークの機能強化を図る。

・放送局・報道機関としての共通の使命を共に自覚し，適切・的確な情報の提供に向けて，相互の協力・信頼関係の維持，強化を図る。

・ネットワークにおける放送インフラを構築・整備し，放送局への信頼の基礎となる正確な報道・情報，健全な娯楽等の多様なコンテンツ，ノウハウを相互に供給しあい，系列局の企業価値向上をはかる。

［地域・社会］

・放送局として社会的使命を十分に自覚し，一よき市民として，適切な租税を負担し，地域・社会の発展と健全な生活の確保に寄与する。

［その他］

・放送局の持つ社会的な影響力を自らの利益・主張のみに利用することを意図する個人・団体・権力には，放送局としての自主的・自立的な姿勢を堅持する。

企業価値を継続して創造するための活動［原則］

・当社は，放送・その他の事業を通じて提供する情報やコンテンツが社会から信頼され，求められていることが，当社の存立基盤であるとの認識を持って，企業活動を発展的に継続してゆく。

・一連の企業活動は，このような当社の放送事業の特質を活かしながら，その他の事業とともに，情報・コンテンツがさらに魅力的かつ社会から求められるものとなることを目指す。当社は，そのために必要な企業活動の基盤の整備・安定的な財務体質の維持の重要性を認識する。

上記事業活動における原則を遵守し，当社は，企業活動を展開する。

《放送事業》

・当社収益の基盤として，必要な企業活動の人的・物的基盤，ノウハウの集積に努め，良質で付加価値の高い情報・コンテンツの継続的提供を行う。

《その他事業》

・当社が提供する情報・番組などについて，地上波以外の放送媒体，その他メディアでの活用・利用を促進し，社会環境の変化・ニーズに対応した情報発

信の担い手たる地位を確立してゆく。

《言論報道活動》

・当社は社会に発生する事象について事実を正確に伝達し，視聴者に多面的な判断材料を提供し，国民の知る権利に応えるとともに，災害・緊急時には，社会のライフラインとなるという重大な使命を果たすために，必要な人材，資材，ノウハウ，ネットワークを常時維持する。

なお，事業活動の継続に当たって，不可欠な基盤となる系列局ネットワークについては，特に次の点に関する理解・認識を持つものとする。

《系列局ネットワークの維持》

・当社は，系列局ネットワークの維持・強化を継続し，放送・その他の事業活動を通じて提供する情報・コンテンツを，より広い地域に，また，地域・文化のニーズに根ざした形で，発信し続ける。

以上

2007年5月15日発行」[http://company.tv-asahi.co.jp/contents/corp/value.html]。

放送事業としての特殊性かもしれないが，かなり具体的かつ詳細に企業価値関連の基準を説明している。

東京証券取引所が全上場企業（約2,300社）のうち，高い企業価値の向上を実現し，「資本コスト」をはじめとする投資家の視点を深く組み込んだ経営を実践している企業を表彰する「上場会社企業価値向上表彰」を2012年度から創設した[4]。表彰会社の選定については，主に①投資家から付託された資金について，実際にその価値（企業価値）を向上させている企業のうち，②企業価値を高めるための優れた経営態勢を有しているか否かなどに焦点を当て，上場会社表彰選定委員会が行う。

選定方法は，①財務数値を基にした定量的な方法により100社を選定する。過去数年間のROEの平均または成長率が良好な企業400社を選定する。連結

---

4) http://ps.nikkei.co.jp/tseaward/，日本経済新聞2012年10月24日参照。

財務諸表数値などから資本コスト（WACC）および企業価値等を算定し，これらの数値が優れている100社を選抜する。②経営態勢等に係る定性的な選定をアンケート調査により，数社をファイナリストとして決定する。

視点1：資本コストの算出・認識

視点2：経営の枠組み

視点3：資本コストを意識した経営の実践

③最終候補会社に対して上場会社表彰選定委員会がインタビューを実施して，あわせて，ファイナリストについては投資家からの意見を募集して，大賞1社を決定する。

このように，企業価値の向上を目指した経営の普及・促進を図る目的から実施される。400社，100社の定量結果，ファイナリストの定性結果，大賞の結果に関してもある程度公表されると，各社の企業価値・資本コストの評価結果から，企業も投資家もより企業価値を重視する経営・投資が促進されると思われる。

日本経済新聞社の総合企業ランキング「NICES」では，ステークホルダーの観点から企業を分析している。2010年4月発表では，投資家，消費者・取引先，従業員，社会を取り上げている。2010年12月発表では，さらに潜在力を追加した。2010年12月発表の各側面の測定指標は次の通りである。

投資家　時価総額の増減，配当，内部留保，使用総資本利益率，資本構成，決算情報，増資の7指標

消費者・取引先　売上高，認知度，広告宣伝・広報，粗利率，従業員1人当たり粗利率の5指標

従業員　有休休暇，育児・介護休業，女性活用，定着率，定年後人材供給の5指標

社会　雇用の確保，納税，社会貢献活動，公的団体への人材供給，CO_2・廃棄物の5指標

潜在力　設備投資，人材育成，研究開発など，将来に向けた企業活動のデータに，日本経済新聞社の記者による評価を加えて総合的に評価［日本経済新聞

2010年4月15日，2010年12月9日]。

2015年度に，社会の側面は消費者・取引先に統合された。これは，別個に評価する方がより個別に具体的に判断できるであろう。

企業価値創造の実行を動機づけるために，企業価値創造を評価できる主要な企業価値創造指標を抽出し体系化させなければならない。特に，無形の知的資産を創造させながら，その関連する指標のモニタリングを徹底し，継続的に顧客との親密関係を構築しながら，知的な能力を開発し，製品・サービスを革新して，長期的・総合的な視点から新たな企業価値を創造していくのである。

企業価値創造会計はビジョン（Vision），戦略，戦略目標，VD として横展開できる。企業価値創造プロセスを明確化し，その価値創造を促進するもっとも重要な要因である **KVD**（Key Value Driver），さらにより具体的な管理可能な指標である **KVI**（Key Value Index）を確定していくことが重要課題である。各指標は，基本的に各社の状況により選択されるが，その定義と算出方法の妥当性をも確認しておくことが必要である。ステークホルダーの視点から企業価値創造を考えると，人的 KVI，顧客 KVI，株主 KVI，そして社会・環境 KVI と分けて指標化を試みることも有益である。さらにステークホルダーごとの関係を連鎖する KVI の抽出，その具体化に向けての研究は今後の課題である。

2　企業価値創造会計の意義

企業目的・目標として，「企業価値の創造」を置けば，企業価値創造の方策が戦略となる。したがって，企業価値創造に基づいて戦略の評価をすることが可能となる。まさにこれからは，企業価値創造の競争でもある。**企業価値創造会計**（Value Creation Accounting）とは，企業価値創造を支援する会計の総称である。言い換えれば，人的価値の向上を通して，顧客価値を向上させ，究極的には株主価値を向上させ，さらに社会や環境の価値を向上させる好循環の仕組みを創造することを支援する主として会計的なアプローチである。企業価値創造方法は，無限に考えられる。各企業にもっとも適した方法を探究するのが，より望ましい。コストを配慮しながら，より多くの企業価値を創造する方法を

仮説・検証することになる。ステークホルダーの視点から，企業価値創造を考えると，主要ステークホルダーとして，人，顧客，株主そして社会・環境とすれば，企業価値創造会計は，人的価値創造会計，顧客価値創造会計，株主価値創造会計そして社会・環境価値創造会計と体系化可能である。

　企業価値創造の実行を動機づけるために，企業価値創造を評価できる主要な企業価値創造指標を抽出し体系化させなければならない。特に，無形の知的資産を創造させながら，その関連する指標のモニタリングを徹底し，継続的に顧客との信頼関係を構築しながら，知的な能力を開発し，製品・サービスを革新して，長期的・総合的な視点から新たな企業価値を創造していくのである。

　東京海上日動で公表されている企業価値関連指標を参考までに図表2-20に示す。東京海上日動CSRの重点分野において，取り組みの進捗状況を示すうえで特に重要と考える項目を同指標のなかから「CSR指標（11項目）」と定め，実績値を図表2-21のように開示している。

図表2-20　東京海上日動のステークホルダー価値指標

	主　な　指　標
顧客基盤力	顧客数（個人），収入保険料，お客様アンケート結果（当社に対する満足度）等
代理店基盤力	お客様アンケート結果（代理店満足度，安心品質・募集の適切性確保）等
経営リーダーシップ	社員アンケート結果（経営陣・マネジメントに対する評価）等
組織・人事制度	障がい者雇用率,女性社員数（一定の職位以上),社員アンケート結果（社員満足度）等
組織文化	地域・社会貢献活動に参加した社員数，社員アンケート結果（人間尊重，企業風土，CSRに対する評価）
社員能力・業務プロセス	お客様・代理店アンケート結果（代理店とのパートナーシップ，事故対応満足度，安心品質・保険金支払いの適切性確保），紙使用量，温室効果ガス排出量，Web約款切り替え率等
商品力	外部の企業イメージ調査結果,代理店・社員アンケート（商品・サービスに対する評価）
ブランド力	外部の企業イメージ調査結果，ブランド価値指標等
収益性・健全性	財務格付け，修正利益，ROE等
コンプライアンス・内部管理	「お客様の声（ご不満・ご要望）」に基づいた業務改善，社内監査結果等

出所：東京海上HLDのCSR2010，8頁

図表 2-21　東京海上日動の CSR 指標

分野	指標		指標解説	2008年度実績	2009年度実績
お客様	顧客数（個人）		個人顧客数	1,396万人	1,384万人
	募集時の満足度		自動車保険・火災保険募集時のお客様アンケートにおけるお客様満足度	61.30%	68.70%
	事故対応満足度		事故対応時（自動車保険）のお客様アンケートにおける総合満足度	93.50%	94.20%
社員・代理店	社員満足度		社員アンケートにおける満足度	83.60%	78.40%
	代理店満足度		代理店アンケートにおける満足度	-	78.70%
	ダイバーシティ	リーダー層の女性社員数	リーダークラス・準リーダーの女性社員数（2009年7月時点）	271名	325名
		障がい者雇用率	障がい者雇用率（2010年3月時点）	1.93%	2.04%
地球環境保護	温室効果ガス（CO_2）排出量		事業活動に伴うエネルギー使用起源の温室効果ガス（CO_2）排出量（国内）	63,801t	47,870t
	紙使用量		紙使用実績（コピー用紙，帳票印刷物，コンピュータ用紙の合計）（国内）	10,000t	9,503t
地域・社会貢献	地域・社会貢献活動への社員参加度		ボランティア活動に参加した社員数	2,110人	7,955人
	寄付への参加社員数		寄付を行った社員数（大規模な災害等に対する義援金を除く）	-	5,620名

出所：東京海上 HLD の CSR2010，8 頁

図表 2-22　大阪ガスのステークホルダーの価値指標

お客さま価値	お客さまの満足度の維持向上 修理翌日完了 重大事故ゼロ継続等
株主さま価値	持続的な業績の向上 SVA，当期純利益，経常利益，営業利益，EPS，ROE 安定配当の継続
社会価値	環境負荷の軽減（CO_2排出量抑制量） 安心して暮らせる社会づくり コンプライアンスと情報公開

出所：http://www.osakagas.co.jp

第 2 章　企業価値創造会計の意義　45

図表 2-23　企業価値創造マップの例示

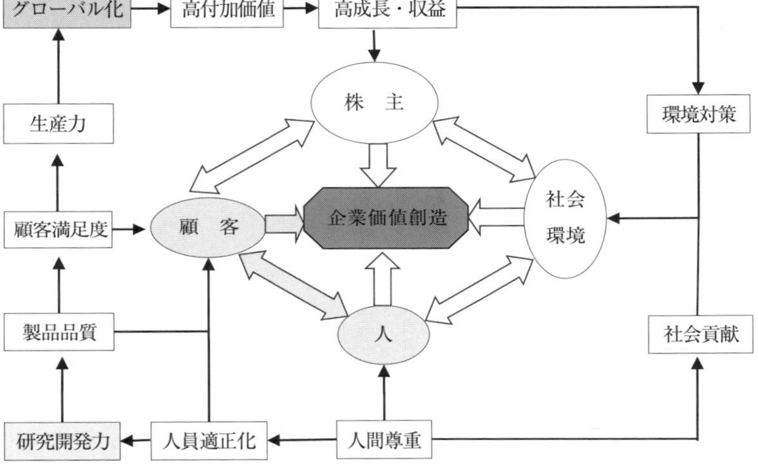

出所：著者作成

　各社がそれぞれ最適な KVD・KVI を選定しながら企業価値の創造を模索している現況を垣間見られる。

　図表 2-22 は，大阪ガスが開示している価値指標である。

　図表 2-23 は，企業価値創造に関する KVD の関連性を整理するためのマップの例示である。

　本章では，企業価値創造会計における基礎的概念である，企業価値，企業価値創造，企業価値創造会計，会計的企業価値，市場的企業価値，本質的企業価値，ステークホルダー価値，株主価値，顧客価値，人的価値，社会価値について整理・説明し，KVD 等を例示した。

第3章

企業価値創造会計の本質

1. 企業価値創造のプロセス

　企業価値創造プロセスを検討するには，次の2つのルートを区別して考察する必要がある［恩蔵監訳（2004）171-173頁］。
　① 会計主導合理化戦略
　会計主導の合理化で，長期戦略としては課題もあるが，コスト削減，投資削減，価格引き下げなどに注力する。
　② 市場主導成長戦略
　市場主導の成長であり，成果を上げるには時間がかかるが，既存顧客のロイヤルティを強化，新製品販売，新規顧客開拓，新たな流通チャネル，海外市場，新たな業界への参入を通じて新規事業の開発などに注力する。
　会計主導合理化戦略は短期的には即効的で魅力的だが，それだけでは株式市場からは必ずしも十分な評価は得られない傾向がある。
　会計主導合理化戦略は価格削減戦略と価値創造戦略に大別される。すなわち，価格を下げ，価値を増やすことになる。どちらかをより重視するか，両方を攻めることも考えられる。
　企業価値の創造戦略は，攻めの企業価値の創造戦略と守りの企業価値の創造戦略に区別することもできる。攻めの企業価値の創造戦略は，通常の経営活動により企業価値の創造を進める戦略である。守りの企業価値の創造戦略は，企業価値の毀損を防ぐ，例えばリスクマネジメント，コーポレート・ガバナンス，株主の権利を高めるための企業統治の仕組み作り等により，企業価値を守る（リスク回避）戦略である。

この参考事例として，昭和電工の企業価値創造の図を示す（図表3-1）。企業価値に影響を与える内容を正の側面と負の側面として整理している。

図表3-1　昭和電工の企業価値創造

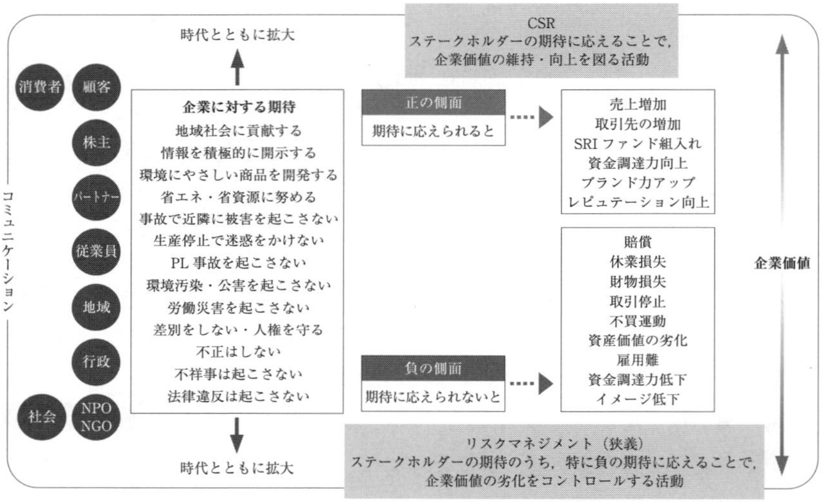

出所：ステークホルダーとの対話［CSRレポート2012, 23頁］

　企業価値経営として無数の選択肢が考えられる。どの選択肢を選ぶかは，各企業の判断による意思決定問題である。経営環境を検討し，経営理念を踏まえ，経営ビジョンを決め，経営戦略として，整理整合させる。これらの結果として，当該企業の企業価値創造方法となる。これに基づき最適なKVDとして，たとえばA，B，C，D等が決まる。その具体的な管理可能指標としてのKVIとしては，たとえばa，b，c，d等が導かれる。各A，B，C，D等，そしてa，b，c，d等は単独としても機能可能であり，最終的には集合体として，全体として連携して機能させることが望ましい。これを経営戦略と呼称することも可能である。そして，経営活動が行われ，その結果を業績評価として，吟味検討される。これに基づき，次年度の戦略・計画・予算へとフィードバックされる。望まし

い結果が出ていれば，大きな変更なく継続できる。もし不満足であれば，その原因を追求し，打開策を探究しなければならない。経営戦略か，企業価値創造方法か，KVIか，実行としての経営活動か等を繰り返し検討する（図表3-2）。

図表3-2　企業価値創造方法の展開プロセス

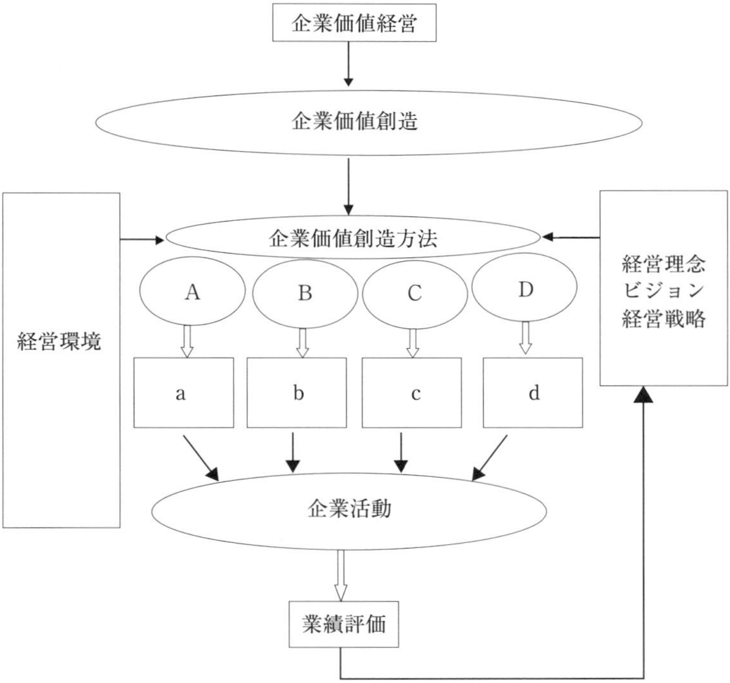

出所：著者作成

2. 企業価値創造会計による体系的分析

1　企業価値創造戦略の類型化による分析

　ステークホルダーの視点から企業価値の創造戦略を類型化すれば，ステークホルダーとして，人，顧客，株主，社会・環境とに分類すれば，各ステークホ

ルダーの価値をそれぞれ単独に創造する戦略が最初に考えられる。次に各ステークホルダー間の価値を連鎖させて，より相乗的に各ステークホルダーの価値を創造する戦略である。

　最初に，各視点単独の企業価値創造戦略の考え方を整理・論述する。

　企業価値を創造する活動を次の2つのルートに分ける（図表3-3）。すなわち，本来の経営活動と，それ以外の活動である。それ以外の活動を，社会・環境活動と総称する。本来の経営活動により，ほとんどの企業価値は創造される（①）。社会・環境活動は，本来の経営活動を通じて企業価値を創造することもできる（②）。同時に，本来の経営活動を通さずに，直接的に企業価値を創造する可能性もある（③）。

① 本来の経営活動による企業価値創造ルート
② 社会・環境活動の本来の経営活動を通じた企業価値創造ルート

　本来の経営活動に社会・環境活動を結び付ける。典型的には，環境を配慮した製品・サービスを開発供給する。最近では，環境を配慮しない製品・サービスを開発供給することは，大変難しくなってきている。そうなると，①と②の

図表3-3　企業価値創造の2つのルート

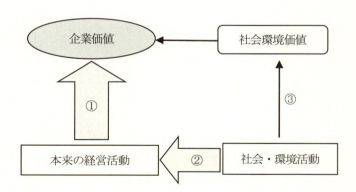

出所：著者作成

区別は，相対的な重要性の程度に依存することになる。そこで，②においては，環境をかなり配慮した製品・サービスを開発供給することを意味している。

マイケル・ポーターの CSV（Creating Shared Value）に基づけば，企業は社会と価値を共有し，社会貢献を企業の事業活動と切り離すのではなく，一体のものとして扱う（統合する）という考え方である。欧州委員会が政策文章の中で，CSR を欧州の競争力の条件として位置付け，それに取り組む企業を支援する方針を明確に示し，CSV の最大化を目標に定めた。CSR と本業を統合させた企業こそがより成長できるかもしれない。社会貢献と収益を両立するビジネスモデルを構築すべきである。本業の中でどう社会に貢献するかを同時に考えるべきである。経済的価値と社会的価値とを共に創造しようとするアプローチである。社会の問題やニーズに着目し，本業に組み込める人材を育成し，本業とCSR を統合させる。

③　社会・環境活動による企業価値創造（本来の経営活動を通さない）ルート

本来の経営活動に関連しない社会・環境活動は，一般的に認められないが，広義の企業価値の創造に貢献できれば，許容されることもある。そのためには，このことを説明する必要があろう。それには開示が欠かせない。本来の経営活動にはほとんど関連しない，純粋な社会・環境活動である。本来の経営活動とは無関係な事柄に支援・寄付することが典型例である。社会・環境価値を創造することが，そのまま企業価値を構成することになる。そこで，社会・環境価値をより創造する社会・環境活動を行うことになる。それでも，多くの企業は，企業活動により関連する分野での社会・環境活動を行う傾向がある。

社会貢献を通じて企業価値の向上を図るべき方法もある。本業と CSR は別物の慈善活動であり，社会的価値だけに焦点を当てる。

企業価値を創造できる仕組みをどのように作るのであろうか。社会と共生しながら，社員がより誇りとやりがいを持てば，その結果として，企業価値の創造につながりやすいと思われる。

日本製紙グループ本社は，グループビジョン 2015（2005 年 5 月策定）において，「企業価値の持続的発展を果たし，2015 年において名実ともに世界紙パルプ企

業トップ5にランクされる企業グループを目指す」としている。企業価値の持続的成長のために―安定と成長の両立―として，以下の4項目を示している。

① 国内紙事業および紙周辺事業の高収益体制の確立
② 海外市場への積極進出
③ M&Aも視野に入れた積極的成長戦略の展開
④ 豊かな暮らしと地球環境の両立を支える企業活動

図表 3-4　日本製紙グループグループビジョン 2015

グループビジョン 2015

日本製紙グループはグループ各社の事業発展により、企業価値の持続的発展を果たし、2015年において名実ともに
世界紙パルプ企業トップ5
にランクされる企業グループを目指します。

2015年に目指す企業規模・業績

- 連結売上高　　　　1.5～2兆円
- 連結営業利益　　　国内1,000億円（安定的に）＋海外事業
- 連結営業利益率　　8～10%
- 事業ポートフォリオ　国内事業7割、海外事業3割
　　　　　　　　　　紙パ事業7割、非紙パ事業3割
　　　　　　　　　　アジア、北米、欧州3大市場での事業展開
- 株式価値（時価総額）　1兆円
- キャッシュフロー　1,500億円

企業価値の持続的成長のために ―安定と成長の両立―

- 国内紙事業および紙周辺事業の高収益体制の確立
- 海外市場への積極進出
- M&Aも視野に入れた積極的成長戦略の展開
- 豊かな暮らしと地球環境の両立を支える企業活動

基本戦略

- 独自開発技術に裏付けられた常に先を行く市場戦略展開
- 最強の生産現場・販売最前線
- 国際価格競争を制する基幹工場
- 顧客・地域に根ざした独自の強みを持つ工場・グループ会社
- 長期戦略にもとづく原材料、エネルギー確保
- 株主、顧客、従業員、社会、環境への最大限の還元

出所：ビジョン 2015（2005年5月策定）

そして重要施策としては，以下のように図解している（図表3-5）。

図表3-5　日本製紙グループ重要施策

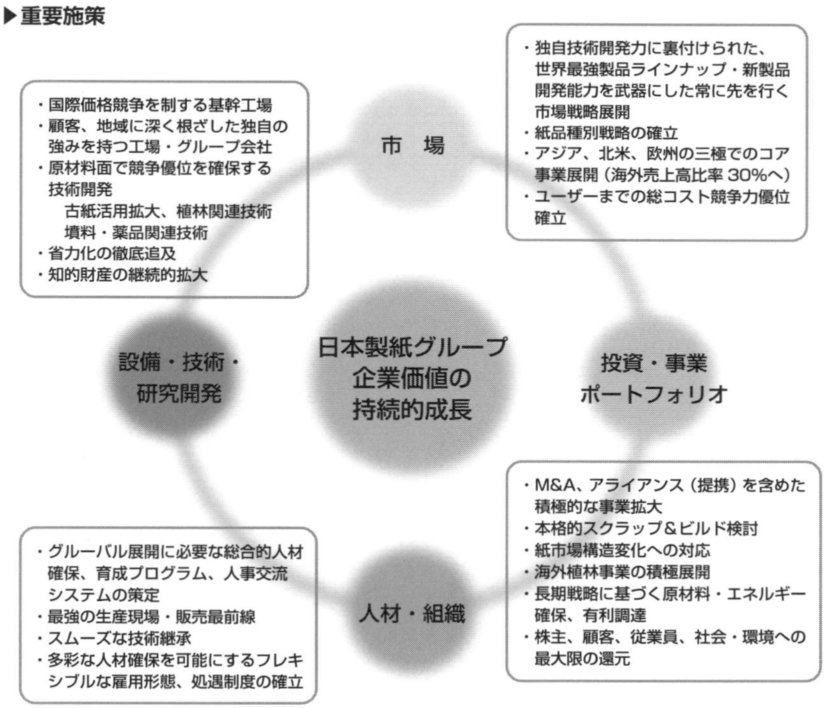

▶重要施策

・国際価格競争を制する基幹工場
・顧客，地域に深く根ざした独自の強みを持つ工場・グループ会社
・原材料面で競争優位を確保する技術開発
　　古紙活用拡大，植林関連技術
　　塡料・薬品関連技術
・省力化の徹底追及
・知的財産の継続的拡大

・独自技術開発力に裏付けられた，世界最強製品ラインナップ・新製品開発能力を武器にした常に先を行く市場戦略展開
・紙品種別戦略の確立
・アジア，北米，欧州の三極でのコア事業展開（海外売上高比率30％へ）
・ユーザーまでの総コスト競争力優位確立

設備・技術・研究開発

市　場

日本製紙グループ
企業価値の
持続的成長

投資・事業
ポートフォリオ

人材・組織

・グローバル展開に必要な総合的人材確保，育成プログラム，人事交流システムの策定
・最強の生産現場・販売最前線
・スムーズな技術継承
・多彩な人材確保を可能にするフレキシブルな雇用形態，処遇制度の確立

・M&A，アライアンス（提携）を含めた積極的な事業拡大
・本格的スクラップ＆ビルド検討
・紙市場構造変化への対応
・海外植林事業の積極展開
・長期戦略に基づく原材料・エネルギー確保，有利調達
・株主，顧客，従業員，社会・環境への最大限の還元

出所：ビジョン2015（2005年5月策定）

　日本製紙では，企業価値創造の仕組みを極めて網羅的に説明している。
　「帝人におけるステークホルダーの付加価値配分において，帝人グループのステークホルダーは多岐にわたっている。事業を通じて利益を上げ続けることと，それにより得た付加価値をステークホルダーの皆様に適切に分配することを，重要な社会的責任と捉えている」。
　2016年度の主なステークホルダーへの付加価値の配分は図表3-6のとおり

である。

　付加価値総額は，売上総利益（売上高－売上原価）から，運賃や関税，減価償却費，研究開発費，販売促進費，賃貸料，その他の販管費に属する経費を減じた金額に，独自集計の社会貢献費用と，環境保全の費用を加算している。

　社会貢献費用は，その他の販管費に属する経費と製造原価に含まれる部分の両方があり，さらに施設開放と社員の役務提供を金額換算して加算している。付加価値配分上のステークホルダー分類としては「地域社会」と表記している。また環境についても，その他の販管費に属する経費と製造原価に含まれる部分の両方がある。

図表3-6　帝人グループのステークホルダーへの付加価値配分表

ステークホルダー	金額（億円）	内容	備考
株主	108	配当金	有価証券報告書掲載の数値（第4【提出会社の状況】の3．配当政策の配当金総額（年間））
社員	600	給料・賃金，賞与一時金，退職給付費用の総額	有価証券報告書記載の数値（連結損益計算書の販売及び一般管理費に含まれる左記勘定科目の金額）。ただし左記金額には製造原価に含まれる人件費は含まれていない。
債権者（金融機関）	22	支払利息	有価証券報告書記載の数値（連結損益計算書の支払利息）
行政機関（国，自治体）	120	法人税・住民税・事業税等の納税額の総額	有価証券報告書記載の数値（連結損益計算書の法人税，住民税及び事業税）
地域社会	9	寄付金および現物寄付・施設開放・社員の役務提供を金額換算（経団連算定方式）	CSR企画推進部集計
企業（帝人）	413	剰余金の増加額	有価証券報告書掲載の数値（連結貸借対照表の利益剰余金の当期前期差）
環境	52	環境保全費用	CSR・信頼性保証部集計
総額	1,324		

（注）本データは，小数点第1位を四捨五入して整数で記載している。

　出所：帝人社会・環境，http://www.teijin.co.jp/eco/economy/distrubution.html

第 3 章 企業価値創造会計の本質 55

図表 3-7 帝人グループのステークホルダーへの付加価値配分比率

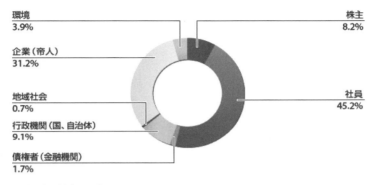

出所:帝人社会・環境,http://www.teijin.co.jp/eco/economy/distrubution.html

図表 3-8 帝人グループのステークホルダーへの付加価値配分額の推移

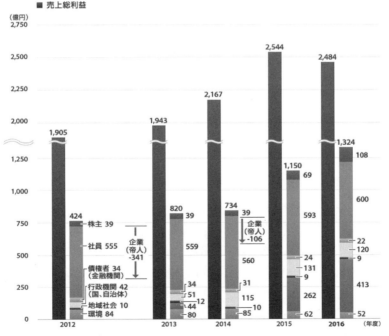

出所:帝人社会・環境,http://www.teijin.co.jp/eco/economy/distrubution.html

図表 3-9　帝人グループのステークホルダー

出所：帝人社会・環境，http://www.teijin.co.jp/eco/economy/distrubution.html

　利益配分の新潮流として，社会貢献することが，長期的に企業価値向上に役立てば，株主の権利と社会的責任のバランスを考慮する動向がみられる。

　2010年度には，被災地への義援金支援を積極的に実施した企業は数知れない。たとえば，三菱商事の100億円の震災復興支援基金設立，ヤマトホールディングスの約130億円の寄付金（配達個数に応じて）等が注目される［日本経済新聞2011年6月7日］。

　人的・顧客・株主価値創造戦略の例示として，富士重工業では，「新三つの尺度」を経営判断のベースとしている。「お客さまのためになるか」「グループの発展に役立つか」「従業員の成長に役立つか」の3つの判断尺度である。顧客・企業（株主）・人的価値の創造につながるかを判断の尺度として明確にしている［富士重工業株式会社2010CSRレポート，20頁］。

第 3 章　企業価値創造会計の本質　57

　日本マクドナルドでは，ES スコアの向上により離職率の低下，QSC（Quality Service Cleanliness）スコアの向上，客数の増加，そして既存店売上高の増加に連鎖した［『日経ビジネス』2011.7.11, 42-45 頁］。
　ステークホルダーの視点から企業価値の創造戦略を類型化すれば，ステークホルダーとして，人，顧客，株主，社会・環境とに分類すれば，各ステークホルダーの価値をそれぞれ単独に創造する戦略が最初に考えられる。次に各ステークホルダー間の価値を連鎖させて，より相乗的に各ステークホルダーの価値を創造する戦略である。
　ユナイテッドアローズは，社会との約束として，「5 つの価値を創造していきます」と述べている。「お客様価値，従業員価値，取引先様価値，社会価値，株主様価値をバランスよく高めるものでなければなりません。中でも，最も大切にすべきなのは「お客様価値の創造」である。
　行動指針において，企業価値を創造する仕組みを詳細に開示している。社会と共生しながら，社員がより誇りとやりがいを持てば，その結果として，企業価値の創造につながりやすいと思われる。
　「ユナイテッドアローズ行動指針」とは，経営の理念の実現のために私たちがどのような心がけで，どのような行動をしていくべきかを表したものです。私たちは「理念」の実現のために，「5 つの価値創造」をし続けることで，社会に貢献する存在です。この行動指針を社会の変化や要請に合わせて常に見直し，それに基づき行動することにより，私たちは社会に貢献する存在であり続けることを目指します。
　お客様価値の創造
　私たちのお客様とは，私たちのお店を心にかけてくださるすべての方です。すべての部門において，私たちの仕事はお客様づくりの継続です。私たちの提供するあらゆるサービスに満足・感動していただけたお客様しか再来店していただけないということを肝に銘じてください。そのお客様なしでは，私たちのお店の永続はありえません。つまり，お客様にとっての価値創造とは，ヒト・モノ・ウツワの 3 要素において，私たちが気づきと美意識を追求し，お客様と

信頼関係を築いていくということです。そして，私たちの心をこめたおもてなしによる感動は，お客様が他のお客様へ，どんどん広げてくださり，ご来店および再来店へとつながり，私たちのお店は成長し続けていくのです。

お客様価値の創造　行動指針

その１　商品の５適

　私たちは，お客様のご要望を満たすために，「欲しいときに，欲しいものが，欲しい価格で，欲しい数を，欲しいところで購入できる」ことを実現し，商品を安定的に供給します。また，お客様が，ワクワク・ドキドキする新しい商品をどこよりも早く，開発し続けます。そして，「店はお客様のためにある」という「社是」に則ったサービスを提供し続けることが，お客様にとっての価値創造につながることだと考えています。

その２　ヒト・モノ・ウツワの安全性と品質

　私たちは，お客様との信頼を維持，構築するために，お客様に満足を提供する３要素，「ヒト」（接客・サービス），「モノ」（商品），「ウツワ」（施設・空間・環境）の安全性と品質には万全を期します。また，継続した安全性と品質の向上を行い，万一不具合があった場合は再発防止につなげる体制を構築し，意識づけと共に仕組みとしてユナイテッドアローズ全体に根付かせます。

その３　適正な表示とわかりやすい情報提供

　私たちは，お客様の立場にたち，お客様のご要望に応える商品知識や，お役に立つ情報を，わかりやすく説明し，提供し続けます。

　そして，商品やサービスについては，法令に従って，適正に表示します。

その４　クレームの迅速な対応と活用

　私たちは，お客様からの問い合わせ，クレームについては，お客様からの貴重なメッセージとして受け止め，迅速かつ誠実に対応します。また，日頃よりその情報を整理，活用し，商品の開発やサービスの向上につなげていきます。

その５　個人情報の適正な保護

　私たちは，個人情報保護法の趣旨を十分に理解し，情報の重要性に応じた適切な情報管理体制を構築し，個人情報を適正に保護します。

従業員価値の創造

　私たちはユナイテッドアローズという社名に，ひとつの目標に向かって直進する矢（Arrow）を束ねた（United）ものという意味を込めました。それぞれ個性をもった人間である従業員が共通の理念（志）を目指す。そうした従業員の集合体がユナイテッドアローズである，という人材に対する考え方を表したものとして，この社名を選んだのです。ユナイテッドアローズの従業員は，共通の理念（志）実現のため，高い目標に向かい，仲間を大切にし，ともに学び高め合い，厳しさを乗り越えて結果を出し，生産性を高める。そんな従業員に対して，活躍の場を与え続け，成長するチャンスを提供し，成果に応じた高い報酬で報いる会社でありたい。そして，皆がユナイテッドアローズで働くことによって自分らしさを見つけ，皆がハッピーになれる会社を目指します。

従業員価値の創造　行動指針

その1　いきいきと働ける職場

　私たちは，従業員それぞれの個性や能力の多様性を認め，相互に尊重・信頼し，チームワークを大事にしながら，「経営理念」の実現を目指して共につき進んでいく集団です。従業員がいきいきと働けるための人事施策は，夢，やりがい，プロフェッショナリズム，情熱，目標，活力，成長実感，幸福感，働く意味や価値観を持てるものでなければならないと考えています。

その2　公正・公平な職場環境

　ユナイテッドアローズには年齢，性別，国籍，宗教の違いなど多様性のある人材が一緒に働いています。私たちは，すべての従業員に公正に活躍の場と成長のチャンスを提供します。そして，そういったさまざまな背景への差別的扱いは絶対に行いません。

　また，職場におけるセクシャルハラスメントやパワーハラスメント，モラルハラスメント行為も同様に許しません。労働基準法など関係法令を遵守すると共に，適切な情報の提供と共有に努めます。

その3　従業員の健康と安全

　私たちは，安全衛生委員会の開催や，産業医，保険師による心身両面での従

業員の健康をサポートする体制を整備，構築します。
　また，安全な職場環境を創るため，職場における不測の事故を防止するための対策もあわせて実行します。
　その４　人材育成の環境づくり
　私たちは，教育を通じてお客様のために日々努力し進化し続けます。
　それぞれの職場で学びの環境を創ると共に，従業員としての基本的な心構え，知識やスキルを学べる環境を提供します。
　取引先様価値の創造
　取引先様とは，私たちと仕事上つながりのあるすべての相手先様のことです。取引先様は，私たちが業務をする上で欠かすことのできないパートナーであり，取引先様と私たちの関係は，どちらか片方にしかメリットの生まれない一方的な取引関係であってはなりません。常に「売っていただく」「買っていただく」「ご協力いただく」という感謝の精神を忘れることなく，対等な立場で志をひとつにして取引を行うことが大切です。我々の事業を伸ばすだけではなく，取引先様とともに伸びていくという姿勢を貫くことが取引先様にとっての価値を高めることになる，と考えています。
　取引先様価値の創造　行動指針
　その１　法令を遵守した行動
　私たちは，独占禁止法（下請法・景品表示法を含む）の趣旨に則り，販売においては私的独占，不当廉売などを，仕入においては取引拒絶，優越的地位の濫用などを厳格に禁止します。そしてユナイテッドアローズ内の意識を高めるとともに，違反行為が行われないようモニタリングするなど体制を整備し，適切に対応します。
　その２　取引先様への感謝の精神
　すべての取引先様は，私たちが事業を行う上で欠かすことのできないパートナーです。私たちは常に感謝の精神を忘れることなく，対等な立場で志をひとつにして取引を行い，共に学び，創意工夫し続けることにより，共に伸びていく，という姿勢を貫きます。

その3　知的財産の尊重

私たちは，商品の開発，販売活動，広告宣伝等を行う上でデザイナーやクリエイターの企画意図，クリエイティビティを正しく理解し，これを尊重します。また，著作権，商標権など知的財産権を適切に管理，保全します。

その4　公正・公平な取引

私たちは，公正かつ公平な取引を行うことを重視し，癒着とみなされるような行為はしません。業務に関連して取引先様などから接待や贈答などを受ける場合は，社会的通念を超えることのないよう留意し，個人的な利益供与は決して受けません。

社会価値の創造

第一に，世界に通用する新しい日本の生活文化の規範となる価値観を創造し続けることこそが，社会にとっての価値を創造することにつながると考えています。また商売の過程においても，適切に税金を納め，各国や地域の法令を遵守し，地域文化や地域習慣を尊重することや，地域規模の環境保全など，社会への配慮，社会との信頼関係の構築が大切だと考えています。さらに従業員一人ひとりが，街の美化・清掃活動やその他ボランティア活動など社会活動に参加するような環境・風土をつくり，会社，従業員ともに，社会の発展に貢献していきます。

社会価値の創造　行動指針

その1　社会との信頼構築

私たちの事業活動は，社会の健全かつ持続的な発展のお陰で成り立っています。そのため，適切に税金を納め，各国や地域の法令を遵守するなど社会との信頼関係の構築が大切だと考えています。

また，暴力団や総会屋などの反社会勢力に対しては，警察など関係団体と連携しながら，ユナイテッドアローズをあげて組織的な対応で臨み，関係は一切もちません。

その2　生活文化向上への貢献

私たちは，ユナイテッドアローズならではの特性を活かした活動を通じ，日

本の生活文化の向上に貢献します。そして，地域文化や地域習慣を尊重しながら，環境，福祉や文化向上のイベントに積極的に参加，貢献します。

その3　環境保全と社会貢献

私たちは，「地球（環境）にやさしいことは，あなた（人）にもやさしい」という考えを基盤として，Reduce（リデュース：ごみを減らし），Reuse（リユース：再利用を心がけ），Recycle（リサイクル：再生物を利用する）の3Rをはじめとした，自らの環境負荷削減に努めます。

また，ボランティア活動，募金・寄付活動，地域清掃など従業員による地球を敬い，感謝しながら行う自発的な社会貢献活動を尊重し，積極的に推進，支持します。

株主様価値の創造

株主様とは，ユナイテッドアローズへの出資者であり，会社の所有者です。株主様は，出資を行うことによって，利益の分配を受ける権利や会社を経営する権利（議決権）などさまざまな権利を持ちます。しかし，実際の経営は，株主総会で選任された取締役に委ねられ，日々の企業活動は私たち従業員に委ねられています。したがって，私たち一人ひとりが責任をもって会社の経営と企業活動に従事し，かつ会社の現状を適時・適切に株主様にお伝えすることが株主様にとっての価値を高めることになるのです。企業利益の拡大によって，株主様の利益（配当金と株価上昇による利益）は極大化します。企業利益拡大のためはもちろん，売上拡大＝お客様にとっての価値創造が大前提となります。

株主様価値の創造　行動指針

その1　IR活動

私たちは，株主や投資家様をはじめとする全てのステークホルダーの皆様の価値を高めるために，株主総会やIR活動を通じて積極的にコミュニケーションを図ります。また，IR活動は各種情報を提供するだけでなく，外部の声を経営に伝える役割も担い，すべてのステークホルダーの皆様とのより良い関係を構築します。

その2　内部情報の管理

私たちは，自らや他人の利益のために，未発表の情報を利用したり広めたりすることは決して行いません。また，ユナイテッドアローズ内における情報管理は，法令や規程に基づき厳格に行います。

その3　情報の適時開示

私たちは，常に正しい情報を，公平に，タイムリーに，継続的に，そして自発的に開示することを約束します」［https://www.united-arrows.co.jp/ir/philosophy/index.html］。

かなり網羅的に企業価値創造方法を具体的に明確にし，それを実践し，企業価値創造に繋げている。このことが外部からも評価されている理由であろう。しかし，具体的に実績結果がどのようになり，どのように評価し，次の計画に反映されたかを見えるように開示してもらえれば，より望ましいであろう。

堀場製作所では，社長メッセージにおいて，長期的な企業価値向上をコミットしている（図表3-10）。「経営者として私の重要な役割のひとつは，HORIBAの企業価値を持続的に向上させることです。本社のある京都には，100年以上の歴史を誇る老舗企業が多数あります。その先達から，理念を浸透させることや好不況に左右されないための人財・技術への投資，ベンチャー精神による継続的なイノベーション創出，現状に満足しないチャレンジ精神，顧客からの信頼，そして社会との共生のために，長期的な価値向上が大切であることなどを日々学んでいます。

私たちは，2013年に創立60年を迎えました。これを1つの通過点と考え，さらなる企業価値の向上に取り組んでまいります」。

以上のように、見えない資産による価値創造として，人財，技術，組織力，お客様，ブランドの循環的な価値創造のスパイラルを展開している。しかし，具体的な指標への落とし込みを開示していないために，価値創造の状況は残念ながら不明である。

図表3-10　堀場製作所の社長メッセージ

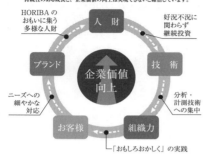

人財	HORIBAでは従業員をかけがえのない大切な財産と考え「人財」と表現しています。「おもしろおかしく」をベースに従業員が自己実現していくために、HORIBAでは5つの"おもい"を強く持ち、実践していくことを掲げています。多様な人財がこの5つの"おもい"に共感し、HORIBAに集うことが、強い組織力の源泉となっています。 5つの"おもい"：誰も思いつかないことをやりたい。｜世界を舞台に仕事をしたい。｜技を究めたい。｜自分の仕事や会社を誰かに伝えたい。｜人や地球の役に立ちたい。 英語でもOmoiと表記され、世界中の従業員が価値観を共有しています。
技術	技術開発はメーカーにとって価値創造の源泉であり、生命線である。中長期経営計画を達成するためにも、技術開発が最も重要な成長の原動力となります。人間に例えると、技術力はメーカーの基礎体力であり、トレーニングを怠るとすぐに衰え、景気回復時のダッシュ力がなくなってしまいます。
組織力	5つの事業を世界26カ国で展開するHORIBAでは、各事業、各地域の人財が自主的に事業を推進し、一つのHORIBAとしての求心力を持つことが重要です。そのために社是「おもしろおかしく」の企業文化を組織の隅々まで浸透させ、One Company・マトリックス経営を推進しています。
お客様	HORIBAは、お客様に高品質の製品・サービスを提供することによって、持続可能な社会での生活の質向上に貢献します。ハードウェア（機器）だけでなく、ソリューションを提供することが重要と考えています。そのために、国内外のグループ会社やサプライヤーと連携し、品質向上に取り組んでいます。
ブランド	売上高や利益などの数値目標の達成をめざすと同時に、将来の収益を生み出す源泉であり企業の永続を約束する人財や技術力、企業文化といった「見えない資産」を大事に育成することで、これらを包括する「HORIBAブランド」の価値を高めます。

出所：HORIBA Report 2013, 27-28頁

図表3-11　ステークホルダー間の企業価値連鎖戦略の相関図

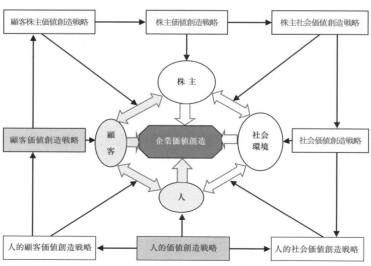

出所：著者作成

(1) 人的価値創造戦略

　最初に，人的価値の現状を把握し，人的価値を測定するために必要な情報を整理・確定する。個人別の情報を整備し，それを組織に拡大して，より客観的な情報として体系的に利用可能とする。自社の現状と業界・ライバルと比較し，優る点や劣る点を認識する。次に，人的価値を創造するためにどのような方策・方法が妥当かを検討する。従業員の立場から人的価値を創造するには，何がより重要な KVD であろうか。

　人的価値関連データの例示として，次のような項目を検討することになる。従業員数（連結従業員数，単体従業員数），仕事内容，待遇（平均給与，人件費），労働時間，時間外労働時間，有休休暇取得率，定着率（離職率），労働環境，公正な人事評価・処遇，人材育成・研修，福利厚生制度，労働安全衛生，労働災害，ワークライフバランスへの配慮，女性に対する配慮，育児・介護休業，障害者に対する配慮，再雇用制度，多様な人材活用，人権尊重，良好な労使関係，職場の人間関係，社員意欲度，社員満足度等。年次有給休暇，実労働時間，定着率，人事考課，教育・研修が KVD の有力候補となろう。

　トヨタが人材育成のために，残業を解禁した。金融危機後の業績悪化を受け，固定費削減のために事務・管理部門で残業時間の制限を続けてきた。所定時間に業務を終える若手を指導する余裕がなくなっていた。生産台数の回復を受け，生産部門では，残業を再開している。人材育成力が低下したとの指摘もあり，残業を復活させても人材育成の再強化が必要と判断した［日本経済新聞 2010 年 9 月 25 日］。何故に，所定時間内に人材育成を可能にしようと工夫しないのか。残業しなければ，人材育成の時間がないと考えるのは問題ではないか。人材育成は，人的価値創造戦略の KVD の典型例である。

(2) 顧客価値創造戦略

　顧客価値創造戦略においては，顧客価値（お客が価値あると認める価値）の測定が特に問題となり，売上高，マーケット・シェア（市場占有率），売上高営業利益率，営業 CF，クレーム数，リコール件数・金額，法令違反数・罰金，顧客満足度，顧客ロイヤルティ指数等が重要な顧客価値創造の関連指標となる。

期待の品質，サービスか，期待の価格か，業務対応は良いか，良好なコミュニケーションがとれるか等が問題となる。正味の顧客価値は，製品・サービスの効用から期待する品質に対する対価を差引いて求められる。満足・不満度とは，事前の期待から事後の成果の差引として算定される。顧客自身の価値創造，知識創造に貢献する製品・サービス提供も考えられる。これらから，顧客価値を創造するKVDを選定していくことになる。

(3) 株主価値創造戦略

株主価値創造戦略においては，財務的価値を創造するために株主価値，付加価値・利益，配当金，株主還元額，投資額，総資産，純資産，自己資本比率，自己資本利益率，営業CF，投資CF，FCF，現金等，株価，株式時価総額，株式時価総額増減額，1株利益，調整後1株利益，株価収益率，R&D（研究開発費），設備投資等が重要な株主価値創造の関連指標となる。このように多くの会計指標が利用可能である。キャッシュベースの税引後利益である経済的利益としてのEVA，EBITDA（利払前・税引前・償却前利益）が特に注目されている。企業価値を適正に評価してもらうために，情報開示とIR活動を積極的に行うことも考えられる。これらから，株主価値を創造する有力KVDを選定していくことになる。

(4) 社会価値創造戦略

社会・環境価値創造戦略においては，社会・環境関連投資・費用，納税額（法人税等），社会貢献支出額，環境支出額等が重要な社会価値創造の関連指標となる。社会・環境価値は，社会価値と環境価値とに分けられる。社会価値は，事業を通しての社会価値と事業とは必ずしも関連しない純粋な社会価値が考えられる。地域社会関連としては，影響，騒音，交通渋滞，地域貢献活動としては，活動内容，金額，件数，社会貢献関連としては，活動内容，金額，件数等が考えられる。社会活動団体との関係としては，多彩なNPOとの協働等，金額，分野別の件数等が考えられる。環境関連としては，環境会計，環境報告書，環境ガイダンス等を参考にKVDが抽出される。

環境価値の評価については，経済産業省の環境力評価，金融市場における「環

境力」評価手法研究会，産業構造審議会環境部会産業と環境小委員会（2009年6月26日）において，「環境を力にするビジネス」新戦略～環境を軸とする新たな企業価値の創出～中間取りまとめ，及び「環境力」評価フレームワーク取りまとめは参考になる。

　CSRと企業価値創造の関連性に関しては，CSRに積極的に取り組むことが，企業価値の向上に結びつくという考え方の妥当性はどうか。CSRに積極的な企業は，企業価値をより創造するのか。企業価値概念の定義や具体的な企業価値創造方法により相違する可能性がある。マルチステークホルダーに基づく企業価値概念を採用していれば，基本的な方向性は同一となり，かなり関連があろう。コーポレート・ガバナンスの評価等も考慮すべき項目となる。

　次に，各ステークホルダー間の連鎖を考慮した戦略を以下のように類型化する。複数の視点からの連鎖を重視する企業価値創造戦略を考える。

（5）人的・顧客価値創造戦略

　社員満足度の増加が必ずしも顧客満足度の増加に繋がらない。しかし，最終目的との関連を考慮しながら，両者の関連性を連鎖させなければならない。次に例示を示そう。

　「新生フィナンシャルにおける，コールセンターの改善は，CSとESを同時に高め，2008年からの2年間で経費を3割削減した。コールセンターにかかってくる電話のデータを基に，電話の呼量（着信件数）を予測し，顧客に対応するコミュニターを，スキルレベルに応じて応対するシステムをWFM（ワーク・フォース・マネジメント）というITツールを活用して，シフトを作成し，顧客に対応している。従業員の要望を考慮し，欠勤率を3.5％から2.6％に改善し，シフト作成時間を190時間から93時間に減らし，ES向上につなげた。会話内容を録音・可視化し，15秒以内の応答率を91.8％から93.8％に，放棄呼率（電話に出られない比率）を3.6％から2.7％に下げた。返済期日を適切な日に設定する率を46ポイント改善し，返済遅延顧客を半減させた。効果的かつ効率的なモニタリングを実施し，顧客サービス充足率を76.6％から83.0％に改善し，CS向上につなげた」［小森（2010.9.27）:84-87頁］。

（6）顧客・株主価値創造戦略

顧客により積極的に応えながら，会計業績を上げ，株主還元を増やし，株価を上昇させれば，顧客価値と株主価値を同時に創造することになる。経営本来の中心的業務プロセスそのものである。

（7）株主・社会価値創造戦略

株主がより積極的に社会・環境に貢献する意義や役割を理解し，促進に賛同することにより，社会・環境価値の創造が株主価値の創造と両立する戦略展開が考えられる。たとえば，環境配慮の取組を評価して，融資条件に反映する仕組みが考えられる。

（8）人的・社会価値創造戦略

経営者と社員による，より積極的な社会・環境価値を創造するモノやサービスづくりや社会・環境貢献は，人的価値と社会・環境価値を同時に創造する戦略となる可能性を有している。社員の社会参加，環境活動を促進することにより，人的価値と社会・環境価値を同時に創造可能である。たとえば，社員一人ひとりがボランティア休暇制度等を利用し，CSRを推進し，社員の成長につなげるという好循環を生み出す。社員への環境教育・情報提供を強化することにより，人的価値と社会・環境価値を同時に創造できる可能性を促進する。地域の雇用を創造することにより，社会価値と人的価値とを創造可能とする戦略展開等が考えられる。

（9）人的・顧客・株主価値，人的・顧客・社会価値創造戦略

各ステークホルダー間の連鎖をさらに拡大すれば，3者間の企業価値創造にも展開可能であろう。経営者と社員，顧客，そして株主間の連携を強化することにより，人的・顧客・株主価値を同時に創造する戦略展開である。経営者と社員，顧客，そして社会間の関係性を強化することにより，人的・顧客・社会価値を同時に創造する戦略展開も考えられる。

（10）人的・顧客・株主・社会価値創造戦略

理想的には，すべてのステークホルダー間の連鎖が可能であれば，人的・顧客・株主・社会価値を同時に創造できる戦略を追求していくべきである。究極

的にはステークホルダー間のバランスを取りながら，すべてのステークホルダーの価値創造の共有が，より企業価値の創造を可能にすることになると各ステークホルダーに理解を求める。たとえば，トップクラスのCSRを実現することにより，ブランド価値を向上させ，顧客価値を創造し，社員の動議付けになり，究極的には財務成果に連鎖させることが考えられる。

2　企業価値創造主要ドライバー

　日本の時価総額トップ500社の企業価値を創造する要因を調査・整理した。合計各社1点満点として，原則として各社のもっとも企業価値創造に貢献する主要ドライバーに0.3点，次の企業価値創造主要ドライバーに0.2点，そして残りの0.5点をその他の企業価値創造主要ドライバーに評価・配分した。500社の配分結果を集計し，類似主要ドライバーは整理統合した。各企業価値創造主要ドライバーを，人的価値，顧客価値，株主価値，社会価値の大分類に再整理した。当然ではあるが，顧客価値の要因（56％）からもっとも企業価値創造に繋げられている。

　個別主要ドライバーでは，顧客価値の要因としては顧客重視（22％），技術志向（10％），開発重視（9％），品質重視（9％），人的価値の要因から人材育成（11％），株主価値の要因から利益志向（12％），成長志向（6％），そして社会価値の要因から社会貢献（6％），環境貢献（5％）が重視されていると判定した。

　当然製造業と非製造業，業種により，重点の置き方にある程度の方向性・特性が推測される。製造業では，技術志向，品質重視，開発重視の要因をより重視しており，非製造業では顧客重視，利益志向，人材育成の要因をより重視している。各社がそれぞれ最適なKVD・KVIを選定しながら，企業価値の創造を模索している現況が垣間見られる。ステークホルダー（SH）を想定して，自社に対してどのような側面を期待しているか，関心があるのかを，ステークホルダーの視点から洗い出す。ステークホルダーに配慮することが，自社の企業価値にどのように影響するのかを検討することになる。ステークホルダーごとに，テーマを特定することもできる。環境変化に応じて，各社がそれぞれ最適

なKVD・KVIを選定しながら，企業価値の創造を模索している現況を垣間見られる。

図表 3-12　4分類 KVD

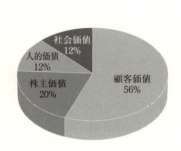

出所：著者作成

図表 3-13　KVD

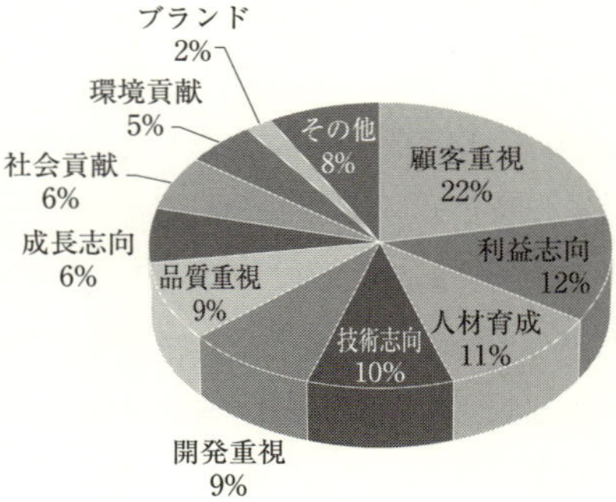

図表 3-14　製造業の KVD

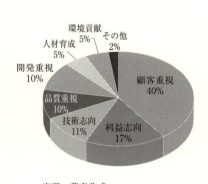

出所：著者作成

図表 3-15　非製造業の KVD

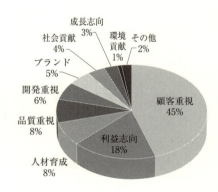

出所：著者作成

1) AccountAbility (2006)，オムロンのマテリアリティ分析 [http://www.omron.co.jp/corporate/csr/csr_management/activity/policy_01.html]，野村證券のマテリアリティ分析 [http://www.nomuraholdings.com/jp/csr/group/management/materiality.html] 等を参照。

最近，CSRにおいて，重要度の高いテーマを特定するためにかなり多くの企業で用いられているマテリアリティ（materiality）分析[1]を基に，KVD・KVI抽出方法を検討することを薦める。たとえば，三菱マテリアルでは，重要課題（マテリアリティ：企業価値に重要な影響を及ぼす要因）の特定を，ステークホルダーの視点と企業経営（自社）の視点の2軸でプロットし，リスクと機会側面から特定し，マテリアリティの見直しをし，積極的に取り組む課題を明確にし，対応を強化している。約230項目から9テーマを特定した［三菱マテリアルCSR報告2010，23頁］。

ステークホルダーを想定して，自社に対してどのような側面を期待しているか，関心があるのかを，ステークホルダーの視点から洗い出す。ステークホルダーに配慮することが，自社の企業価値にどのように影響するのかを検討することになる。ステークホルダーごとに，テーマを特定することもできる。

図表3-16　マテリアリティ分析の例示（三菱マテリアル）

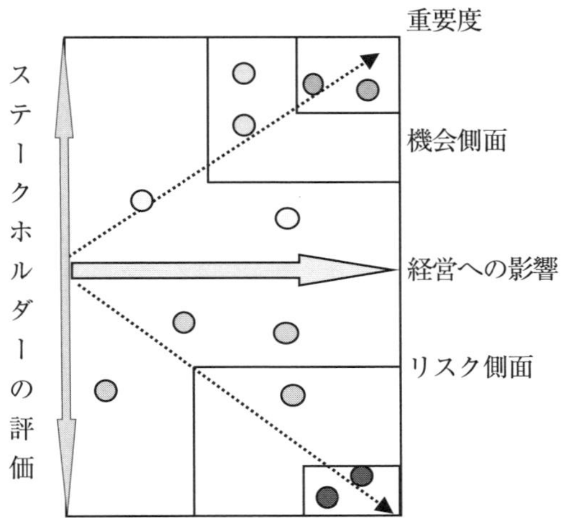

出所：三菱マテリアルCSR報告2010，23頁

図表 3-17　重要性測定図

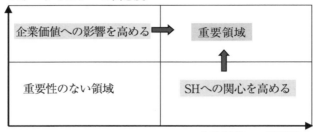

出所：著者作成

図表 3-18　マテリアリティ分析の例示

出所：著者作成

　環境変化に応じて，必要であれば見直しを行いつつ，KVD・KVIの優先順位を決め，重要領域を重点的にアプローチする。このように，重要性を分析し，テーマ，KVD・KVIを選定決定することが考えられる。

第3章　企業価値創造会計の本質　73

　大成建設グループは，「中期経営計画」の経営課題の取り組みにおいて，事業活動を通じて社会的課題の解決を目指すため，ステークホルダーの視点でCSR活動に取り組んでいる。主な課題・目標の設定については，国際ガイダンスISO26000の制定に伴い，同規格に示された7つの主題を参照しながら，環境・社会・ガバナンスに分類し，主な課題・目標を達成するために重要業績評価指標（KPI）を策定した。

図表3-19　大成建設のISO26000中核主題（課題・目標）と主なKPIの構成

Plan		Do	Check	Act
主な課題・目標	分類	主な取り組み項目 2011年度	達成度	改善
			主なKPI	
環境 ● 環境経営活動の推進 　（大成アジェンダ2011の達成）	環境		● 建物運用段階 CO_2 排出量削減率 ● 施工段階の CO_2 排出量削減率 ● 建設廃棄物リサイクル率 ● グリーン調達率 ● 建設廃棄物の適正管理 ● 電子マニフェスト普及率 ● 環境技術開発・適用PJのメディア発表件数	
消費者課題 ● 品質の確保と向上 ● 顧客への的確な技術・計画の提供	社会		● 顧客満足度調査 ● 特許出願件数／取得件数 ● 技術開発・適用PJのメディア発表件数	
コミュニティ参画および開発 ● 地域社会への貢献			● 環境社会貢献活動件数 ● 社員ボランティア参加人数	
労働慣行 ● 労働安全衛生管理の徹底 ● 安全衛生環境協会との取り組み			● 死亡災害件数，度数率	
人権・労働慣行 ● 人権の尊重 ● 働きやすい職場づくり ● 社員のキャリア形成の支援			● 人権研修受講率 ● 女性リーダーの育成者数／障害者雇用率／再雇用者数 ● 育児関連休暇取得者数 ● 休暇取得率 ● ジョブリターン登録者数 ● 一人当たり研修時間 ● 海外作業所等研修生数	

（図表3-19つづき）

Plan	Do	Check	Act
組織統治 ●コーポレート・ガバナンス，内部統制 ●リスクマネジメント ●ステークホルダーとの対話・情報開示	ガバナンス	●グループ理念eラーニングの実施率 ●大規模災害対策訓練参加率 ●ダイアログ等の開催数	
公正な事業慣行 ●コンプライアンスの推進 ●知的財産の保全と管理・活用 ●情報セキュリティ対策		●コンプライアンス研修（集合研修）受講率 ●専門工業事業者に対するコンプライアンス研修の実施支店数 ●知的財産権に関する研修数 ●重大な情報セキュリティ事故件数 ●情報セキュリティ全社教育実施回数	

出所：TAISEI CORPORATE REPORT 2012 DATA BOOK，4頁

　KVD・KVIを選定する場合に参考となるであろう，日経情報ストラテジーにおいて，紹介されているKPIを参考事例として図表3-20に要約した。

図表3-20　KVD・KVIの参考事例

企　業　名	KVD・KVI	ポ　イ　ン　ト
くらコーポレーション	廃棄率	鮮度管理 IT活用（需要予測）や社員教育
ぐるなび	きずな	加盟店との信頼関係 サイト活用の度合い
イオンフォレスト	買い上げ率	入店客数の計測 データの自動取得
ミサワホーム東関東	有望見込み顧客数 顧客との結び付きの度合い	営業会議での行動計画の共有とアドバイス
アスクル	CO_2排出量削減 資源消費量削減	調達や配送の業務改革推進 コスト削減と「環境のアスクル」へ
ハーバーハウス	顧客感動度	感動する接客方法についてのミーティング

出所：日経情報ストラテジー February 2010，30-56頁

　本章は，企業価値創造会計の本質を考察するために，企業価値創造プロセスを検討し，企業価値創造戦略の類型化による分析を試み，ステークホルダーの

視点から企業価値創造戦略間の関係性を詳述した。500社の企業価値創造主要ドライバー（KVD）の実態と企業価値創造主要指標（KVI）の選定の方法と例示が示されている。

第4章

企業価値創造の連鎖

1. 企業価値創造の連鎖プロセス

1 企業価値創造連鎖の基本フレームワーク

　これまでの分析検討結果を整理すると，過去から現在までの会計的企業価値創造と市場的企業価値創造については，ある程度認識・測定できる。これらの基になっているのが，本質的企業価値創造であろう。その背景として，経営理念・戦略・計画が左右していると考えられる。経営理念・戦略・計画が現在から未来への本質的企業価値の創造を左右するであろう。この本質的企業価値の創造に基づいて，現在から未来への会計的企業価値の創造に繋がる。当然これまでの会計的企業価値の創造結果にも影響される。そして，現在から未来への会計的企業価値の創造に基づいて，過去から現在までの市場的企業価値創造にも影響を受けて，現在から未来への市場的企業価値が創造されるであろう。本書での分析は，経営理念・戦略・計画が本質的企業価値の創造に関連し，現在から未来への会計的企業価値および市場的企業価値の創造への連鎖関連性を考察してきたが，これまででは明確な判断を下せる状況にはない。

　分析の基本フレームワークとしては，過去から現在までを検討し，これから未来に向けてどのように創造するかを考えることになる。

図表4-1 分析の基本フレームワーク

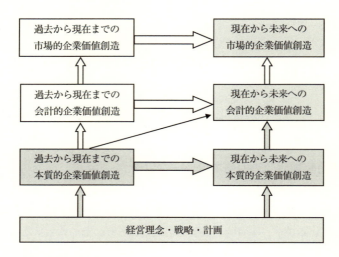

出所：著者作成

2 経営理念・戦略・計画による企業価値創造連鎖

　500社の経営理念・戦略・計画と企業価値創造との関連も必ずしも明確には判断できないが，これまでの調査検討結果を基に総括して整理したい。関連の程度を3段階で判定したが，大変重視して関連，重視して関連そしてある程度考慮して関連についての判定も，かなり相対的なものである。特に，経営戦略・計画をほとんど公表していない企業に関しては，関連性の評価は低くせざるを得ない。特に計画を公表していない企業には，課題が残る。

　経営理念・戦略・計画と企業価値創造会計との関連を分析すると，関連性はあるが，企業価値創造の結果に基づき次の2つのグループに分けられる。

　① 経営理念・戦略・計画が企業価値創造会計に結び付いている企業グループ
　　たとえば，キヤノン，パナソニック，キーエンス等である。
　② 経営理念・戦略・計画が企業価値創造会計に結び付いていない企業グループ
　　たとえば，東芝，アドバンテスト，三洋電機，ローム，NEC等であろう。

図表4-2 経営理念・戦略・計画と企業価値創造との関連例示
◎大変重視して関連　○重視して関連　△ある程度考慮して関連

企　業　名	理　念	戦　略	計　画
キヤノン	◎	○	◎
ファナック	○	○	△
三菱電機	○	◎	○
京セラ	◎	○	○
キーエンス	○	○	○
デンソー	○	○	○
日本電産	○	○	△
東京エレクトロン	○	○	△
村田製作所	○	○	△
シャープ	○	△	△
アドバンテスト	△	○	
ローム	○	△	
ＴＤＫ	○	○	○
三洋電機	△	△	△
パナソニック	○	◎	○
ＮＥＣ	○	△	
東芝	○	△	
日立製作所	○	○	◎
富士通	◎	△	
ソニー	○	◎	○
任天堂	◎	△	
ファーストリテイリング	◎	○	△
ニトリ	△	○	◎
ユニ・チャーム	○	◎	△
オリエンタルランド	◎	○	△

出所：著者作成

理念・戦略・計画公表実行先進型	◎	キヤノン等
理念・戦略・計画公表未実行戦略先行型	△	三洋電機等
理念・戦略・計画未公表実行先行型	○	ファナック等
理念・戦略・計画未公表未実行改善型	×	無し

　検証が難しく，明確な理論化はできない。すなわち結果に依存してしまう。計画目標に企業価値創造額を設定・検証する仕組みが必要不可欠である。
　今後コーポレートガバナンス・コードにより，経営理念・戦略・計画の開示は大幅に改善・促進されるであろうと期待している。

3 会計的体系化に基づく企業価値創造連鎖

　企業価値創造を主として会計的側面から関連付けると，人的価値創造が基盤となり，顧客価値創造，社会・環境価値創造へと結び付けられる。顧客価値創造の結果として，利益・付加価値，CFへと結び付けられる。利益・付加価値，CFの結果を反映して，株式時価総額へと繋げられる。これらの関連は，双方向に循環サイクルで影響を及ぼしている。

　21世紀は間違いなく，知識・知恵中心の知価社会へと移行しつつあり，有形財よりも無形の目に見えない財がより重要なドライバーとなってきている。そこで，企業価値の本質を総合的に整理・検討しながら，企業価値創造を支援するために会計的にどのような貢献・役割を担えるかを探求する企業価値創造会計が重要となる。会計的視点を基礎としてどのように企業価値を創造しているのか，創造して行くべきかを検討する。企業価値を本質面から創造し，会計的視点からの企業価値に繋げ，そして市場的視点からの企業価値にも連鎖させる。それぞれの相互関連性を重視しながら，企業価値創造を考察するために，主として事例研究を試みながらその方向性を追求してきた。

　アンケート調査によると，企業価値創造のための会計の役割は，基礎，一側面としての役割として理解されている。会計は企業価値創造の基礎情報である。

　会計の体系化を考えるには，最終的に会計数値を重視することになる。株主価値を株主価値創造会計においては，財務価値創造戦略に基づいて株主価値，付加価値，利益，配当金，株主還元額，投資額，R&D等が重要な指標となる。多くの会計的指標が利用可能であるが，キャッシュベースの税引後利益である経済的利益としてのEVA，EBITDAが特に注目されている。

　顧客価値創造会計においては，顧客価値（お客が価値あると認める価値）の測定が特に問題となり，売上高，マーケット・シェア，売上高営業利益率，顧客満足度，顧客ロイヤルティ指数等が重要な指標となる。期待の品質・サービスか，期待の価格か，業務対応が良いか，良好なコミュニケーションがとれているか等が問題となる。顧客価値には，取引先の価値を含めても，別に考えても構わない。正味の顧客価値は，製品・サービスの効用から期待する品質に対す

図表 4-3　会計の役割（アンケート調査）

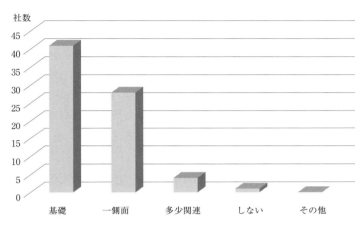

出所：著者作成

図表 4-4　企業価値創造の会計的体系化

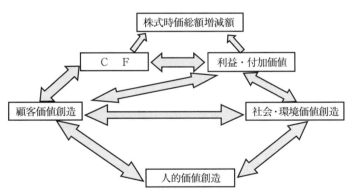

出所：著者作成

る対価を差し引いて求められる。満足・不満度とは，事前の期待から事後の成果の差引として算定される。顧客関連指標としては，市場占有率，平均顧客単価，価格の妥当・公平性，顧客数，顧客満足度，品質・安全問題としては，クレーム数，リコール件数・金額，法令違反数・罰金等が考えられる。

人的価値創造会計における人的価値は，経営者価値と社員価値に分けられる。人的価値の測定は重要であり，人件費，教育訓練費等の会計的指標を参考に，人的満足度（社員満足度指数）等が有効な指標となる。社員価値を創造するには，十分な待遇を与え，全社員の意欲を高めることである。利益が大幅に改善され，配当も増加し，人件費も増加し，残業時間は逆に減少させる。給与よりも働きがいを求める人も多いから，各人の成長，職場への貢献，社会への貢献，顧客からの評価等を期待できる人財へと価値を高めて行かなければならない。今後は非正社員の活用，派遣社員の増加による正社員以外の待遇改善も求められ，非正社員の価値創造も無視できなくなっている。

　人的価値創造を評価するのに有用な指標としては，次のものが考えられる。従業員関連として，人件費，給与水準，給与上昇率，従業員数，従業員増減数，離職率，残業時間，欠勤率・欠勤事由別件数，専門的資格保有者数，労働条件別割合，教育訓練金額，教育訓練コース数，教育訓練時間，職場環境改善度，女性社員活用度，ワークライフバランス状況，従業員意欲度，従業員満足度，人権問題対応度（特に海外），労災関連として労災件数，労災人数等を参考に重要指標が抽出される。

　社会・環境価値創造会計においては，社会・環境関連投資・費用，納税額（法人税等）等が重要な指標となる。社会・環境価値は，社会価値と環境価値とに分けられる。社会価値は，本業を通しての社会からの価値である。事業とは必ずしも関連しない純粋な社会価値も問題とされる。多彩なNPOとの協働等が考えられている。地域社会関連としては，影響，騒音，交通渋滞，地域貢献活動としては金額，件数，社会貢献関連としては活動，金額，件数等である。社会活動団体との関係としては，金額，分野別の件数等が考えられる。環境関連としては，環境会計，環境報告書，環境ガイドライン等を参考に主要指標が抽出される。廃棄物を減らすことによりコスト削減と環境改善の両立を目指すマテリアルフロー会計（Material Flow Cost Accounting : MFCA）も注目されている。

4 会計的・市場的企業価値創造連鎖

　過去から現在までの実績に基づく測定は会計情報と株式時価情報を用いることにより，簡単に入手・計算できる。分析結果を会計的・市場的企業価値創造の視点から要約し，整理して，次の3グループに分けられる。市場的企業価値は創造できたが，会計的企業価値は創造できなかったグループは数社である。

　キヤノン，ファナック，三菱電機，京セラ，キーエンス，デンソーと日立製作所は利益・FCFそして時価総額をすべてバランス良く増加させている。トヨタ，ホンダとソニーは利益を大幅に増加させているが，FCFを減少させている。シャープは，時価総額を増加させているが，利益とFCFを減少させている。NECと東芝はFCFを増加させているが，損失で時価総額を大幅に減少させている。このように好調企業と不振企業とにかなり明確に分離される。

　500社を類型化すれば，主要企業は以下のとおり例示される。

① 会計的・市場的企業価値創造型（バランス型）グループ

　トヨタ，NTT，NTTドコモ，JT，KDDI，ホンダ，日産，キヤノン，ファナック，三菱電機，京セラ，キーエンス，日本電産，日立製作所，パナソニック，東京エレクトロン，武田薬品，デンソー，ファーストR，村田製作所，ダイキン工業，任天堂，花王，信越化学，ニトリ，オリエンタルランド，ピジョン等

② 会計的企業価値創造型グループ

　セブン＆アイ，ローム，TDK，富士通，NEC，アドバンテスト，ベネッセ，日本マクドナルド等

③ 会計的・市場的企業価値毀損型グループ

　三洋電機，シャープ，東芝等

5 本質的企業価値創造連鎖

(1) 株主価値創造連鎖

　企業業績が持続的に良好だと，経営環境の変化にうまく適合している背景に本質的な優良性が内在している文化，風土が存在していると考えられる。

　株主価値創造の視点として過去の配当支払額等で株主還元を持続できる企業

の優れた潜在能力が内在していることを判断できる。株主還元により，株主価値を創造し，市場価値創造に連鎖させ，そして本質的価値創造に連鎖させる。たとえば，キヤノン，パナソニック，日立製作所，花王等は多額の配当を支払い続けることにより本質的価値の創造に連鎖させている。

(2) 顧客価値創造連鎖

顧客価値創造の視点から顧客の価値を創造し，顧客の支持により，ブランド力等により業績を向上させながら，株主価値創造等に連鎖させる。顧客を第一に考える文化が根付いているので，価値創造が可能となる。たとえば，花王，任天堂，オリエンタルランド等が該当する。

(3) 人的価値創造連鎖

人的価値創造の視点から，人材を中核に人的価値を創造しながら，本質的価値創造に連鎖させる。どんな経営環境下でも，優れた人材により多くの側面で価値創造を可能としてくれると思われる。たとえば，リクルート，SCSK，アサヒビールHD等が該当する。

(4) 社会・環境価値創造連鎖

社会・環境価値を創造することにより，市場価値に連鎖させ，さらに本質的価値に連鎖させる。社会的課題に常に挑戦している姿勢が価値創造の本質部分を蓄積・内在しているように思われる。オムロン，TOTO等が例示される。

2. 企業価値創造連鎖の課題

最大の課題は，各要素間連鎖の不確実性であろう。各要素間の連鎖を正確に把握することは，かなり困難である。長期的に連鎖するであろうとは考えられるが，実証するにも長期間を要する。他の要因が影響することもある。直接的な連鎖を正確に把握することがかなり難しい。

企業価値の構成要素，KVD・KVI等々は，各企業で選択可能なのが，企業価値創造会計の原則である。各企業が自由に選択できるのである。それ故に，企業全体像を統計的に検証すること自体にかなり無理がある。すなわち，個別

企業レベルで検証すべきと考える。しかし，企業全体の傾向，各 KVD・KVI の選択時の参考としては役立つであろう。

　当初はもっとも可能性のある KVD・KVI を採用し，効果を評価しながら，より望ましい KVD・KVI を探求し続ける。自社の KVD・KVI がどの程度連鎖するかを検証できるようになれば，効果は確実に上がるであろう。

　それでも価値連鎖の仮定を検証しながら，より望ましい連鎖プロセスを探求し続けて行かねばならないだろう。

　本章では，企業価値の創造連鎖のプロセスを多面的に考察し課題を提起した。ステークホルダー価値の視点からは，価値連鎖を重視して，総合的な企業価値の全体像を創造することを目指すべきであろう。

第 5 章

企業価値創造のアンケート調査

1. 企業価値創造のアンケート調査方法

1　アンケート調査

　理論的考察をしながら，こうあるべきであろう提案を試みてきた。それを検証するために，日本トップ 500 社を調査してきた。企業側の考えを確認するために，2017 年にアンケートを実施し，多くの企業から回答が寄せられた。

　企業実践調査は，公表情報を詳細に調査し，企業業績推移調査をしてきた。必要に応じて，インタビューによって本質を確認しながら，企業独自の実践方法を調査している。同時に，アンケートによる企業側の認識を調査し，これらを統合的に整理した。

　株式時価総額上位 500 社を調査対象として，企業価値概念の利用・活用状況および理解度を把握し，そして業績等との関連性を考察した。多くの企業において，企業価値をかなり重要視し，企業価値を創造・向上することを意識した経営を遂行していることは調査により確認できた。しかし，その質的レベルに関しては企業間でかなり差があり，全般的状況と個別企業の状況とは明確に整理して検討しなければならない。

　これまで公表情報を中心に個別企業の企業価値創造状況を整理・検討してきたが，企業側の回答を確認にするために，2017 年にアンケート調査を実施した。そこで両者の整合性を確認できた。74 社（回収率 14.8％）が回答に協力をしていただいた。

　企業価値の浸透は明らかに進んでいるが，全般的な経営管理概念としては，予想通り曖昧で，統一感もないと判明した。企業価値を使用・重視・経営に展

開しているが，より具体的に指標・評価・分析まで活用している割合はまだ少ない。

図表 5-1　アンケート調査対象の日本トップ 500 社名（2017 年 3 月末日）

業　種	企　業　名	社数
鉱業・建設	日本水産，マルハニチロ，国際石油開発帝石，コムシス HD，大成建設，大林組，清水建設，長谷工 C，鹿島，前田建設工業，戸田建設，大東建託，NIPPO，前田道路，住友林業，パナホーム，大和ハウス工業，積水ハウス，関電工，きんでん，協和エクシオ，九電工，日揮	23 社
食　品	日清製粉 G 本社，ミクシィ，日本 M&A センター，テンプ HD，森永製菓，江崎グリコ，山崎製パン，カルビー，森永乳業，ヤクルト本社，明治 HD，雪印メグミルク，日本ハム，伊藤ハム米久 HD，新日鉄住金 S，ALSOK，カカクコム，エムスリー，ディー・エヌ・エー，博報堂 DYHD，サッポロ HD，アサヒ GHD，キリン HD，宝 HD，コカ・コーラウエスト，サントリー食品インターナショナル，伊藤園，不二製油 G 本社，ローソン，ABC マート，アスクル，日本マクドナルド HD，双日，セリア，アルフレッサ HD，キッコーマン，味の素，キューピー，ハウス食品 G 本社，カゴメ，アリアケジャパン，ニチレイ，東洋水産，日清食品 HD，JT	45 社
繊　維	ヒューリック，ビックカメラ，MonotaRO，J フロント R，マツモトキヨシ HD，スタートトゥデイ，三越伊勢丹 HD，東洋紡，日清紡 HD，トヨタ紡織，ウエルシア HD，クリエイト SDHD，ジョイフル本田，すかいらーく，野村不動産 HD，東急不動産 HD，飯田 GHD，コスモ薬品，セブン&アイ HD，ツルハ HD，帝人，東レ，クラレ，旭化成，SUMCO，ワコール HD，TIS，グリー，コーエーテクモ HD，ネクソン，ガンホー OE，GMO ペイメントゲートウェイ	32 社
パルプ・化学	王子 HD，日本製紙，大王製紙，LINE，レンゴー，昭和電工，住友化学，日産化学工業，東ソー，トクヤマ，デンカ，イビデン，信越化学工業，エア・ウォーター，大陽日酸，日本パーカライジング，日本触媒，カネカ，協和発酵キリン，三菱ガス化学，三井化学，JSR，三菱ケミカル HD，ダイセル，積水化学工業，日本ゼオン，アイカ工業，宇部興産，日立化成，日本化薬，野村総合研究所，電通，日油，花王	34 社
医　薬	武田薬品工業，アステラス製薬，大日本住友製薬，塩野義製薬，田辺三菱製薬，日本新薬，中外製薬，科研製薬，エーザイ，ロート製薬，小野薬品工業，久光製薬，持田製薬，参天製薬，ツムラ，テルモ，みらか HD，沢井製薬，そーせい G，第一三共，キョーリン製薬 HD，大塚 HD，大正製薬 HD，ペプチドリーム	24 社

(図表5-1 つづき)

業　種	企　業　名	社数
石　油	日本ペイントHD, 関西ペイント, エスケー化研, DIC, オリエンタルランド, パーク24, フジMHD, リゾートトラスト, オービック, ヤフー, トレンドマイクロ, 日本オラクル, ユー・エス・エス, オービックビジネスコンサルタント, 伊藤忠テクノS, サイバーエージェント, 楽天, 大塚商会, 富士フイルムHD, コニカミノルタ, 資生堂, ライオン, コーセー, ポーラ・オルビスHD, 小林製薬, タカラバイオ, 昭和シェル石油, 出光興産, JXHD	29社
ゴム・ガラス・鉄鋼・金属	横浜ゴム, 東洋ゴム工業, ブリヂストン, 住友ゴム工業, 旭硝子, 日本電気硝子, 住友大阪セメント, 太平洋セメント, TOTO, 日本ガイシ, 日本特殊陶業, 新日鐵住金, 神戸製鋼所, JFEHD, 大和工業, 丸一鋼管, 大同特殊鋼, 日立金属, 三井金属, 三菱マテリアル, 住友金属鉱山, DOWAHD, 古河電気工業, 住友電気工業, フジクラ, 東洋製缶GHD, 三和HD, LIXILG, リンナイ, ニッパツ	30社
機　械	三浦工業, リクルートHD, オークマ, アマダHD, OSG, DMG森精機, ディスコ, 日本郵政, 豊田自動織機, ナブテスコ, SMC, コマツ, 住友重機械工業, 日立建機, ハーモニック・ドライブ・システムズ, クボタ, 荏原, 千代田化工建設, ダイキン工業, 栗田工業, 椿本チエイン, ダイフク, 平和, SANKYO, ユニバーサルエンターテインメント, アマノ, ブラザー工業, グローリー, セガサミーHD, ホシザキ, 日本精工, NTN, ジェイテクト, ミネベアミツミ, THK	35社
電　気	日立製作所, 東芝, 三菱電機, 富士電機, 安川電機, マキタ, 東芝テック, マブチモーター, 日本電産, オムロン, ジーエス・ユアサC, NEC, 富士通, ルネサスE, セイコーエプソン, アルバック, パナソニック, シャープ, 富士通ゼネラル, 日立国際電気, ソニー, TDK, アルプス電気, ヒロセ電機, 横河電機, アズビル, 日本光電, 堀場製作所, アドバンテスト, キーエンス, シスメックス, デンソー, スタンレー電気, ウシオ電機, カシオ計算機, ファナック, ローム, 浜松ホトニクス, 京セラ, 太陽誘電, 村田製作所, 日東電工, 東海理化	43社
輸送用機器	三菱重工業, 川崎重工業, IHI, 全国保証, めぶきFG, 九州FG, かんぽ生命保険, ゆうちょ銀行, コンコルディアFG, 西日本FHD, 日産自動車, いすゞ自動車, トヨタ自動車, 日野自動車, 三菱自動車, NOK, カルソニックカンセイ, アイシン精機, マツダ, ホンダ, スズキ, 富士重工業, ヤマハ発動機, 小糸製作所, 豊田合成, シマノ, テイ・エステック, 三菱食品, 良品計画, 第一興商, メディパルHD, ドンキホーテHD, ゼンショーHD, スギHD	34社
精密機器	島津製作所, ニコン, トプコン, オリンパス, SCREENHD, HOYA, 朝日インテック, キヤノン, リコー, シチズンHD, CYBERDYNE, バンダイナムコHD, パイロットC, 凸版印刷, 大日本印刷, アシックス, エフピコ, ヤマハ, ピジョン, リンテック, 任天堂, 三菱鉛筆, コクヨ, ニフコ	24社

(図表5-1つづき)

業　種	企　業　名	社数
商　業	伊藤忠商事，丸紅，長瀬産業，豊田通商，ユニ・ファミリーマートHD，三井物産，東京エレクトロン，日立ハイテクノロジーズ，住友商事，三菱商事，キヤノンマーケティングJ，ニプロ，ユニ・チャーム，東邦HD，サンリオ，ライフC，青山商事，しまむら，高島屋，H2OR，丸井G，クレディセゾン，イオン，イズミ，ヤオコー，ケーズHD，PALTAC	27社
銀　行	新生銀行，あおぞら銀行，三菱UFJFG，りそなHD，三井住友トラストHD，三井住友FG，千葉銀行，群馬銀行，七十七銀行，ふくおかFG，静岡銀行，スルガ銀行，八十二銀行，京都銀行，ほくほくFG，広島銀行，中国銀行，伊予銀行，セブン銀行，みずほFG，山口FG，東京センチュリー，SBIHD，イオンフィナンシアルサービス，アコム，オリエントC，日立キャピタル，オリックス，三菱UFJリース，ジャフコ	30社
証券・保険	大和証券G本社，野村HD，松井証券，SOMPOHD，日本取引所G，MS&ADIGHD，ソニーFHD，第一生命HD，東京海上HD，T&DHD	10社
不　動　産	三井不動産，三菱地所，東京建物，住友不動産，大京，住友不動産販売，リログ，イオンモール，NTT都市開発，東武鉄道，相鉄HD，東京急行電鉄，京浜急行電鉄，小田急電鉄，京王電鉄，京成電鉄，東日本旅客鉄道，西日本旅客鉄道，東海旅客鉄道，西武HD，西日本鉄道，近鉄GHD，阪急阪神HD，南海電気鉄道，京阪HD，名古屋鉄道	26社
陸運・海運・空運・倉庫	日本通運，ヤマトHD，山九，福山通運，セイノHD，日立物流，日本郵船，商船三井，川崎汽船，九州旅客鉄道，日本航空，ANAHD，三菱倉庫，上組	14社
情報・通信・電気・ガス	TBSHD，日本テレビHD，テレビ朝日HD，日本電信電話，KDDI，光通信，NTTドコモ，東京電力HD，中部電力，関西電力，中国電力，北陸電力，東北電力，四国電力，九州電力，北海道電力，J-POWER，東京ガス，大阪ガス，東邦ガス	20社
サービス	松竹，東宝，エイチ・アイ・エス，NTTデータ，アインHD，スクウェア・エニックスHD，日本空港ビルデング，SCSK，セコム，コナミHD，ベネッセHD，イオンディライト，トラスコ中山，ヤマダ電機，ニトリHD，ミスミG本社，ファーストリテイリング，ソフトバンクG，スズケン，サンドラック	20社
計		500社

出所：著者作成

2　企業価値創造関連の先行研究

　わが国で企業価値創造の実践状況を調査し，調査結果と企業価値との関係性を実証した研究は，我々の知りうる限り残念ながらほとんど存在しない。

　企業の経営理念,経営方針において企業価値を盛り込んでいるかについては，

小山［2006］が調査した研究がある。回答の結果，全回答企業が抽象的な経営理念と具体的な経営方針の両方で触れられている用語は，「ステークホルダー」が第1位（57％），「企業価値の向上」が第2位（53％）で，過半数を超える企業で触れていることが分かる。第3位（35％）の「人材・従業員」や第4位（33％）の「社会貢献」の比率を大きく上回っており，わが国の上場企業の場合，「企業価値」や「ステークホルダー」といった概念が，経営理念と経営方針をつなぐ上で，重要なキーワードの役割を果たしていることが明らかになった。

　非財務情報に日経NICESのデータを用いた研究は，無形資産との関係性について後藤［2016］が行った。サステナブル経営により無形資産としてレピュテーション資産が構築され，このレピュテーション資産が企業価値の創造に寄与する，という企業価値の構築プロセス仮説を実証した。

　東洋経済新報社のCSR評価を非財務情報に用いた研究については，大浦［2017］が財務パフォーマンスとの関係性を実証した。CSRへの取り組みと財務パフォーマンスには正の関係性があると，仮説を設定し，東洋経済新報社CSR企業総覧（2007年～2010年）の指標のうち，「環境」「企業統治」「社会性」「人材活用」をCSRに含まれる要素と位置づけた。財務パフォーマンスにはROAとROEを用いて検証した。分析の結果，「環境」「企業統治」は有意な結果は得られなかった。「社会性」「人材活用」は財務パフォーマンスと正の関係にあることが示唆された。

3　アンケート調査方法

　企業価値創造会計の考えに基づいた，企業価値創造の実践状況を調査するためにアンケートを実施した。調査期間は，2017年6月1日から8月31日である。アンケート対象企業は，2017年3月末日現在の日本の株式時価総額上位500社である。しかし，2017年6月1日までに上場を廃止した1社があり，実際499社にアンケートを依頼した。

　アンケート調査方法については，企業のWebサイトを利用した方法を主軸とし，回収率を高めるために郵送，FAX，Eメールを併用してアンケートの

配布と回収を行った。質問内容は本章の付録に掲載した。

上記の方法により，回収されたアンケート数は，Web アンケート 49 社(66%)，メール添付 12 社（16%），FAX10 社（14%），郵便（回答企業負担）3 社（4%），総計 74 社であった。なお，企業名は非公開を希望する企業があるために，本書で記載されることはなく，集計・分析には反映されている。

2. 企業価値創造のアンケート集計結果

1　アンケート集計結果の概要

74 社のアンケート調査結果を以下に示す。1 つを選択回答する問にもかかわらず，複数の回答があった場合には「その他」の扱いとした。また複数選択可の箇所については，回答数で除した割合をそれぞれの回答番号に割り振り，各社の合計が等しく 1 となるように処理した（問 10，問 16 〜問 22）。

回答者の所属は，IR 部門 42 社（57%），その他（経理，財務企画，経営企画，事業本部，CG 本部，広報，CSR，お客様相談等）32 社（43%）である。

図表 5-2　アンケート結果 1

		使用しない	まれに	時々	頻繁に	常に
問 1	企業価値の使用	2（3%）	4（5%）	11（15%）	30（41%）	27（36%）
問 2	株主価値の使用	6（8%）	12（16%）	12（16%）	23（31%）	21（29%）
問 3	顧客価値の使用	14（19%）	7（10%）	15（20%）	15（20%）	23（31%）
問 4	人的価値の使用	26（35%）	9（12%）	13（18%）	10（13%）	16（22%）
問 5	社会・環境価値の使用	15（20%）	13（18%）	12（16%）	16（22%）	18（24%）

出所：著者作成

多くの各種企業価値概念がかなり使用されているとの回答結果である。予想以上の使用状況であり，連続で回答を求めているために，同じような回答となってしまう傾向が感じられる。人的価値は使用していない回答が 35% であり，

他の用語法が定着しているためであろう。顧客価値と社会・環境価値が思ったよりまだ普及使用されていない。株主価値はほぼ定着して使用されている。各種価値概念の回答結果の相互比較は既に図表2-14に図示している。

図表5-3　アンケート結果2

問6	企業価値の意味	多義的に	ファイナンス的	経済・社会・環境的	マルチ利害関係者的	その他
		42 (57%)	17 (23%)	7 (9%)	6 (8%)	2 (3%)
問7	企業価値使用箇所	経営方針・戦略	経営計画	経営理念	ＣＳＲ	その他
		43 (58%)	11 (15%)	9 (12%)	3 (4%)	8 (11%)

出所：著者作成

企業価値の意味に関しては，後に検討する。企業価値の使用箇所は，経営方針・戦略が58%と多く，経営計画（15%），理念（12%）にも使われている。公表情報からの調査では，CG（Corporate governance: コーポレート・ガバナンス）の箇所で多く使用されていた。

図表5-4　アンケート結果3

		しない	まれに	時々	頻繁に	常に
問8	企業価値の考慮	0	1 (1%)	12 (16%)	23 (31%)	38 (52%)
問9	企業価値の展開	0	1 (1%)	19 (26%)	24 (32%)	30 (41%)
問11	企業価値の具体化	8 (11%)	6 (8%)	12 (16%)	21 (28%)	27 (37%)
問12	企業価値の評価・分析	4 (5%)	6 (8%)	21 (28%)	24 (33%)	19 (26%)

出所：著者作成

企業価値の考慮・展開・具体化・評価分析については，後に企業価値の質的レベルとして検討する。

図表5-5　アンケート結果4

問10	企業価値創造方法	経営戦略計画	ビジネスモデル	バリューチェーン	統合報告	その他
		36 (49%)	24 (32%)	7 (10%)	4 (5%)	3 (4%)
問13	会計の役割	基礎	一側面	多少	なし	その他
		41 (55%)	28 (38%)	4 (6%)	1 (1%)	0
問14	CGの関連性	相互依存	リスク対策	多少	無関係	その他
		54 (73%)	10 (13%)	5 (7%)	2 (3%)	3 (4%)
問15	非財務成果との関連性	なし	多少	ある程度	大いに	常に
		0	8 (11%)	22 (30%)	28 (38%)	16 (21%)
問16	課題	具体的施策・指標	測定	内外の理解	定義	その他
		33 (45%)	18 (24%)	14 (19%)	6 (8%)	3 (4%)
問17	株主価値創造方法	会計指標	時価総額	配当等還元	キャッシュ・フロー	その他
		25 (34%)	18 (24%)	18 (24%)	11 (15%)	2 (3%)
問18	顧客価値創造方法	顧客満足	品質	顧客ニーズ	顧客重視	その他
		26 (35%)	21 (28%)	17 (23%)	10 (14%)	0
問19	人的価値創造方法	人材育成・教育	労働環境	ダイバーシティ	安全健康	その他
		24 (33%)	18 (24%)	17 (23%)	15 (20%)	0
問20	環境価値創造方法	環境マネジメント	環境負荷対策	リサイクル	地球温暖化	その他
		24 (33%)	23 (31%)	15 (20%)	12 (16%)	0
問21	社会価値創造方法	地域社会貢献	被災地支援	寄付・支援	ボランティア	その他
		44 (59%)	13 (18%)	10 (14%)	6 (8%)	1 (1%)
問22	CG価値創造方法	情報公開	経営と執行の分離	社外的独立性	指名・報酬委員会	その他
		26 (35%)	20 (27%)	17 (23%)	8 (11%)	3 (4%)

出所：著者作成

　企業価値創造方法としては，経営戦略計画 (49%)，ビジネスモデル (32%) の回答が多く，統合報告 (5%) は開示方法で必ずしも創造方法ではないのであろう。会計との関連では，基礎 (55%)，一側面 (38%) として，間違いなく重視されている。企業価値とCGとの関連は，相互依存 (73%) に多く回答している。非財務成果との関連は，大いに (38%)，ある程度 (30%)，常に (21%)

第5章　企業価値創造のアンケート調査　95

図表5-6　企業価値創造方法（アンケート調査）

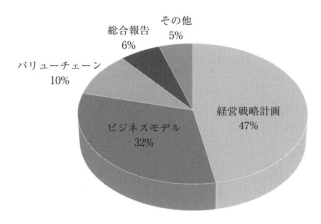

出所：著者作成

と強い関係性を認識しているようだ。課題，各種創造方法についても後に検討する。

　アンケート結果から，企業価値創造企業を規定したい。アンケート調査項目の企業価値関連の問1・8・9・11・12について，すべて4点以上の評価をしている企業を**企業価値創造企業**と定義する。5段階評価でアンケートしているので，各5点満点である。すなわち企業価値を使用し，経営上考慮し，具体的に展開し，KPI等を活用し，そして評価分析している企業群である。それ以外の企業を企業価値創造未整備企業として区分する。回答企業の内訳は，企業価値創造企業31社（42%）と企業価値創造未整備企業43社（58%）とに分けられた。

　アンケート結果から企業価値創造企業と企業価値創造未整備企業とに分けて整理してみた。過去の財務業績・株式時価総額増減額との相関分析は可能であったが，非財務情報との相関，そして将来の予測には課題を残している。それでも，多くの論点を明確に指摘し，論述しているので，今後の研究・調査を促進する起爆剤となればと思う。

図表 5-7　アンケート対象企業の整理分類

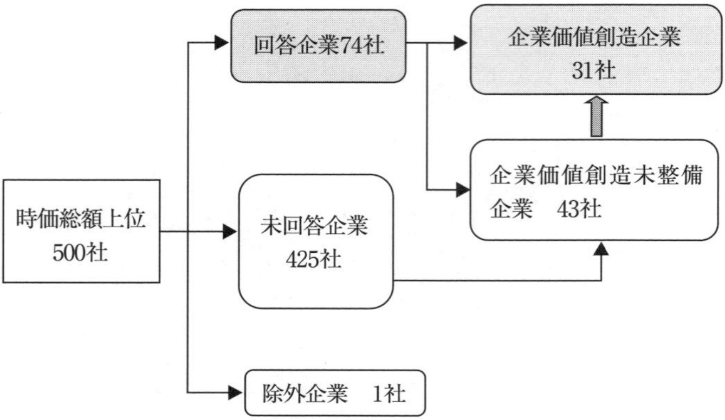

```
時価総額上位500社 → 回答企業74社 → 企業価値創造企業 31社
                 → 未回答企業425社 → 企業価値創造未整備企業 43社
                 → 除外企業 1社
```

出所：著者作成

　アンケート調査結果と各社の財務データの相関分析を試みた。財務データとしては，直近5年間の平均純利益，FCF，株式時価総額増減額，ROS，ROE，ROA，AT（Assets turnover），FL（Financial leverage），単体年収，1人当たり純利益，1人当たり営業（経常）利益，連結従業員数，単体従業員数を用いた。FCFとFLに関しては，異常・巨額な1社があるので，除いて平均を算出した。図表5-8の括弧内に異常・巨額な1社を含めた平均も参考に示した。

　次に，非財務情報との相関分析のためには，公表されている非財務情報を適切に評価する金額・数値・比率等の有効な指標の個別利用はかなり困難なために，総合的評価を公表している日経NICES[1]と東洋経済新報社CSR評価[2]を用いることにした。ただし企業数は制限されてしまった。日経NICESの2010年度から2014年度の従業員評価（200点満点），社会評価（200点満点）の5年平均点，そして東洋経済新報社の2012年度から2016年度CSR評価の人材（100点満点），環境（100点満点），CG社会（100点満点）の5年平均点を用いた。

---

1) 日本経済新聞［2010.12.9，2011.11.30，2012.11.30，2013.11.29，2014.11.27］参照。
2) CSR白書［2017，http://touyoukeizai.net/articles］参照。

ブルームバーグのESGデータとの相関も検討したが，網羅的な抽出は困難であった。

財務数値は直近5年平均を用いている。調査対象499社の平均純利益507億円，FCF1,276億円，株式時価総額増減額862億円であり，企業価値創造企業は，時価総額だけは明らかに増加させている。企業価値創造企業は，未整備企業と比べると，ほとんどの金額・指標・評価が優っていた。ROAは多少劣っており，FLをより活用していることが確認された。企業数が限られているために，規模等の原因で単純平均は大きく変動することには留意しなければならない。

図表5-8　企業価値創造企業対企業価値創造未整備企業の総合比較

	使用	考慮	展開	指標	評価分析	純利益
創造企業	4.6点	4.7点	4.7点	4.7点	4.5点	603億円
未整備企業	3.6	4.0	3.7	3.0	3.0	318
	FCF	時価増減	ROS	ROE	ROA	AT
創造企業	452億円	1,322億円	.058	.084	.038	.897
未整備企業	115（654）	612	.053	.078	.045	.962
	FL	年収	1人純利益	1人営（経）利益	連結人	従業員数
創造企業	3.824(6.204)	802万円	349万円	575万円	31,054人	3,890人
未整備企業	2.891	705	311	518	20,516	4,051
	従業員	社会	人材	環境	CG社会	
創造企業	152点	141点	80点	79点	85点	
未整備企業	137	125	70	73	77	

出所：著者作成

2　アンケートの分析

(1) 18年間か直近5年間の財務業績

CFが開示された1999年度から2016年度までの500社の財務データを整理し，回答企業の18年間の平均と直近2012年度から2016年度の5年平均を比較した。持続可能性の視点からは，より長期のデータ分析が望ましいが，企業価値創造をより意識した経営は最近顕著に進んだと考えられるので，両者の比較をしてみた。明らかに直近5年間の業績好調が影響している。ATは僅かであるが減少している。従業員数に関しては，ホールディングス化・国際化の傾

向もあり，単体減少，連結増加である。ESG 投資の増加，2013 年からの統合報告の増加傾向，2014 年 SSC（Stewardship code），2015 年 CGC（Corporate governance code）導入等の影響を考慮した直近データに限定することも考えられる。本来は，これから 5 年後 10 年後を比較したいので，今後の推移にも注目したい。

図表 5-9　18 年間と直近 5 年間の財務業績等比較

	純利益	FCF	時価総額増減	ROS	ROE
18 年間	268 億円	279 億円	244 億円	.039	.059
5 年間	437	570	901	.055	.081
	ROA	AT	FL	単体年収	1 人純利益
18 年間	.033	.945	4.716	713 万円	236 万円
5 年間	.042	.935	4.279	745	327
	1 人営経利益	連結人	単体従業員数		
18 年間	477 万円	20,314 人	4,766 人		
5 年間	542	24,931	4,118		

出所：著者作成

(2) 各項目間の相関分析

アンケート結果・財務業績等と株式時価総額増減額との相関を 18 年平均と 5 年平均で比較してみた。5 年間でも十分検証できると思われる。当然各項目間では，多少相違するものもあるが，5 年間のほうが，相関はより高い。

(3) 企業価値創造額への回帰分析

アンケートにおける企業価値関連の問 5 項目（問 1・8・9・11・12）に対する回答評価を合計して，100 点化して企業価値の質的レベルとして用いると，その分布は図表 5-11 の通りである。回答企業はかなり高いレベルの分布状況である。

第 5 章　企業価値創造のアンケート調査　99

図表 5-10　Pearson の相関係数の 18 年間と 5 年間の比較

	使用	考慮	展開	指標	評価分析	純利益
18 年間	.076	.101	.093	.094	.005	−.271※
5 年間	.222	.233※	.245※	.250※	.272※	.736※※
	FCF	ROS	ROE	ROA	AT	FL
18 年間	−.293※	.133	.041	.149	−.099	.263※
5 年間	.251※	.181	.044	.123	−.218	−.083
	単体年収	1 人利益	1 人営経利益	連結人	従業員数	従業員
18 年間	.211	.154	.111	−.291※	.175	−.075
5 年間	.334※※	−.021	.039	.561※※	.231※	.180
	社会	人材	環境	CG 社会		
18 年間	−.023	.165	.002	.104		
5 年間	.409※※	.279※	.065	.146		

※※相関係数は 1％水準で有意（両側）　※相関係数は 5％水準で有意（両側）
出所：著者作成

図表 5-11　企業価値の質的レベル分布

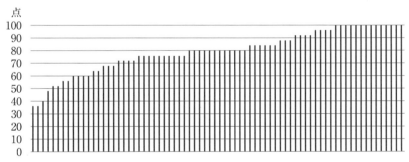

出所：著者作成

質的レベル（100 点満点）＝（使用＋考慮＋展開＋具体化＋評価分析）× 4

会計価値＝（純利益＋FCF）× 0.5

平均価値＝（会計価値＋株式時価総額増減額）× 0.5

創造額＝平均価値 ×｛1 ＋（非財務−50）× 0.05｝

人的＝（従業員× 0.5 ＋人材）× 0.5

その他＝（社会＋環境＋CG 社会）× 1/3

非財務＝（人的＋その他）× 0.5

各種の方法で相関・回帰分析を試みたが，納得できる結果には必ずしも至らなかった。本来企業価値創造額を算定したいのであるが，その定義・根拠を各社で明確にすることが前提である。しかし，アンケート調査からも明らかなように，このことが不明であることが最大の課題である。

　アンケートの企業価値の質的レベル関連の回答（使用・考慮・展開・具体化・評価分析）間には，類似傾向が強い反面，矛盾する回答もあり，各社の相対的レベルをある程度判断できるが，統計的には問題が残る。合計の質的レベルもある程度の判断ができるが，統計的には有意な要因とはならなかった。具体化・評価分析の評価がより重要と考えてウエートを変えても，有意とはならなかった。統計的に有意な結果となったのは，創造額を従属変数とすると，評価分析，純利益，FCF の組み合わせであった。その統計分析結果を参考として図表 5-13，5-14，5-15 に示す。純利益と株式時価総額増減額は共線性があり，純利益を選択した。アンケートの企業価値の質的レベル関連の回答では，企業価値創造額と展開の相関が，5％水準で有意であったが，回帰分析に組み合わせると有意とはならなかった。特に，評価分析が企業価値創造企業の最終段階と考えられるので選択して回帰分析をこころみたら，有意な結果となった。

　アンケート調査と関連させると，ROE を従属変数とする回帰は有意とはならかった。株式時価総額増減額を従属変数とする回帰では，利益，年収，評価分析で有意となり，利益を従属変数とする回帰では，売上高利益率，連結従業員数，評価分析で有意となった。ROA を従属変数とする回帰では，FCF，ROE，株式時価総額増減額，評価分析で有意となった。アンケート調査項目では，評価分析の評価がかなり重要な要素と考えられる。しかし残念ながら，極めて限られた要素間での回帰分析結果であった。

第5章 企業価値創造のアンケート調査　101

図表5-12　要因関連図

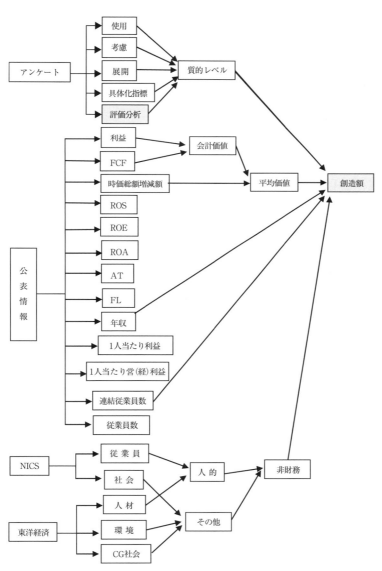

出所：著者作成

図表 5-13　相関分析

	評価分析	利　益	FCF	創造額
評価分析　Pearson の相関係数 　　　　　有意確率（両側） 　　　　　度数	1 74			
利　　益　Pearson の相関係数 　　　　　有意確率（両側） 　　　　　度数	.145 .219 74	1 74		
Ｆ　Ｃ　Ｆ　Pearson の相関係数 　　　　　有意確率（両側） 　　　　　度数	− .009 .938 74	.422** .000 74	1 74	
創　造　額　Pearson の相関係数 　　　　　有意確率（両側） 　　　　　度数	.189 .107 74	.844** .000 74	.621** .000 74	1 74

※※相関係数は1％水準で有意（両側）

出所：著者作成

図表 5-14　モデルの要約

R	R2 乗（決定係数）	調整済 R2 乗（調整済決定係数）	推定値の標準誤差
.898	.806	.798	952.208

出所：著者作成

図表 5-15　係数

モデル	標準化されていない係数 B	標準化されていない係数 標準誤差	標準化係数ベータ	t	有意確率	共線性の統計 許容度	共線性の統計 VIF
（定　数）	− 520.726	382.065		− 1.363	.177		
評価分析	174.089	101.266	.092	1.719	.090	.973	1.028
利　　益	1.522	.129	.692	11.760	.000	.800	1.250
Ｆ　Ｃ　Ｆ	.248	.044	.330	5.671	.000	.817	1.224

出所：著者作成

　本章では，2017年度に実施したアンケート調査の方法と回答結果の分析を述べた。回答企業は企業価値創造に関して強い関心を示していた。しかも資的レベルには差があり，より高度化することがより企業価値創造に繋がることが検証できた。

【付録】

企業価値の創造に関するアンケート調査

　以下の設問について，貴社の現状（2017年3月31日現在）に基づき，該当番号を1つ（又は複数）選択して番号を○印で囲んでお答えください。

問1　企業価値を使用していますか。
　　①使用しない　②まれに使用　③時々使用　④頻繁に使用　⑤常に使用

問2　株主価値を使用していますか。
　　①使用しない　②まれに使用　③時々使用　④頻繁に使用　⑤常に使用

問3　顧客価値を使用していますか。
　　①使用しない　②まれに使用　③時々使用　④頻繁に使用　⑤常に使用

問4　人的価値を使用していますか。
　　①使用しない　②まれに使用　③時々使用　④頻繁に使用　⑤常に使用

問5　社会・環境価値を使用していますか。
　　①使用しない　②まれに使用　③時々使用　④頻繁に使用　⑤常に使用

問6　企業価値をどのような意味で使用されていますか。
　　①ファイナンス的（DCF）　②経済・社会・環境的（CSR）
　　③マルチ利害関係者的　④多義的に使用　⑤その他（　　　　　　）

問7　企業価値をどの場面・箇所で使用しますか。
　　①経営理念　②経営方針・戦略　③経営計画　④CSR
　　⑤その他（　　　　　　　　　　　　）

問8　企業価値を経営上どの程度考慮していますか。
　　①しない　②まれに考慮　③時々考慮　④頻繁に考慮　⑤常に考慮

問9　企業価値を向上・創造する方法を経営上具体的に展開していますか。
　　①しない　②まれに展開　③時々展開　④頻繁に展開　⑤常に展開

問10　企業価値を向上・創造する方法として何を重視していますか（複数選択可）。
　　①ビジネスモデル　②バリューチェーン　③統合報告
　　④経営戦略計画　⑤その他（　　　　　　　　　　　）

問11　企業価値を向上・創造するために，その具体化として KVD（key value driver）・KVI（key value index），KPI 等を活用していますか。

　　①しない　　②まれに活用　　③時々活用　　④頻繁に活用　　⑤常に活用

問12　企業価値を向上・創造する状況を評価・分析していますか。

　　①しない　　②まれにする　　③時々する　　④頻繁にする　　⑤常にする

問13　企業価値向上・創造のために，会計はどのような役割を担いますか。

　　①しない　　②多少関連　　③一側面　　④基礎

　　⑤その他（　　　　　　　　　　）

問14　企業価値向上・創造とコーポレート・ガバナンスの関連性は。

　　①無関係　　②多少関連　　③リスク対策　　④相互依存

　　⑤その他（　　　　　　　　　　）

問15　財務成果と非財務成果との関連性は。

　　①なし　　②多少関連　　③ある程度関連　　④大いに関連　　⑤常に関連

問16　企業価値向上・創造に関する課題は何ですか（複数回答可）。

　　①定義　　②測定　　③内外の理解　　④具体的施策・指標

　　⑤その他（　　　　　　　　　　）

問17　株主価値を向上・創造する方法として何を重視されていますか（複数回答可）。

　　①時価総額（株価）　　②会計指標（利益）　　③キャッシュ・フロー

　　④配当等還元　　⑤その他（　　　　　　　　　　）

問18　顧客価値を向上・創造する方法として何を重視されていますか（複数回答可）。

　　①顧客満足　　②顧客重視　　③品質　　④顧客ニーズ

　　⑤その他（　　　　　　　　　　）

問19　人的価値を向上・創造する方法として何を重視されていますか（複数回答可）。

　　①人材育成・教育　　②労働環境　　③安全健康　　④ダイバーシティ

　　⑤その他（　　　　　　　　　　）

問20　環境価値を向上・創造する方法として何を重視されていますか（複数回答可）。

　　①地球温暖化　　②環境マネジメント　　③環境負荷対策　　④リサイクル

　　⑤その他（　　　　　　　　　　）

問21　社会価値を向上・創造する方法として何を重視されていますか（複数回答可）。
　　①寄付・支援　　②地域社会貢献　　③被災地支援　　④ボランティア
　　⑤その他（　　　　　　　　）

問22　コーポレート・ガバナンス価値を向上・創造する方法として何を重視されていますか（複数回答可）。
　　①経営と執行の分離　　②指名・報酬委員会　　③社外的独立性
　　④情報公開　　⑤その他（　　　　　　　　　　　　）

問23　企業価値向上・創造に関する意見・提案があれば，自由にお書きください。
　　（　　　　　　　　　　　　　　　　　　）

回答企業名（　　　　　　　　　　　　　　　）
所属　①IR部門　　②その他（　　　　　　　　　　）
もし可能であればメールアドレス（　　　　　　　　　　　）

第6章

株主価値創造会計

1. 株主価値創造会計の本質

1　株主価値創造会計の意義

　本章は株主価値を創造するために，主として会計的支援を探求しながら，事例として日本のトップ企業に焦点を当てて検討した。株式時価総額上位500社を調査して，株主価値概念の使用状況を把握し，企業目的・目標，戦略，計画そして業績等との関連性を考察する。ほとんどの企業において，株主価値は非常に重視されており，株主価値を創造・向上することを意識した経営を遂行していることは確かに確認できた。しかし，その具体的な株主価値概念は不明確で，株主価値創造・向上方法に関しても明確ではない。このためにか，統一的な株主価値の測定・創造は難しく，各社各様の不明確な測定・創造がなされている現状である。そこで，株主価値概念の整理を確認しながら，株主価値を創造・向上するための重要な主要ドライバーの抽出に関しても注目し，これからの株主価値創造方法の構築を目指したい。

　アベノミクスの成長戦略に対応して，2014年2月に金融庁が日本版スチュワードシップ・コード（「責任ある機関投資家」の諸原則）を策定し，2015年2月にコーポレートガバナンス・コードを策定し，6月から導入された。そしてSSCは2017年5月に，CGCは2018年6月に改訂された。企業価値増大のための統治改革を議論し，資本効率を改善する方策の検討・実践が開始されている。

　そして，統合報告書作成企業も増加傾向を続けている。経営戦略に基づく，株主価値の理解，創造方法への関心が増しつつもある。株主重視の姿勢を明確

にし，そのための施策を講じる企業が注目される。

　株主価値を創造するには，より戦略的に企業経営を展開していくことが望まれる。そのためには，どのように株主価値を創造するのかの目標・プロセスが極めて重要となる。この検証には，測定可能な株主価値関連指標は欠かせない。指標化するには会計的指標は必要不可欠であり，もっとも基本的な情報である。しかし，多くの会計的指標は結果指標であるので，その先行指標にも注目しなければならない。同時に全社的な測定・指標化も進めなければならない。個別的なより具体的な指標をも組み合わせて統合指標化し，より積極的にステークホルダーに情報を開示し，コミュニケーションを図っていくことも重要となる。どのように株主価値創造の好循環の仕組みを構築していくのか。多くの企業で展開され，社会全体で好循環をもたらし，個別企業だけでなく，社会全体の株主価値創造にも貢献できれば幸いである。

　これまで主として会計的に企業価値を創造するための企業価値創造会計を提案し，事例研究を積み重ねてきた。株式時価総額トップ企業として500社を整理した。株主価値を創造している企業は圧倒的に多いが，株主価値をかなり毀損している企業もあり，時代環境とその環境適用により大きく変動しているので，その要因を考察しながら，本章では企業価値の中核である株主価値に焦点を当て，どのように株主価値を創造すべきかに関しての今後の研究・実践方向を総括的に展望する。

2　株主価値概念の使用状況

　500社のうち263社(53%)で株主価値概念をいずれかの箇所で使用している。残りの237社は，公表している情報等からは，株主価値という用語を発見できなかった。トップ500社では，企業価値を93%が使用しているのに比べると，株主価値の使用割合は大幅に減少している。企業価値概念は使用するが，株主価値概念は使用していない企業がかなり多い。企業価値概念と比較すると株主価値概念の使用割合が少ないことが確認できた。企業価値は大変使いやすいが，株主価値に限定して使用することは避けているのか。それともマルチステーク

ホルダーの視点をより重視しているためであろうか。企業価値はあえて使用するメリットがあるが，それに比べると株主価値の使用率は半減する。株主価値を強調するのを避けて，より広い概念である企業価値を好む傾向も推測できる。

株主価値概念はどの箇所で使用しているかを調査整理すると，株式関連(30%)，CSR (25%)，決算報告 (12%)，コーポレート・ガバナンス：CG (10%)，IR (10%)，計画 (10%)，理念・方針 (3%) で，かなり多様な個所で用いられていることが判明した。

図表 6-1　株主価値の使用状況　　図表 6-2　株主価値の使用箇所

出所：著者作成

図表 6-3　株主価値の定義状況

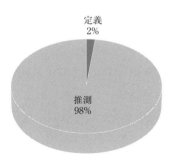

出所：著者作成

図表6-4　株主価値の使用状況（アンケート調査）

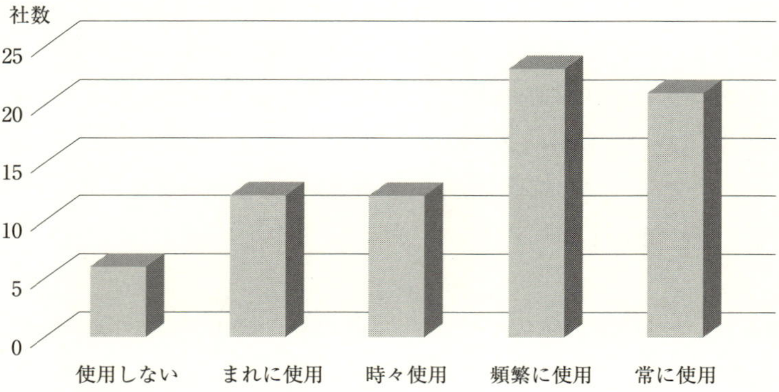

[棒グラフ：使用しない 約6社、まれに使用 約12社、時々使用 約12社、頻繁に使用 約23社、常に使用 約21社]

出所：著者作成

3　株主価値概念の意義

株主価値（Shareholder Value, Stockholder Value）概念は，厳密に定義すれば，株主としての立場から，企業が将来にわたって生み出す付加価値（CF）の割引現在価値の株主持分と定義できる。株主価値は全社的な企業（事業）価値から負債価値（他人資本の価値）を差し引いた残余でもある。一般に上場会社の時価総額を指して株主価値ということが多い。企業価値がディスカウンテッド・キャッシュ・フロー法によって求められると仮定する場合には，「株主価値の向上」すなわち，企業の時価総額の拡大は，負債価値を最小化（有利子負債を極小化）する財務活動と，将来の営業キャッシュ・フロー見込額を上昇させる投資活動の2つの手法を通じて行われているとも考えられる。ファイナンス理論は主に前者を論じ，経営論は主に後者を論じており，株主価値の持続的な創造のためには，両者を経営陣が適切にマネジメントすることが必要である。

　　株主価値＝企業価値－負債価値

株主価値概念を明確に定義している企業は，僅か6社（2%）に過ぎない。株主価値概念としては，ほとんどの企業では明確に定義していない。明確にしなくても，あえて定義しなくても暗黙に理解可能と考えている企業が多数存在

しているのであろう。しかし株主価値概念の混乱を避けるためには，各企業の独自の定義を明確にして使用することがより望ましい。

これまで企業価値を3つの視点で体系的に整理することを提案してきた。すなわち，本質的企業価値，会計的企業価値，そして市場的企業価値である。企業価値創造の視点からは整理しやすいと思われるが，測定上の課題があり，間接的で使いづらい難点もある。企業価値をステークホルダーの視点から考えれば，ステークホルダーの信頼・満足・期待を目指すことになる。そこで，企業価値概念とステークホルダー価値概念の関係が極めて重要である。企業価値概念を直接的に定義しようとするアプローチがある。それに対して，ステークホルダー価値概念に基づくアプローチは，企業価値をその構成要素である各ステークホルダー価値の総和として各構成要素の価値を加算して求める。ステークホルダーとの関係から企業価値を考えれば，ステークホルダーによる信頼が基本となる。基本的には人的価値を創造し，顧客価値の創造に繋げる。顧客価値が創造できれば，通常は利益・CFも増えていくであろう。利益・CFが増加すれば株価が上がり，株主価値が創造されよう。株主価値が創造できれば，社会・環境価値を創造できる可能性が高まる。そして社会・環境価値が創造できれば，人的価値等の創造に繋がる。これらが繰り返され，スパイラルアップに企業の価値を継続的にダイナミックに創造していく仕組みが望まれる。ステークホルダーの中核としての株主価値を創造しながら，他のステークホルダーの価値をも相互に高めながら，総和としての企業価値をより創造する戦略展開が課題となる。企業価値の中核である株主価値はどのように測定把握するのか。

日本トップ500社の53％で，株主価値概念を使用していることは確認できたが，明確に定義して使用している割合は僅か2％に過ぎない。使用箇所，文脈，前後の内容から，ある程度推定可能な割合は98％である。多くの企業での株主価値は，DCFや株式時価総額等のファイナンスにおける一般的な定義で使用しているから，あえて定義していないのかもしれない。誤解や混乱を避けるためには明確に定義し，わかりやすく説明する必要がある。

ステークホルダーの中核が株主・投資家である。その株主価値概念は，将来CFの割引現在価値概念の株主持分と整理できるが，より具体的に測定・把握・活用するには，株主・投資家の視点から株主価値概念を再検討する必要性もあろう。

このように，株主価値は各社の考え方を反映すべきであるが，ほぼ暗黙に同じような概念として漠然と用いられている現状を明確に確認できる。多くの企業においては，どのような意味で株主価値概念を用いているのかは正確には不明であるのも事実である。

株主価値概念は，会計的株主価値に限定する段階から，会計的株主価値に市場的株主価値を包含する段階，そして会計的株主価値と市場的株主価値だけでなく本質的株主価値をも包含する段階に分けられる。本質的株主価値を創造しながら，市場的株主価値を踏まえながら主に会計的株主価値を創造していく。株主価値が創造できれば，他のステークホルダー価値の創造に連鎖する可能性が増すプロセスに注目したい。

4 株主価値創造の意義

株主価値創造とは，株主価値を将来創造できるかどうかを問題にする。そこで，「創造」は新しく生み出すことを意味している。そこで株主価値創造とは，フローとしての期間変動額として捉えることになる。

（未来の）株主価値創造＝未来時点の株主価値－現在時点の株主価値

株主価値そのものを探求するよりも，株主価値創造主要要因（Key Value Drivers：KVD）に焦点を当て，その要因を分解し，展開することがより現実的であろう。フロー面から株主価値創造額を考えると，会計的株主価値創造額，市場的株主価値創造額そして本質的株主価値創造額に分けられる。会計的株主価値創造額としては，売上高，利益，CF（営業CF，FCF），付加価値，Stern Stewart社の登録商標であるEVA等により算定される。市場的株主価値創造額としては，株式時価総額増減額等として算定される。本質的株主価値創造額としては，株主・投資家の視点からの本源的な株主価値創造額である。株主価

値創造額は，会計的株主価値創造額そして市場的株主価値創造額とは極めて相互依存関係にある。現在のところ，客観的な測定方法は必ずしも明確には開発されていない。むしろ，これからこれらへの挑戦が増していくであろうと期待している。

「株主価値創造」も「株主価値」同様に，概念的には必ずしも明確に具体化していない。株主価値向上，株主価値最大化等の表現が多種多様に用いられ，その内容も定かでない。株主価値概念と同様に明確に定義して用いるべきである。企業と株主・投資家との相互関係のプロセスから多くの株主価値が創造されることを期待されている。

コーポレートガバナンス・コードによる対話を通して，株主価値概念・創造プロセスの進化とその開示方法は，価値創造に貢献する可能性があろう。ビジネスを通した一貫したプロセスにおいて株主価値は創造されている。各社が自社の株主価値創造サイクルをより明確化しながら未来の実行を描がけるように構想すべきである。

5　株主価値創造会計

企業目的・目標として，「株主価値の創造」を置けば、株主価値創造の方策が戦略となる。したがって，株主価値創造に基づいて戦略の評価をすることが可能となる。まさにこれからは，株主価値創造の競争でもある。**株主価値創造会計**（Shareholder Value Creation Accounting）とは，株主価値創造を支援する会計の総称である。言い換えれば，究極的には株主価値を向上させる好循環の仕組みを創造することを支援する主として会計的なアプローチである。株主価値創造方法は，当然無限に考えられる。各企業にもっとも相応しい方法を探究するのが，より望ましい。コストを配慮しながら，より多くの株主価値を創造する方法を仮説・検証することになる。ステークホルダーの中核として株主そして投資家を置けば，株主価値創造会計として体系化可能であろう。

株主価値創造の実行を動機づけるために，株主価値創造を評価できる主要な株主価値創造指標を抽出し，体系化させなければならない。特に，無形の知的

資産を創造させながら，その関連する指標のモニタリングを徹底し，継続的に顧客との信頼関係を構築しながら，知的な能力を開発し，製品・サービスを革新して，長期的・総合的な視点から新たな株主価値を創造していくのである。

　株主価値創造会計はビジョン，戦略，戦略目標，VDとして横展開できる。株主価値創造プロセスを明確化し，その価値創造を促進するもっとも重要な要因であるKVD，さらにより具体的な測定可能な指標であるKVIを確定していくことが重要課題である。各指標は，基本的に各社の状況により選択されるが，その定義と算出方法の妥当性をも確認しておくことが必要である。ステークホルダーとしての株主・投資家の視点から株主価値創造を考えると，株主KVIとして指標化を試みることも有益である。

2. 株主価値創造会計の分析

1　株主価値創造戦略による分析

　ステークホルダーとしての株主・投資家の視点から株主の価値を単独に創造する戦略が最初に考えられる。

　既に紹介したように，ユナイテッドアローズにおいては，「5つの価値創造」として株主様価値の創造について述べている [https://www.united-arrows.co.jp/ir/philosophy/index.html]。

　株主様価値の創造　行動指針
　　その1　IR活動
　　その2　内部情報の管理
　　その3　情報の適時開示

　次に，株主だけでなく，マルチステークホルダーを包含しながら相互作用を駆使する創造戦略が考えられる。典型的例としてはCSV（Creating Shared Value）のように，株主価値（経済価値）と社会価値を相互に創造する方法などがある。

2 ROEによる株主価値創造

株主価値創造戦略としては，利益を中心に考えられている。最近注目されているROEに焦点を当てる資本効率重視の経営に関して検討する。

ROE（Return on Equity）は，株主の立場から，株主の持分に対する成果の効率を表している。株主の持分の範囲としては，株主資本，自己資本，純資産が考えられる。成果としては，最終純損益が一般的に選ばれている。ROEとは，株主持分に対する利益率を指し，どれだけ効率よく利益を生み出しているかを株主の視線でみる指標である。

① $\text{ROE} = \dfrac{（純）利益}{株主資本（自己資本，純資産）}$

分子と分母との関係では，評価損益を含むかどうかで区別すれば，評価損益を除けば純利益と株主資本，評価損益を含めれば包括利益と純資産となる。しかし，有価証券報告書の自己資本利益率は，分子では評価損益を除く純利益，分母には評価損益累計額を含む自己資本を用いている。

ROEは，一般に次の3要素に分解される。

$$\dfrac{利益}{純資産} = \dfrac{利益}{売上高} \times \dfrac{売上高}{資産} \times \dfrac{資産}{純資産}$$

ROE ＝売上高利益率×資産回転率×財務レバレッジ

ROEは，ROAとの関係では，以下のように整理できる。

$$\dfrac{利益}{純資産} = \dfrac{利益}{資産} \times \dfrac{資産}{純資産}$$

ROE ＝ROA×財務レバレッジ

高いROEを維持するためには，次の3つのポイントが特に重要である。

1 自己資本比率が高いこと
2 売上高成長率が高いこと
3 売上高営業利益率が高いこと

この3つが持続的にROEを高く維持できる企業の特徴である。

ROEに関連する以下の経営指標もそれぞれ重要な成果・効率などを表している。

② 売上高利益率（Return on Sales：ROS）
③ 資産回転率（Total Asset Turnover）
④ 財務レバレッジ（Financial Leverage）
⑤ ROA（Return on Asset）

　昨今のROE重視の動きは，国策による様々な働きかけを伴う点で，これまでとは大きく異なっている。アベノミクスの三本目の矢である新成長戦略において，ROE向上にスポットライトが当てられたことによるところが大きい。国家戦略として経済改革の中心にROEの改善向上が掲げられた。政府は日本版スチュワードシップ・コードやコーポレートガバナンス・コードの導入など，さまざまな施策を講じている。その目的は，企業が資本を有効活用して「稼ぐ力」を高めるように促すことであり，ROEはその達成度を測る目安とされる。日本版スチュワードシップ・コードは，預かった資産を運用する立場にある機関投資家の行動原則のことであり，そこでは，機関投資家は対話を通じて投資先企業の企業価値向上や持続的な成長を促すことにより，受益者などの中長期的な投資成果の拡大を図る責任があるとされている。日本企業はグローバル化の進展で海外企業との厳しい競争にさらされており，日本版スチュワードシップ・コードが競争力強化に取り組むきっかけとなることが期待されている。実際に，ROEの目標値を中期経営計画に盛り込み，着実に取り組む企業も出始めている[1]。経済産業省（「持続的成長への競争力とインセンティブ─企業と投資家の望ましい関係構築─2014年8月」）はROE8％以上を提言した。

　ISS（Institutional Shareholder Services）は，「ROEの過去5年間の平均と直近値がともに5％を下回る企業は，経営トップ選任の反対を推奨する」。日本取引所グループ（JPX）が始めた株価指数「JPX日経インデックス400（JPX400）」では，指数の対象になる企業を選ぶためのスコアを決める指標の加点項目の一つに「3年平均ROE40％」を採用したことも影響している。このようにROEが注目される背景が顕著となってきている。

1）［日本経済新聞 2015.3.17，6.17，9.3］参照。

ROEは，当期純利益の増加や自己資本の減少により上昇する。当期純利益のうち配当しなかった部分は，自己資本に組み込まれる。自己資本を圧縮することでROEを短期的に高めることはできるが，その場しのぎの対応はかえって中長期的に株主価値を損なうこともあるため，持続的にROEを向上させるためには経営戦略の見直しなどの本格的な取り組みが求められる。たとえば，利益率の低い汎用品から競争力・利益率の高い新製品の販売に比重を移すことや，顧客からの多様なニーズに応えるために最新鋭の生産設備の導入などが考えられる。ROEは株式投資において以前からたびたび注目されていたが，ROEだけで経営・資本効率を完全に把握できるわけではなく，あくまでも重要な数ある株価関連指標の中の一つという理解も必要である。

ROE改善方法としてのリキャップCBの発行が増加している[2]。リキャップCBとは，CB発行と自社株買いを組み合わせるファイナンスの手法である。しかし，これによりROEを改善しても，財務構成は確かに改善されるが，中長期的な成長力がないとROEの改善は一時的に終わる。

ROE以外の株主関連経営指標として，次の項目も検討に値する。

⑥　投下資本利益率（ROIC：Return on Invested Capital）

ROEでは，負債が考慮されていないので，（有利子）負債も含め，投下して使用されている資本に限定し，効率を算定し，資本コストと比べる方法も特に事業別レベルでは注目される。

⑦　自己資本比率（Capital Adequacy Ratio, Capital-to-Asset Ratio）
⑧　CFROI（Cash Flow Return on Investment）
⑨　PER（Price Earnings Ratio），P/E，株価収益率
⑩　PBR（Price Book-Value Ratio），P/B，株価純資産倍率

$$\text{PBR} = \text{ROE} \times \text{PER}$$

$$\frac{\text{株価（時価総額）}}{\text{純資産}} = \frac{\text{利　益}}{\text{純資産}} \times \frac{\text{株価}}{\text{利益}}$$

2）[『日経ビジネス』2015.08.10-17，40-41頁，日本経済新聞2015.9.16］参照。

PER は一種の資本コストとも考えられ，ROE が上昇すると PBR が高まり，そして株価上昇につながりやすい。ROE が 8% を超えると PBR は右肩上がりで上昇する傾向がある。

⑪　EPS（Earnings Per Share）1株当たり当期純利益
　　1株当たりの利益額を示す株価指標である。
⑫　1株当たり配当（Dividend Per Share）
⑬　配当性向（Dividend Payout Ratio, Payout Ratio）＝配当÷当期利益
⑭　総還元性向＝（配当＋自社株取得）÷当期利益
⑮　配当利回り（Dividend Yield）＝配当÷株価
⑯　株主資本配当率（Dividend on Equity Ratio：DOE）＝ROE ×配当性向

　時価総額上位 500 社の ROE, ROA, 売上高利益率, 資産回転率, 財務レバレッジの推移を算定し，整理した（図表6-5）。ROE は，ROA と比べると分母が小さい分大きく変動している。資産回転率はそれほど改善していなく，財務レバレッジは徐々に小さくなり，健全性は増している。結果的に ROE は，売上高利益率にかなり依存している。最初に売上高利益率の改善が急務であろう。日米欧の ROE の違いも，売上高利益率の差が大きい。500 社の ROE の推移と分布状況を調査すると，図表 6-8, 6-9 のようになる[3]。ROE と時価総額増減額との関連は，大きく変動した時には，同一方向に動くが，必ずしも関連はあまりなく，平均になるとほとんど無関連となる（図表6-10, 6-11）。

---

[3] 東証 1 部上場企業 2014 年度実績 ROE 平均は 8% 台。10% 以上（割合 31%），8% 以上 10% 未満（15%），5% 以上 8% 未満（24%），0% 以上 5% 未満（25%），赤字（5%）［日本経済新聞 2015.6.17］。

第6章 株主価値創造会計 119

図表 6-5 平均効率推移

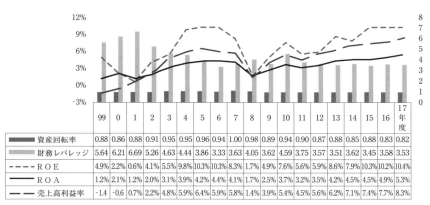

出所：著者作成

図表 6-6 ROE と ROS の関連

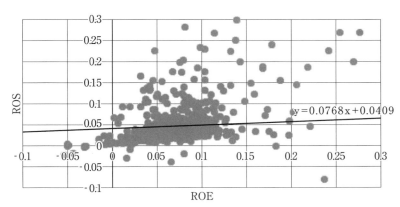

出所：著者作成

図表 6-7　日米欧の資本生産性分解

		ROE	利益率	回転率	レバレッジ
日本	製造業	4.6%	3.7%	0.92	2.32
	非製造業	6.3%	4.0%	1.01	2.80
	合計	5.3%	3.8%	0.96	2.51
米国	製造業	28.9%	11.6%	0.86	2.47
	非製造業	17.6%	9.7%	1.03	2.88
	合計	22.6%	10.5%	0.96	2.69
欧州	製造業	15.2%	9.2%	0.80	2.58
	非製造業	14.8%	8.6%	0.93	3.08
	合計	15.0%	8.9%	0.87	2.86

出所：「持続的成長への競争力とインセンティブ～企業と投資家の望ましい関係構築～」プロジェクト（伊藤レポート）最終報告書，2014年，37頁

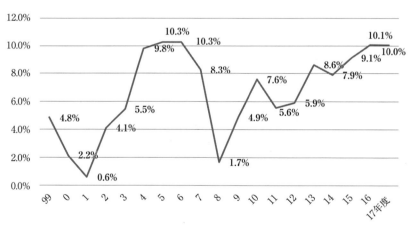

図表 6-8　ROE 推移

出所：著者作成

第6章 株主価値創造会計　121

図表6-9　ROEの分布（社数）

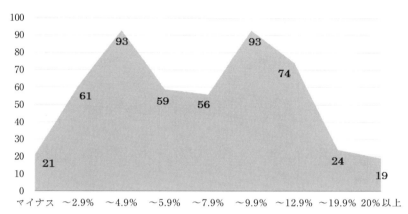

出所：著者作成

図表6-10　平均効率と時価増減推移

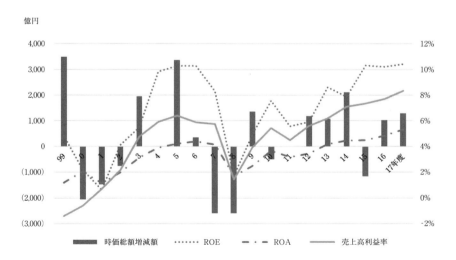

出所：著者作成

図表6-11　ROEと時価増減額の関連

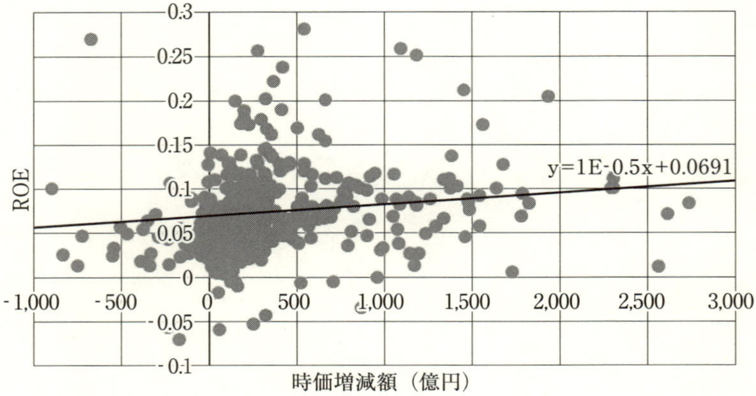

（図中：y=1E-0.5x+0.0691）

出所：著者作成

　ROEの平均は7.4％であり，～4.9％と～7.9％が最頻度である。かなり低い企業も，かなり高い企業もあり，自社の状況，ライバル・業界などと比較検討し，望ましい目標を設定して改善方法を考察する必要はあろう。「上場企業全体では，2017年度に，ROEが初の10％超える見通しである」［日本経済新聞2018.3.14］。

　ROE向上方法を提案公開している企業もあるので，参考までに2社を例示する。

　リコーは，「第18次中期経営計画において，株主価値の向上にあたっては，目標であるROE10％を達成するため，事業利益率と資産効率を高めるとともに，資本を適切なレベルに保つべく，株主還元などを適宜実施していきます」と述べている。

第6章　株主価値創造会計　123

図表6-12　リコーのROE達成方法

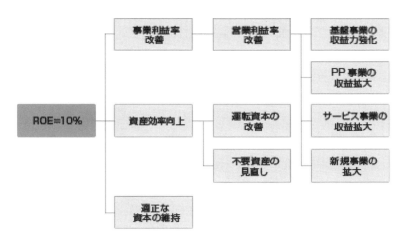

出所：http://jp.ricoh.com.IR/events/2014/pdf/h26 keiei.pdf

　ローソンでは，中期的持続的成長とROE20％へのロードマップを示している。

図表6-13　ローソンのROEロードマップ

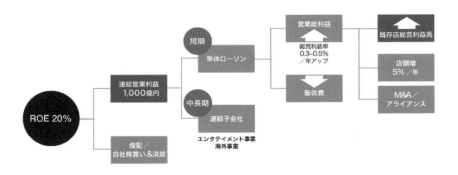

出所：http://www.lawson.co.jp/company/corporate/strategy.html#_ga=1.268208006.946320599.1
　　　444379626

リコーもローソンも，単に財務面だけでなく，収益力の改善を重視して今後の経営を推進する方向性を明確に提示している。

アルフレッド・ラパポート［Rappaport（2006）］は，株主価値経営の10原則を次のように述べている。

① 利益を操作したり，利益予測を発表したりしない
② たとえ短期の利益を犠牲にしても，期待価値を最大化しうる意思決定をする
③ たとえ短期の利益を犠牲にしても，期待価値を最大化しうる買収をする
④ 株主価値の最大化に貢献する資産だけを保有する
⑤ 事業投資が株主価値創造に資する可能性が低い場合には，株主にキャッシュを返す
⑥ CEOおよび上級経営陣の報酬は，長期的な成果に基づいて決める
⑦ 部門長の報酬は，複数年にわたる株主価値創造の実績に基づいて決める
⑧ ミドル・マネジャーと現場社員の報酬は，各人の直接的に株主価値創造に貢献できる業務業績に基づいて決める
⑨ 上級経営陣にも株主と同じオーナーシップリスクを負わせる
⑩ 投資家に株主価値に関連する情報を提供する

持続的に株主価値を創造する重要事項を簡潔に指摘しており，大変示唆に富んでいる。

ROEと企業価値の関連を整理すると（図表6-14），ROEは資本と純利益との関連であり，純利益との関連で，財務業績と結びつく。財務業績との関連で株価と関連する。株価は時価総額となり，時価総額の期間変動が時価総額増減額である。企業価値は，財務業績，時価総額，資本コスト，財務配当方針，そして非財務項目も加味して決まる。企業価値の期間変動が企業価値創造となる。ROEと企業価値は直接的には関連しないので，関連する場合もあるが，あまり結びつかないことも多いのである。

図表6-14 ROEと企業価値の関連

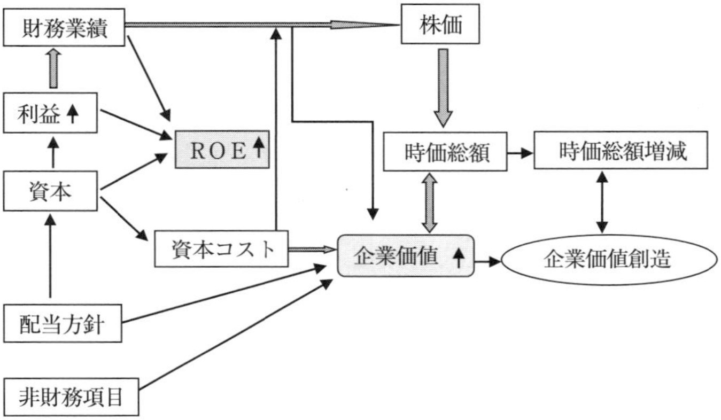

出所：著者作成

経営指標としては，以上のほかに多くの経営成果指標が考えられる。
① 売上高
② 売上総利益
③ 営業利益
④ 経常利益
⑤ 当期純利益
⑥ 包括利益
⑦ EVA（Economic Value Added）＝NOPAT（税引後営業利益）－資本コスト
⑧ MVA（Market Value Added）＝時価総額－株主資本簿価
⑨ EBITDA（Earnings before Interest, Tax, Depreciation and Amortization）

CFの状況についても注意しなければならない。参考にCFの推移を図表6-15に示す。CFの成果と時価総額増減額とはほとんど関連していない。時価総額増減額は，年間変動額であるため，そして外部環境によりかなり変動が大きい。最近現金等残高の異常な増額傾向にある。有効活用に課題を残している。

図表 6-15　平均 CF・時価増減推移（億円）

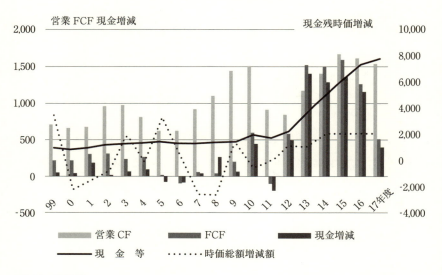

出所：著者作成

　平成 26 年度生命保険協会調査「株式価値向上に向けた取り組みについて中期的な株式価値向上に向けて」[http://www.seiho.or.jp/info/news/2014/pdf/] によれば，「中長期的な株式価値向上に向けて企業が重点的に取り組むべきものとしては，「製品やサービスの競争力強化・高付加価値化」(80.6%) や「事業規模・シェア拡大」(59%)，「コスト削減の推進」(54%) に重点的に取り組んでいる」との結果である。
　株主価値を創造するには，経営管理そのものの問題であり，いかに効率・効果的に経営できるかに依存している。株主価値ドライバーには，売上成長，営業利益率，投資案件などが含まれる。株主価値を創造する基本構造は，各社により相違するが，参考までに，一般的な例示を図表 6-16 に提示したい。

図表6-16 株主価値創造の基本構造例

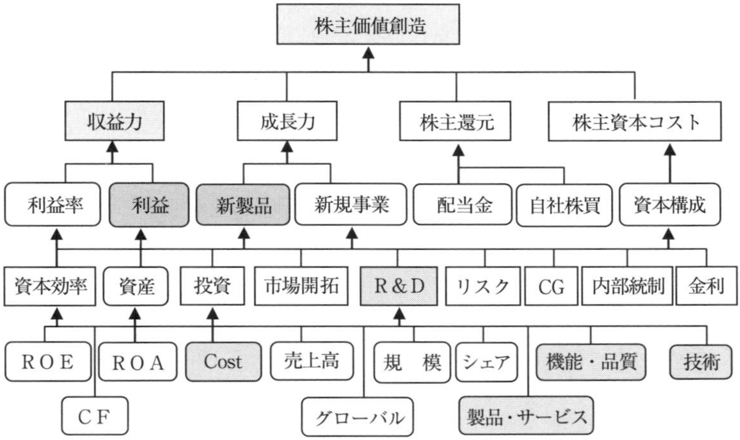

出所：著者作成

3 株主価値創造主要ドライバー

　日本の時価総額トップ500社の株主価値を創造する要因を調査・整理した。合計各社1点満点として，各社の**株主価値創造主要ドライバー**に評価・配分した。500社の配分結果を集計し，類似主要ドライバーは整理統合した。各株主価値創造主要ドライバーとして，収益性の要因（35％）が一番株主価値創造と関連している。その次は，分配の要因（29％），成長性（14％），効率性（13％），安全性（3％），その他不明（6％）である。

　各社がそれぞれ最適なKVD・KVIを選定しながら，株主価値の創造を模索している現況が垣間見られる。残念ながら明確に株主価値創造KVIを説明している企業はほとんど存在していない。

　具体的な株主価値創造方法の考察は難しいので，主要経営目標を調査した。直近の経営計画等から，数値目標として開示されている項目にウエート付けして，各社1点満点で配分集計した。売上高が20％で第1位となった。しかし，利益は，営業利益17％，純利益10％，経常利益7％で合計すると34％となり，

売上高の割合をはるかに超える。ROE は，増加傾向にあり 10%, ROS 8%，負債・資本関連は 6% となった。それ以外はわずかな割合でしかない。過去の経営計画から，新しい経営計画を作成する時に経営目標の一部を変更する企業は存在する。環境変化に対応して，経営目標を変更する当然の論理である。しかし変更理由は必ずしも明確に説明されてはいない。

図表 6-17　株主価値創造 KVD

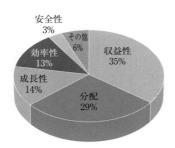

出所：著者作成

図表 6-18　株主価値創造方法（アンケート調査）

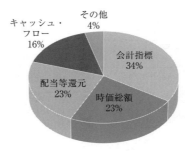

出所：著者作成

図表 6-19　経営目標

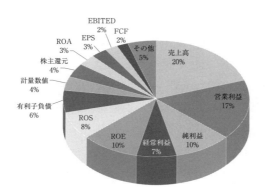

出所：著者作成

ステークホルダーとして株主を想定して，自社に対してどのような側面を期待しているか，関心があるのかを，株主の視点から洗い出す。現実的には株主だけでなく，マルチステークホルダーにより配慮することが，自社の株主価値にかなり影響している背景は推測される。株主価値を中心に主要テーマを特定し，環境変化に応じて必要であれば見直しを行いつつ，KVD・KVIの優先順位を決定する。マルチステークホルダーを意識しながら各社の株主価値にとって共に重要な領域，KVD・KVIを重点的にアプローチする。このように，重要性を分析し，テーマ，KVD・KVIを選定決定することが考えられる。

　株主価値を創造するための，主要目標・課題を特定し，その目標を達成するためのKVD・KVIを選別し，そのKVD・KVIの達成状況をモニターしながら，必要に応じて改善・工夫を施し，株主価値の創造に繋げる一連のプロセスを構築・実施する。KVD・KVIの妥当性を検討しながら，より望ましいKVD・KVIを追求し続ける。株主価値創造のプロセスは，中長期的な経営革新の継続的推進でもある。

4　株主価値創造会計の要約

最後にこれまでの調査分析結果を要約整理しておこう。
① 株主価値概念は263社（53%）の企業で用いられている。しかし，企業価値概念の使用状況に比べると大幅に減少する。
② 株主価値概念の使用は，株式関連（30%），CSR（25%），決算報告（12%），コーポレート・ガバナンス（10%），IR（10%），計画（10%），理念・方針（3%）で，かなり分散して各箇所で用いられている。
③ 株主価値概念は明確には定義されていない。
④ 株主価値の測定方法も具体的に述べられていない。
⑤ 株主価値の内容・創造を整理区分して開示している企業は存在しない。具体的な利益・売上・ROEの創造方法を詳細に論述している企業はそれなりに存在する。
⑥ 株主価値創造KVDとしては，収益性の要因（35%），次に分配の要因

(29％), 成長性 (14％), 効率性 (13％), 安全性 (3％), その他不明 (6％) の順である。
⑦ 経営目標としては, 売上高 (20％), 営業利益 (17％), 純利益 (10％), 経常利益 (8％), ROE (10％), ROS (8％), 負債・資本関連は6％等の割合である。
⑧ 株主価値を創造するには利益・売上を中心に経営することの重視性をあたりまえのように説明している。

株主価値創造の戦略, 計画, 実績, 評価, 次期戦略, 計画へと循環させながら, より具体化するために計量的に株主価値の創造プロセスを可視化していくことがより期待される。

調査対象企業として時価総額上位 500 社について検討した。過去の財務データ等に基づいて, 株主価値創造会計の分析を試みてきた。会計的株主価値と市場的株主価値の視点から各企業の非財務的視点をも加味した本質的株主価値への接近として展開してきたが, まだ不十分である。さらに, 未来への予測に役立つ株主価値創造会計へと展開させて分析・評価していかなければならない。経営目標・指標が, 時代・環境に応じて変化するように, 株主価値関連のKVD・KVIも時代・環境に応じて変化するであろうと推測されるから, この考察も残されている。

第7章

顧客価値創造会計

1. 顧客価値創造会計の本質

1 顧客価値創造会計の意義

　本章は顧客価値を創造するために，主として会計的支援を探求しながら，事例として日本の株式時価総額トップ企業に焦点を当てて検討した。株式時価総額上位500社を調査して，顧客価値概念の使用状況を把握し，企業目的・目標，戦略，計画そして業績との関連性を考察する。多くの企業において，顧客価値を非常に重要視し，顧客価値を創造・向上することを意図した経営を遂行していることは推測できるが，その詳細は明確には把握できない。その具体的な顧客価値概念および顧客価値創造・向上方法には，共通点も多いが，相違点もかなりある。このためにか，顧客価値の定義・測定は難しく，むしろ不明確なままである。そこで，顧客価値概念の検討を試みながら，顧客価値を創造・向上する方法，そのための重要な主要ドライバー・指標の抽出に関しても検討したい。

　顧客価値を創造するには，より戦略的に企業経営を展開していくことが望まれる。そのためには，どのように顧客価値を創造するのかの目標・プロセスが極めて重要となる。この検証には，測定可能な顧客価値関連主要ドライバー・指標は欠かせない。指標化するには会計的指標は必要不可欠であり，もっとも基本的な情報である。同時に全社的な測定・指標化も進めなければならない。そして個別的なより具体的な指標をも組み合わせて統合指標化し，より積極的に顧客との信頼・関係度を強めるためには，顧客関連情報を管理していくことも重要となる。どのように顧客価値創造の好循環の仕組みを構築していくのか。顧客との信頼関係重視が多くの企業で展開され，社会全体で好循環をもたらし，

個別企業だけでなく，社会全体の顧客価値創造にも少しでも貢献できれば幸いである。

　主として会計的に企業価値を創造するための企業価値創造会計を提案し，これまで事例研究を積み重ねてきた。株式時価総額トップ企業として500社を整理した。企業価値の最大構成要素である顧客価値に注目すると，顧客価値を創造している企業もあり，顧客価値をかなり毀損していると思われる企業もあり，その要因を考察しながら，どのように顧客価値を創造するのかについて総括的に今後の研究方向を展望する。

　P&Gでは，「消費者は王様である」と顧客価値を最重視している。このように多くの企業では，顧客志向を強めているが，その具体的な方向性は定かでない。そこで，顧客価値創造会計の視点から総合的に検討する。

2　顧客価値の意義

　顧客価値（Customer Value）概念を，企業側から考える見解と顧客側から考える見解に区別して整理しよう。企業側からの顧客価値概念は，企業が顧客から得られる企業の価値に注目する。顧客側からの顧客価値概念は，顧客の立場から得られる価値に注目する。両者はかなりの部分では共通・重複しているが，利害が対立して，相違する部分もある。相違する部分をより小さくさせることにより，企業と顧客との関係がより良好となり，相互に顧客価値創造に結び付けやすくなろう。一般的な顧客価値は顧客側からの顧客価値概念を意味している。

　企業は，自社の経営資源を活用して，お客にとっての価値（顧客価値）を作り出し，その対価として利益を得る。つまり，企業は企業活動を通して，顧客価値を追求している。顧客価値とは顧客に対する実現価値と価値犠牲との差額で，この差額を最大化する必要がある。実現価値とは顧客が受取る価値をいい，製品の使用・維持および処分のコスト等，価値犠牲（顧客が放棄する価値）で，製品に対する支払い額と製品の入手および使用法の学習に要する時間との総額である。顧客が受取る価値は，顧客が期待する価値，顧客の支払意欲（willingness to pay:WTP）とも解釈される。価値犠牲の源泉は主にコストの管理として取り

扱われている。

　Kotlerは，顧客の商品に対する最終的な評価を顧客受取価値（Customer Delivered value）とし，この顧客受取価値が最高と知覚した企業の商品を購入するという前提で，

　顧客受取価値＝総顧客価値－総顧客コスト

と表現している。この式においても，顧客が認知する又は感じる総合的な価値から顧客が認知する又は感じる総合的なコストを差し引いたもので捉えたものが，顧客の認知する又は受け取る価値になることを表現している。以下Kotlerの式で考察していくと，総顧客価値を一定にして顧客受取価値を増加させるためには，総顧客コストを減少させていくしかない。総顧客コストは商品の価格だけを示しているものではないが，簡単に考えると，商品の価格を低下させることによって顧客の受け取る（感じる）価値が上昇することになる。但しここでは，総顧客価値を一定であるという条件を付けたが，総顧客価値を増大させることが可能であれば総顧客コスト（簡易的に表現すると商品の価格）を低下させなくとも，顧客受取価値を増加させることができる。つまり顧客受取価値は，商品を低価格化することだけでなく，総顧客価値を高めることによっても上昇させることができるのである。前述の二極化現象は，総顧客価値の高い商品は高価格でも売れ，逆に総顧客価値の低い商品は，低価格でないと顧客受取価値が高いと判断されず，売れなくなるということを明確に実証している例といえる。

　総顧客価値を高めることが可能であれば，あえて価格を下げる必要はなく，逆に企業の論理を全面に押し出しての不必要なディスカウントは，企業にとっ

図表7-1　企業と顧客関係

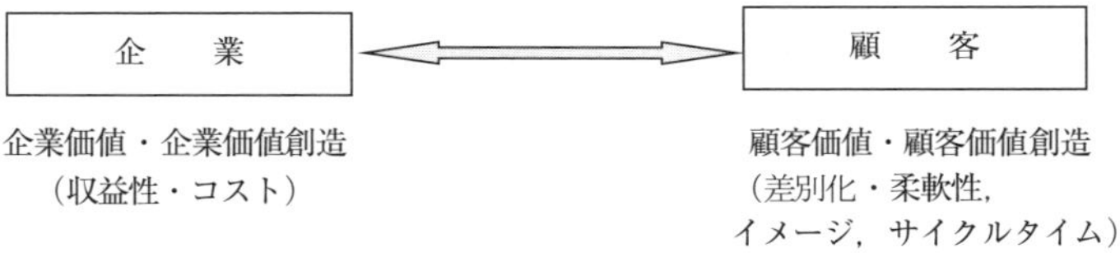

企　業	⟵⟶	顧　客
企業価値・企業価値創造 （収益性・コスト）		顧客価値・顧客価値創造 （差別化・柔軟性， 　イメージ，サイクルタイム）

出所：著者作成

て不要である［恩蔵監修（2001）44-47頁］。

青木［(2012) 69-70頁］によれば，顧客価値を測定対象とする期間の違いと対象とする顧客の性質の違いから分類整理している。期間の直近・将来に分けて，顧客が個別・全顧客かに分けて，両者の組み合わせとして，直近の個別の顧客の組み合わせを，顧客価値Ⅰ（顧客別収益性），将来の個別の顧客の組み合わせを顧客価値Ⅱ（顧客生涯価値），直近の全顧客の組み合わせを期間利益，将来の全顧客の組み合わせを顧客価値Ⅲ（カスタマー・エクイティ）と呼んでいる。マーケティング分野では個別の顧客に，管理会計研究では，全顧客に主眼が置かれていると論じられている。直近の期間は過去情報に基づき作成し，将来の期間は未来予測に基づき作成される。

この見解を，期間の長短と，顧客の対象範囲と呼び変えて整理して，次のように呼びたい。期間の長短で短期顧客価値と長期顧客価値に，顧客の対象範囲で個別・全顧客に分けて，個別の顧客に限定する個別顧客価値，そして全ての顧客に拡大する全顧客価値合計である。両者の組み合わせを考えると，短期個別顧客価値，短期全顧客価値合計，長期個別顧客価値，長期全顧客価値合計とに分類される。当初は，短期で個別の顧客価値を把握し，顧客の範囲を拡大すれば，短期全顧客価値合計へと拡大される。次に個別顧客の期間を長期まで延ばせば，長期個別顧客価値が算定でき，最終的には全ての顧客へと範囲を拡大し長期全顧客価値合計を算定できる。

顧客価値は機能的価値（functional value）と意味的価値（non-functional value）

図表7-2　範囲・期間による顧客価値分類

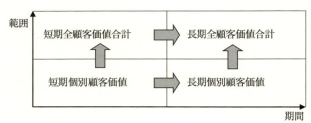

出所：著者作成

とにも分類整理される。機能的価値は客観的に評価できる機能や仕様に関連しており，意味的価値は顧客が主観的に価値を意味づける使い心地や感動等である［延岡（2011）109-136 頁］。

　この顧客価値の提供を通じて利益の増大を図るには，活動の分析が重要であるから，活動基準原価計算，活動基準原価管理，活動基準経営管理の実践が最適の手段である。また顧客価値を増大させ企業利益の増大を図るには，メーカー主導のプッシュ経営から顧客志向のプル経営への転換も不可欠である。

　では顧客に与えることができる価値とは具体的にどんな内容であろうか。顧客価値は複雑・多様と考えられるが，次のような事項が問題とされる。

① 顧客にとっての喜び，楽しみ，快感，快適，癒し
② 顧客にとっての望ましい付加価値アップ
③ 顧客にとってのコストダウン
④ 顧客にとっての労力ダウン
⑤ 顧客にとっての時間短縮
⑥ 顧客の不可能を可能にする

　たとえばこれらのメリットを顧客にもたらすことができれば，顧客価値を生み出したといえるであろう。このように顧客への差別化を実現するには，顧客がその価値を感じなければ始まらない。競合を圧倒する明確な価値を，上記 6 項目のいずれかを見出すことが重要なポイントである。

　商品コンセプトを考える際に頭に入れておきたいことは，まさに顧客価値，顧客にとっての"有用性"の程度である。顧客価値を提供するためには，「必要能力」と「特徴」を明確にすることも重要である。そのためには，次の点をより検討しなければならない。

① 顧客の特定（who）（顧客ミックス）　② 顧客価値の特定（what）
③ 顧客価値創造方法の特定（how）

3　顧客価値創造会計

　顧客価値概念は，厳密に定義すれば，顧客が将来にわたって生み出す付加価

値（CF）の割引現在価値と定義できる。しかし，このようなファイナンス的な定義に必ずしも統一されていなく，不明確なままである。顧客価値概念としては，各種多様な解釈が可能かもしれない。しかもほとんどの企業においては，顧客価値を明確に定義していない。しかし顧客価値概念の誤解を避けるためには，各企業の独自の定義を明確にして使用することが望ましい。

　これまで企業価値を3つの視点で体系的に整理することを提案してきた。すなわち会計的企業価値，市場の企業価値，そして本質的企業価値である。同時に，企業価値をステークホルダーの視点から分解すると，株主価値，顧客価値，人的価値，社会価値である。本章で論じる顧客価値は，創造の視点からは整理しやすいと思われるが，測定上の課題があり，間接的で使いづらい難点もある。顧客価値は主観的な「満足度・信頼度」を内蔵している側面がある。ステークホルダーの視点から考える顧客価値は，顧客の満足・信頼・喜びを目指すことになる。顧客価値概念を直接的に定義しようとするアプローチがある。顧客価値が創造できれば，通常は利益・CFという会計数値に結び付くであろう。顧客価値の創造を最終的に検証するためにも利益・CFなどの会計数値が重要である。したがって，会計的側面を組み込んだ企業価値創造会計を提案している。

　企業価値の最大の源泉は顧客価値であり，顧客価値を本当にどのように創造できるのであろうか。現実的にはそう単純に好都合に価値連鎖するとは考えられない。いずれにしろ，個々の顧客の満足・信頼を相互に高めながら，総和としての顧客価値をより創造する戦略展開を課題としている。

　顧客価値創造とは，顧客価値を将来創造できるかどうかが問題にされる。そこで，「創造」は新しく生み出すことを意味している。そこで顧客価値創造とは，フローとしての期間変動額として捉えることになる。

　顧客価値創造 ＝ 未来時点の顧客価値 － 現在時点の顧客価値

　顧客価値は絶対額として算定することも，期間の変化額（割合）から算定する方法も考えられる。顧客価値創造主要要因（Key Value Drivers to Customer Value, Customer Value Driver:CVD）に焦点を当て，因果連鎖とその連鎖要因を分解し，展開することがより現実的であろう。

「顧客価値創造」も「顧客価値」同様に，概念的には必ずしも一般化されていない。顧客価値向上，顧客価値最大化等の表現が多種多様に用いられ，その内容も定かでない。明確に定義して用いるべきである。

顧客価値を活動との関連で整理すると，活動を増やすか，止めるか，活動の重要性からその組み合わせを区分・分類する。顧客の優先度を明確に，そのための活動を選択し，必要に応じては止めることもあり，その活動を増やすのか，減らすのかを決める。

図表7-3　顧客価値と活動の関連

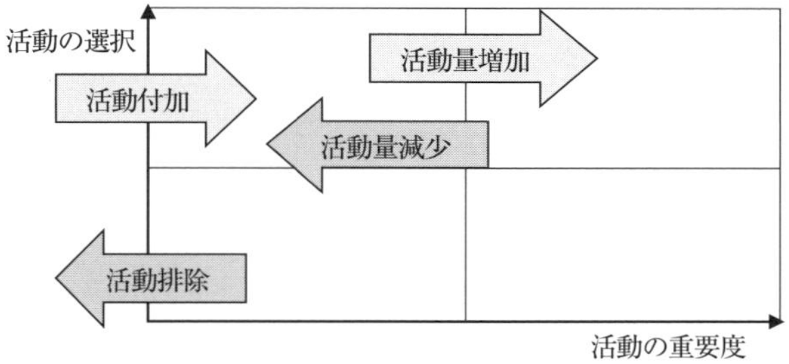

出所：著者作成

図表7-4　顧客価値のプロセス

V提案 → 顧客資源 → 顧客活動 → 目的（顧客価値）

出所：著者作成

企業目的・目標として，「顧客価値の創造」を置けば，顧客価値創造の方策が顧客価値創造戦略となる。したがって，顧客価値創造に基づいて顧客価値創造戦略の評価をすることが可能となる。まさにこれからは，顧客価値創造の競争でもある。**顧客価値創造会計**（Customer Value Creation Accounting）とは，顧客の価値創造を支援する会計の総称である。言い換えれば，人的価値の向上を

通して，顧客価値を向上させ，究極的には株主価値を向上させ，さらに社会や環境の価値を向上させる好循環の仕組みを創造することを支援する，主として会計的なアプローチである企業価値創造会計の主要部分である。企業の主目的は顧客を創造することになる。

パナソニックの顧客本位への重点移動として，ユーザーの立場で商品を再構成した。住宅空間（薄型テレビ，エアコン），非住宅空間（商業施設や公共スペース），モビリティ（自動車，航空機用途），パーソナル（ひげ剃り，携帯歯ブラシ，美容健康機器，スマートフォン，デジタルカメラ）である［『日経ビジネス』(2012.7.9) 8-9 頁，(2012.7.16) 98-101 頁，『週刊ダイヤモンド』(2012.7.14) 148-151 頁］。

極めて簡単な顧客価値算定の事例を図表 7-5 に，経営戦略の代替案選択の事例を図表 7-6 に参考に示す。

図表7-5 顧客価値算定事例

i=5%

顧客名・項目	1年目	2年目	3年目	4年目	5年目	6年目	7年目	合計
AAA								
売上高	1,500,000	1,600,000	1,700,000	1,850,000	2,000,000	2,100,000	2,100,000	12,850,000
CFI	1,500,000	1,600,000	1,700,000	1,850,000	2,000,000	2,100,000	2,100,000	12,850,000
CFO	1,000,000	1,050,000	1,100,000	1,150,000	1,200,000	1,300,000	1,400,000	8,200,000
NCF	500,000	550,000	600,000	700,000	800,000	800,000	700,000	4,650,000
現在価値	476,200	498,850	518,280	575,890	626,800	596,960	497,490	3,790,470
BBB								
売上高	1,500,000	1,600,000	1,700,000	1,850,000	2,000,000	2,000,000	2,000,000	12,650,000
CFI	1,500,000	1,600,000	1,700,000	1,850,000	2,000,000	2,000,000	2,000,000	12,650,000
CFO	1,000,000	1,100,000	1,200,000	1,300,000	1,400,000	1,500,000	1,600,000	9,100,000
NCF	500,000	500,000	500,000	550,000	600,000	500,000	400,000	3,550,000
現在価値	476,200	453,500	431,900	452,485	470,100	373,100	284,280	2,941,565
CCC								
売上高	1,500,000	1,600,000	1,700,000	1,850,000	2,000,000	2,100,000	2,000,000	12,750,000
CFI	1,500,000	1,600,000	1,700,000	1,850,000	2,000,000	2,100,000	2,000,000	12,750,000
CFO	1,100,000	1,150,000	1,250,000	1,300,000	1,400,000	1,450,000	1,550,000	9,200,000
NCF	400,000	450,000	450,000	550,000	600,000	650,000	450,000	3,550,000
現在価値	380,960	408,150	388,710	452,485	470,100	485,030	319,815	2,905,250
DDD								
売上高	1,500,000	1,600,000	1,700,000	1,850,000	1,800,000	1,700,000	1,500,000	11,650,000
CFI	1,500,000	1,600,000	1,700,000	1,850,000	1,800,000	1,700,000	1,500,000	11,650,000
CFO	1,200,000	1,250,000	1,300,000	1,350,000	1,400,000	1,450,000	1,500,000	9,450,000
NCF	300,000	350,000	400,000	500,000	400,000	250,000	0	2,200,000
現在価値	285,720	317,450	345,520	411,350	313,400	186,550	0	1,859,990
NCF計	1,700,000	1,850,000	1,950,000	2,300,000	2,400,000	2,200,000	1,550,000	13,950,000
現在価値計	1,619,080	1,677,950	1,684,410	1,892,210	1,880,400	1,641,640	1,101,585	11,497,275

出所:著者作成

図表7-6　戦略代替案の比較事例

Base 戦略

顧客名	平均購入額	購入回数	売上高	累計売上	構成割合	累計割合	粗利益	Mコスト	利益	累計利益	%	ROS	KVI
A	1,000	5	5,000	5,000	20.2%	20.2%	1,500	300	1,200	1,200	27.0	24.0%	100
B	900	5	4,500	9,500	18.1%	38.3%	1,350	300	1,050	2,250	50.7	23.3%	100
C	800	5	4,000	13,500	16.1%	54.4%	1,200	300	900	3,150	70.9	22.5%	100
D	700	4	2,800	16,300	11.3%	65.7%	840	300	540	3,690	83.1	19.3%	100
E	600	4	2,400	18,700	9.7%	75.4%	720	300	420	4,110	92.6	17.5%	100
F	500	4	2,000	20,700	8.1%	83.5%	600	300	300	4,410	99.3	15.0%	100
G	500	3	1,500	22,200	6.0%	89.5%	450	300	150	4,560	102.7	10.0%	100
H	400	3	1,200	23,400	4.8%	94.4%	360	300	60	4,620	104.1	5.0%	100
I	400	2	800	24,200	3.2%	97.6%	240	300	− 60	4,560	102.7	− 7.5%	100
J	300	2	600	24,800	2.4%	100.0%	180	300	− 120	4,440	100.0	− 20.0%	100
平均												17.9%	100

戦略1

顧客名	平均購入額	購入回数	売上高	累計売上	構成割合	累計割合	粗利益	Mコスト	利益	累計利益	%	ROS	KVI
A	1,200	6	7,200	7,200	21.6%	21.6%	2,160	400	1,760	1,760	28.4	24.4%	120
B	1,100	5	5,500	12,700	16.5%	38.1%	1,650	400	1,250	3,010	48.6	22.7%	110
C	1,000	5	5,000	17,700	15.0%	53.2%	1,500	400	1,100	4,110	66.4	22.0%	110
D	900	5	4,500	22,200	13.5%	66.7%	1350	400	950	5,060	81.7	21.1%	100
E	800	4	3,200	25,400	9.6%	76.3%	960	400	560	5,620	90.8	17.5%	100
F	700	4	2,800	28,200	8.4%	84.7%	840	400	440	6,060	97.9	15.7%	100
G	600	3	1,800	30,000	5.4%	90.1%	540	400	140	6,200	100.2	7.8%	100
H	500	3	1,500	31,500	4.5%	94.6%	450	400	50	6,250	101.0	3.3%	100
K	400	3	1,200	32,700	3.6%	98.2%	360	400	− 60	6,310	101.9	5.0%	100
L	300	2	600	33,300	1.8%	100.0%	180	300	− 120	6,190	100.0	− 20.0%	100
平均												18.6%	104
増減				8,500						1,750		0.7%	4

戦略2

顧客名	平均購入額	購入回数	売上高	累計売上	構成割合	累計割合	粗利益	Mコスト	利益	累計利益	%	ROS	KVI
A	1,000	6	6,000	6,000	19.3%	19.3%	1,800	350	1,450	1,450	24.9	24.2%	120
B	900	6	5,400	11,400	17.4%	36.7%	1,620	350	1,270	2,720	46.7	23.5%	120
C	800	6	4,800	16,200	15.4%	52.1%	1,440	350	1,090	3,810	65.4	22.7%	120
D	700	5	3,500	19,700	11.3%	63.3%	1,050	350	700	4,510	77.4	20.0%	110
E	600	5	3,000	22,700	9.6%	73.0%	900	350	550	5,060	86.8	18.3%	110
F	600	4	2,400	25,100	7.7%	80.7%	720	350	370	5,430	93.1	15.4%	110
G	500	4	2,000	27,100	6.4%	87.1%	600	350	250	5,680	97.4	12.5%	105
H	400	4	1,600	28,700	5.1%	92.3%	480	350	130	5,810	99.7	8.1%	105
K	400	3	1,200	29,900	3.9%	96.1%	360	350	10	5,820	99.8	0.8%	100
M	400	3	1,200	31,100	3.9%	100.0%	360	350	10	5,830	100.0	0.8%	100
平均												18.7%	110
増減				6,300						1,390		0.8%	10

出所：著者作成

2. 顧客価値創造のプロセス

　顧客価値創造プロセスを検討するには，次の二つのルートを区別して考察する必要がある［恩蔵監訳（2004）171-173頁］。
　① 会計主導合理化戦略
　会計主導の合理化で，長期戦略としては課題もあるが，コスト削減，投資削減，価格引き下げなどに注力する。
　② 市場主導成長戦略
　市場主導の成長であり，成果を上げるには時間がかかるが，既存顧客のロイヤルティを強化，新製品販売，新規顧客開拓，新たな流通チャネル，海外市場，新たな業界への参入を通じて新規事業の開発などに注力する。
　会計主導合理化戦略は短期的には魅力的だが，それだけでは株式市場からは必ずしも十分な評価は得られない傾向がある。
　顧客価値を価格と価値（質）とに分けて整理し，経営戦略と関連させると，価格削減戦略と価値創造戦略に大別される。すなわち，価格を下げ，価値を増やすことになる。どちらかをより重視するか，両方を攻めることも考えられる。
　次に，成長機会の進化を9段階で概念化する成長ラダー（the growth ladder）を示す［恩蔵監訳（2004）175-214頁］。
　① 顧客維持率の向上
　② 顧客シェアの増大
　③ 新規顧客の獲得
　④ 新しい製品やサービスの開発
　⑤ 新規市場への参入
　⑥ 新しい流通チャネルの構築
　⑦ 国際的成長
　⑧ 買収と提携
　⑨ 現在の業界を超えた成長

図表 7-7　顧客価値創造戦略の分類

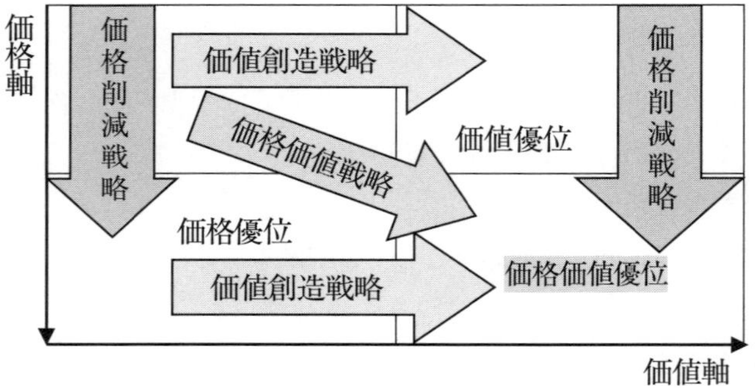
価格軸
価格削減戦略
価値創造戦略
価格価値戦略
価値優位
価格削減戦略
価格優位
価値創造戦略
価格価値優位
価値軸

出所：著者作成

核となる顧客基盤の強化から始め，成長により大きな機会の利用に移っていく。顧客価値創造方法は，ある意味で無限に考えられる。各企業にもっとも適した方法を探究することが，より望ましい。コストを配慮しながら，より多くの顧客価値を創造する方法を仮説・検証することになる。ステークホルダーの視点から，会計との関係を踏まえて顧客価値創造を考えると顧客価値創造会計へと繋がる。

顧客価値創造の実行を動機づけるために，顧客価値創造を評価できる主要な顧客価値創造指標を抽出し体系化する必要がある。特に，無形の知的資産を創造させながら，その関連する指標のモニタリングを徹底し，継続的に顧客との信頼関係を構築しながら，知的な能力を開発し，製品・サービスを革新して，長期的・総合的な視点から新たな顧客価値を創造していくのである。

顧客価値創造会計はビジョン，戦略，戦略目標，VD として横展開できる。顧客価値創造プロセスを明確化し，その価値創造を促進するもっとも重要な要因である KVD，さらにより具体的な管理可能な指標である KVI を確定していくことが重要課題である。各指標は，基本的に各社の状況により選択されるが，その定義と算出方法の妥当性をも確認しておくことが必要である。顧客との関係を連鎖する KVD・KVI の抽出，その具体化に向けての研究は今後の課題で

もある。

そのためには，次の点を明確にしていかなければならない。

① 顧客情報の収集・理解・活用

（会員）顧客情報としては顧客属性（氏名，住所，生年月日，家族構成，メールアドレス），来店日，来店頻度，購買履歴等が考えられる。

購入累計金額－特典提供

個人情報の取扱い・保護については慎重に対処する必要がある。

② 顧客行動

鮮度，品質，価格，品揃え，接客，顧客知識，顧客獲得数，顧客維持率，顧客在庫を通して顧客の行動を明らかにする。

③ 顧客価値の要因

購入額，購買頻度，粗利益，購買行動，顧客関係度の検討を通して顧客価値の要因を明らかにする。顧客関係度としては，信頼関係（Relationship of Trust），喜び（Customer Delight）が特に重要視される。

顧客価値決定要因としては，次のポイントを押さえる。

　1　顧客はだれか（顧客セグメント）

　2　何を欲しているのか（バリュー・プロポジション）

　3　どのように提案するのか（プライシングとコミュニケーション）

顧客への価値提供の仕組みを構築し，顧客価値創造要因（サービス水準，品質，特徴，形状，機能，パフォーマンス，信頼性，価値，価格）を確定する。

顧客知の活用・協創を意識しながら，顧客の活動フローから価値創造を考えることも重要である。購入した製品やサービスを使い，用事・問題を解決するプロセスから評価・検討する。

顧客価値創造力を次のように分類整理できる。

1　顧客情報収集力　2　企業情報開示力　3　企業顧客関係力

④ 顧客収益性，M（マーケティング）コストの再配分

売上，利益，利益率等の検討をする。

⑤ 顧客価値創造戦略

図表 7-8　顧客との関係プロセス

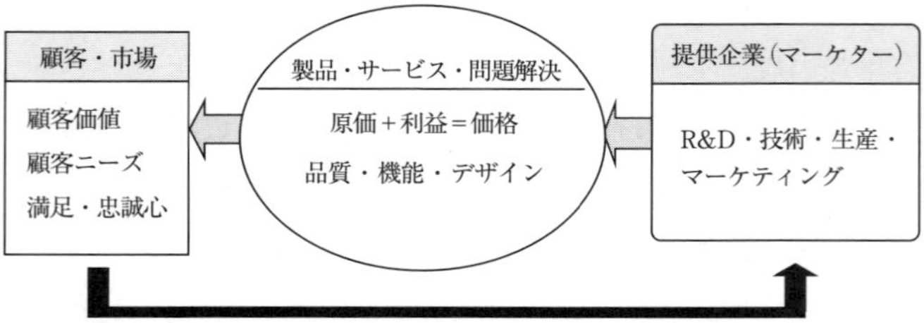

顧客・市場	製品・サービス・問題解決	提供企業（マーケター）
顧客価値 顧客ニーズ 満足・忠誠心	原価＋利益＝価格 品質・機能・デザイン	R&D・技術・生産・ マーケティング

出所：著者作成

　KVD・KVI 等を用いて，Plan（計画），Do（実行），Check（評価・分析），Action（修正・是正）と循環させ，目標を達成する。

　顧客価値創造戦略は次のように3つに整理・区分することもできる。

顧客価値創造戦略

　＝顧客価値維持戦略＋顧客価値育成戦略＋新規顧客価値創造戦略

1　顧客価値維持戦略（顧客離脱率）
2　顧客価値育成戦略（付加価値増大額）
3　新規顧客価値創造戦略（新規顧客獲得数）

　顧客価値創造の研究開発は特に注目される。開発した技術をどのように活用するかから，顧客ニーズを把握し，顧客価値を創造する研究開発を強める。現地ニーズを徹底的に研究した製品開発がより必要となる。次世代を開く製品やサービスは，顧客の声を聞くだけでは生まれてこない。顧客ニーズの一歩先，二歩先を創造する感度も求められ，技術をどの方向に育てていくのかの経営判断が重要である。

　顧客価値は，企業側だけでは創造できない。顧客と共に創造することを知れば，顧客側にどこまでも向いて対応しなければならない。顧客のためにどこまで考え，関係を強化し，問題解決（solution）を提案するのかにより顧客価値の創造が可能となる。

　Porter & Kramer［2011］の共有価値（shared value）の創造において，共同で価値を創造し，同時に実現する方法を論述している。同様な考え方に基づき，

Bertini & Gourville［2012］の共有価値のプライシングにおいても，顧客を価値創出のパートナーと位置づける。顧客とのコラボレーションを通じて顧客との絆を深めると同時に，顧客が求める価値をより的確に理解し，どうしたらこれに応えられるかを学ぶことができる。その結果，価値のパイは大きくなり，企業と顧客の双方が同様に得をすることになる。先を見越したプライシングをすることを論述している。

冨士ゼロックスは，企業コミュニケーションの変革を体験していく中で新たなビジネスモデルを提示する新拠点であるお客様価値創造センターを開設した［http://www.fujixerox.co.jp/solution/cvi center/］。

図7-9には，顧客価値創造連鎖の概念図を例示する。

図表7-9　顧客価値創造連鎖

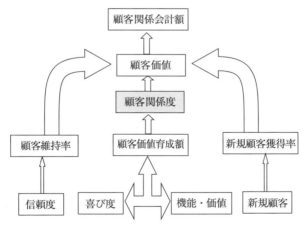

出所：著者作成

図表7-10　顧客価値創造プロセス

出所：著者作成

3. 顧客価値創造会計の分析

1　顧客価値創造の比較分析

　企業価値創造会計の視点から，過去の実績を比較・分析する。主として会計的企業価値創造と市場的企業価値創造の分析である。会計的企業価値創造の視点からは，当期純損益，フリーキャッシュフローを抽出した。市場的企業価値創造の視点からは，統一的に各年度の3月末日の株価から計算した株式時価総額の年間増減額を算出している。19年間の平均当期純損益と平均FCFの平均値と平均株式時価総額増減額の単純平均値を算定してみた。

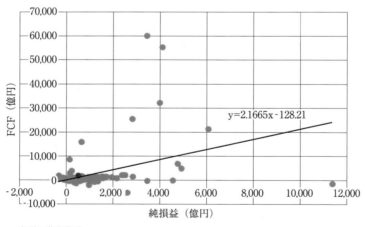

図表7-11　純利益とFCFの関連

出所：著者作成

　景気の影響を受け，厳しい国際競争を繰り拡げて，それでも各社の対応に応じて，企業価値・顧客価値創造の状況はかなり相違している。

　最初に顧客価値概念の使用状況を明確にする。500社のうち21社（4%）でしか顧客価値概念を使用していない。残りの479社では，公表されている情報

等からは，顧客価値という用語を発見できなかった。これによりほとんどの企業において，顧客価値概念が用いられていないことは確認できた。

顧客価値概念をどの箇所で使用しているかを調査整理すると，CSR（37％），目標（25％），方針（20％），計画（18％）で用いられ，かなり分散していることが判明した。

多くの企業では，顧客価値概念をそれほど用いる必要性がないのか，開示したくないのかもしれない。DCF等のファイナンスにおける一般的な定義で使用しているから，あえて定義していないのかもしれない。誤解や混乱を避けるためには明確に定義し，わかりやすく説明する必要がある。

顧客価値創造の結果ともっとも関係するであろう会計指標として，営業利益と売上高営業利益率を取り上げる。500社のうち，金融・証券等営業利益を算定・開示していない企業（50社）を除いて，450社について原則として19年間の平均値を算定した。営業利益でも，日本基準とIFRSではその範囲は相違している。営業利益と時価総額増額額との間には相関は認められないが，営業利益が多額で時価総額を増加させている企業，逆に営業利益が多額であるが時価総額を増加できない企業もある（図7-15参照）。営業利益と営業利益率は，全たく相互に関連していない（図7-16参照）。しかも，営業利益率は非常にばらついている（図7-17参照）。顧客価値創造の結果として，会計指標としての営業利益と売上高営業利益率は，長期的には影響を受けるであろう。顧客価値が創造されれば，長期的には営業利益も売上高営業利益率も増加するであろう。そして時価総額も増加するであろうが，単純に営業利益と売上高営業利益率から顧客価値創造の状況は判断できない。

顧客が望む価値を確実に提供し続け，顧客との関係をより強固な長期的なものにすることで，顧客満足を獲得し，企業は成長を持続できる。顧客の価値を創出するためには，顧客の立場になって考え，顧客一人一人の声に耳を傾けることから始める必要がある。顧客のニーズ・期待を把握・予測して知り，新たなニーズを掘り起こし，そして提案し，顧客の期待を超える。顧客の期待を超えることで顧客価値が創造される。

各ステークホルダーの価値を同時に創造し，顧客価値，株主価値，人的価値，そして社会価値の創造が同時に達成されて，初めて長期持続的な成長の循環が実現する。お客にとっての本当に価値のある製品・サービスを提供していかねばならない。

顧客価値概念の使用状況を理解するため，顧客価値概念を整理し，企業固有の使い方をしている事例を参考までに紹介しよう。

顧客にワクワク，ドキドキ感を与える。ソニーでは感動価値と呼んでいる。感動価値は2段階の構造で，下層の価値が満たされると，上層の価値に移行する。下層の価値が本質価値で，本質価値が満たされると，次に上層の表層価値へと移行する。本質価値は満たされないと，不満となるが，表層価値はなくとも不満を持つことはないが，あればあるだけ顧客の効用は高まる。表層価値をいかに満たすかに戦略的重点を置いている。顧客の感動価値を最大化することが，すなわち顧客の生涯価値を最大化することにつながるのである［http://www.happycampus.co.jp］。

図表 7-12　顧客価値の使用状況

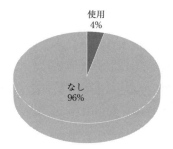

出所：著者作成

図表 7-13　顧客価値の使用箇所

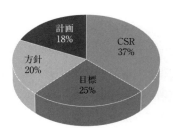

出所：著者作成

第 7 章 顧客価値創造会計 149

図表 7-14 顧客価値の使用状況（アンケート調査）

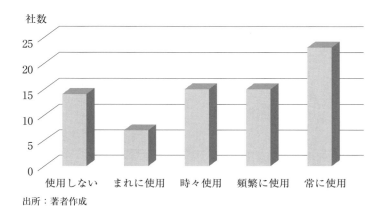

出所：著者作成

図表 7-15 営業利益と時価増減額の関連（億円）

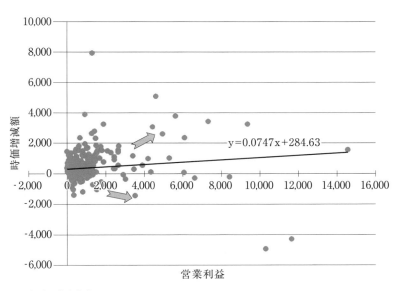

出所：著者作成

図表 7-16　営業利益と営業利益率の関連

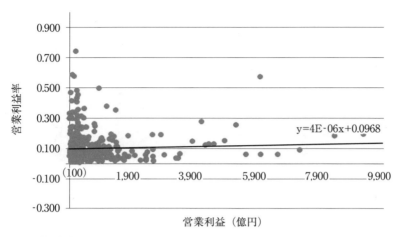

出所：著者作成

図表 7-17　営業利益率の分布

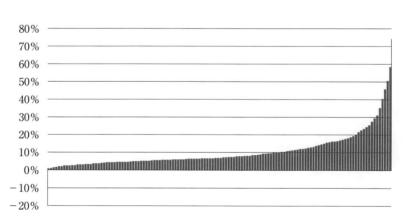

出所：著者作成

第7章 顧客価値創造会計　151

図表7-18　売上・営業利益（億円）・率推移

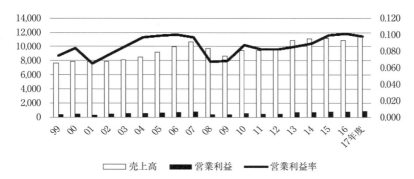

出所：著者作成

　シミズは2005年から全社一丸となって，LCV（Life Cycle Valuation：ライフサイクル・バリュエーション）を推進し，お客様の期待を超える価値の提供を目指している。LCVとは，建設プロジェクトの事業構想，企画提案から設計・エンジニアリング，建設，運営管理に至るライフサイクルすべてのプロセスにおいて，お客様が期待される価値を，数値化・可視化して具体的に評価できるようにし，お客様にとってのトータル価値を最大化していくために，技術や知恵を結集して，シミズならではのサービスを提供する活動である（長期ビジョン「Smart Vision 2010」）。どのプロセスでも最高の能力，一流の仕事を提供することを目指している。お客様が期待される価値を見えるように分かり易く数値化して，お客様に納得して頂いた設計と施工でそれを創りこみ，竣工後には運営を検証する。そしてその実績をフィードバックしてお客様に満足して頂こうとするものである。

　JTでは，経営理念に「お客様を中心として，株主，従業員，社会の4者に対する責任を高い次元でバランスよく果たし，4者に対する満足度を高めていく」と，4Sモデルを通じ，中長期の持続的な利益成長を実現する。お客様に新たな価値・満足を継続的に提供する。中長期的視点から，将来の利益成長に向けた事業投資を実行する。4Sモデルの追求が，中長期に亘る企業価値の継

続的な向上につながり，株主を含む4者のステークホルダーにとっての共通利益となるベストなアプローチであると確信している」[「JT-11」の成果及び経営計画2012]。4者のステークホルダーの中心にお客様を置き，お客様と3者のステークホルダーの関係をバランスさせ，4者のステークホルダーの満足度を高め，企業価値の継続的な向上を図る経営を追求している。中長期の持続的な利益成長につながる事業投資を最優先，加えて，競争力ある株主還元を追求している。

　ブラザーグループは，お客様から始まる"価値"のチェーンを展開している。より多くのお客様に対して，提供する価値を増大させることで成長する。価値提供から得られる成果を，さらなる顧客価値創造能力の向上，従業員への報酬と人材育成，ビジネスパートナーとの関係強化，株主への還元，地域社会への貢献，地球環境への配慮，さらなるお客，従業員，株主の獲得とその維持に活かす。

　ブラザーグループは，この循環によって企業価値を長期的に高め，従業員にとって誇りの持てる企業となり，未来永劫に繁栄し続ける。

　ブラザーグループは，「お客様の声」を，企画・開発・設計・製造・販売・サービスなどすべての事業活動の原点と考えている。お客様のご要望やご期待を第一に考えて，新しい価値を生み出し，お届けするために，独自のマネジメントシステム「ブラザー・バリュー・チェーン・マネジメント（BVCM）」を構築・実践している。BVCMでは，お客様の元へより優れた価値をお届けするまでの過程を，「デマンドチェーン」「コンカレントチェーン」「サプライチェーン」の三つのチェーンでつないでいる。常にお客様を中心に考え，ブラザーグループが目指す"At your side"の考え方でこの一連の流れを常に進化させながら，より優れた製品・サービスをお届けしている [http://brother.co.jp/bccm/customer/index.htm]。

2　顧客価値創造戦略の分析

　顧客価値の創造戦略を整理しながら，最初に顧客視点単独の顧客価値創造戦

略の考え方を整理・検討する。

　顧客に対してどのような価値を提供するのか，その価値を顧客が理解し，共感するのか。顧客は何を欲しているのか。顧客は何を期待し，どんなニーズを持っているのか，企業が顧客のために何をどうすればよいのか。顧客に関する知識，顧客ニーズを満たす製品・サービスを提供するメカニズムを構築する。顧客との複合的な関係構築，顧客基盤の拡大，顧客との接触が重要となる。

　Customer Lifecycle（顧客の消費サイクル），ITの積極活用によって顧客価値関連活動を可視化し，個への洞察力を高めることによって，より経済的・効果的なマーケティングを行うことが必要となる。

　顧客価値創造戦略においては，顧客価値（お客が価値あると認める価値）の測定が特に問題となり，売上高，マーケット・シェア（市場占有率），売上高営業利益率，営業CF，クレーム数，リコール件数・金額，法令違反数・罰金，顧客満足度，顧客ロイヤルティ指数等が重要な顧客価値創造の関連指標となる。期待の品質，サービスか，期待の価格か，業務対応は良いか，良好なコミュニケーションがとれるか等が問題となる。正味の顧客価値は，製品・サービスの効用から期待する品質に対する対価を差引いて求められる。満足・不満度とは，事前の期待から事後の成果の差引として評価される。顧客自身の価値創造，知識創造に貢献する製品・サービス提供も考えられる。これらから，顧客価値を創造するKVD・KVIを選定していくことになる。そのためには，次の2点はより注目しなければならない。

　①　顧客を知ること
　顧客の認知，顧客情報（データ）の収集，分析，理解する。
　個々の顧客（個客）ごとの購入基準，購買行動，購入額，利益，
　顧客が真に求めている価値，テクノロジーの活用を考察する。
　②　顧客との関係性を強化
　優良顧客の認知，客維持率に注目する。
　さらに，各ステークホルダー間の連鎖を考慮した戦略を次のように整理する。複数の視点からの連鎖を重視する企業価値創造戦略を考える。顧客と他のス

テークホルダー間の価値創造戦略について検討する。人的価値創造から顧客価値創造へと連鎖させる。しかし，最終目的との関連を考慮しながら，両者の関連性を連鎖させなければならない。

顧客により積極的に応えながら，会計業績を上げ，株主還元を増やし，株価を上昇させれば，顧客価値と株主価値を同時に創造することになる。経営本来の中心的業務プロセスそのものである。

顧客価値を創造しながら，より積極的な社会・環境価値を創造するモノやサービスづくりにより，顧客価値と社会・環境価値を連鎖させる。

各ステークホルダー間の連鎖をさらに拡大すれば，3者間の企業価値創造にも展開可能であろう。経営者と社員，顧客，そして株主間の連携を強化することにより，人的・顧客・株主価値を同時に創造する戦略展開となる。経営者と社員，顧客，そして社会との関係性を強化することにより，人的・顧客・社会価値を同時に創造する戦略展開も考えられる。

理想的には，すべてのステークホルダー間の連鎖が可能であれば，人的・顧客・株主・社会価値を同時に創造できる戦略を追求していくべきである。究極的にはステークホルダー間のバランスを取りながら，すべてのステークホルダーの価値創造の共有が，より企業価値の創造を可能になると各ステークホルダーに理解を求める。たとえば，トップクラスのCSRを実現することにより，ブランド価値を向上させ，顧客価値を創造し，社員の動議付けになり，究極的には財務成果に連鎖させることが考えられる。

富士重工業では，「新三つの尺度」を経営判断のベースとしている。「お客さまのためになるか」「グループの発展に役立つか」「従業員の成長に役立つか」の3つの判断尺度である。顧客・企業（株主）・人的価値の創造につながるかを判断の尺度として明確にしている[富士重工業株式会社2010CSRレポート，20頁]。

日本マクドナルドでは，ESスコアの向上により離職率が低下し，QSCスコアの向上，客数の増加，そして既存店売上高の増加に連鎖させた[『日経ビジネス』(2011.7.11) 42-45頁]。

日本電産の永守は，財務価値から人的価値，顧客価値，そして社会価値への

連鎖を主張している［『日経ビジネス』（2012.1.9）76-79頁］。

3　顧客価値創造主要ドライバー

　日本トップ企業の顧客価値を創造する要因を調査・整理した。原則として各社のもっとも顧客価値創造に貢献した主要ドライバーに0.3点，次の顧客価値創造主要ドライバーに0.2点，そして残りの0.5点をその他の顧客価値創造主要ドライバーに評価・配分した。500社の配分結果を集計し，類似主要ドライバーは整理統合した。各企業の**顧客価値創造主要ドライバー**を大分類として再区分・整理した。個別主要ドライバーでは，顧客価値の創造要因としては満足度（29%），顧客視点（16%），品質（9%），声（6%），ニーズ（5%），問題解決（3%），サービス（1%），不明（31%）と推定した。

　各社がそれぞれ最適なKVD・KVIを選定しながら顧客価値の創造を模索している現状が垣間見られた。これまでの要約として顧客価値創造図を図表7-21に例示する。

図表7-19　顧客価値KVD　　　**図表7-20　価値創造方法（アンケート調査）**

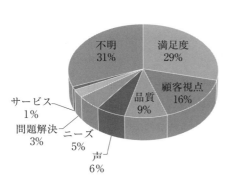
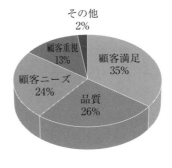

出所：著者作成　　　　　　　　　　　出所：著者作成

図表 7-21　顧客価値創造図

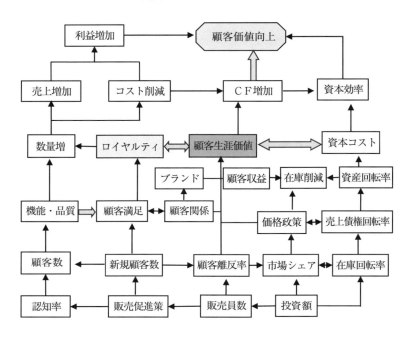

出所：著者作成

4　顧客価値創造会計の要約

これまでの検討・考察事項を要約整理しておこう。

① 顧客価値概念・顧客価値創造プロセスはほとんどの企業で説明・開示していない。

② 顧客価値創造状況を会計的指標と関連させると両者の区分は難しくなる。

③ 顧客価値を創造させるには，顧客との関係構築が重要であり，できるかぎり顧客の立場から考える必要がある。

④ ほとんどの企業は，顧客価値関連主要ドライバー・指標についても同様に説明・開示していない。各企業の具体的な顧客価値関連主要ドライ

バー・指標　は不明である。
⑤　顧客価値関連主要ドライバーとしては，満足度（29％），顧客視点（16％），品質（9％），声（6％），ニーズ（5％），問題解決（3％），サービス（1％），不明（31％）と推定した。

　公開されている過去の財務データ等に基づいて，顧客価値創造会計の分析を試みてきたが，残念ながらほとんど分析できない状況にある。これでは，企業価値創造プロセスをマルチステークホルダーに理解させることはとても不可能である。統合報告の新動向にも注目しながら，企業価値創造プロセスへの関与をより強めてもらいたい。顧客価値関連主要ドライバー・指標をより具体的に模索・検証していきながら，より顧客価値の創造が可能となることを期待したい。

第8章

人的価値創造会計

1. 人的価値創造会計の本質

1 人的価値創造会計の意義

　本章は人的価値を創造するために，主として会計的支援を探求しながら，事例として日本のトップ企業に焦点を当てて検討する。株式時価総額上位500社を調査して，人的価値概念の使用状況を把握し，企業目的・目標，戦略，計画そして業績等との関連性を考察する。すべての企業において，人的資源をかなり重要視し，人的資源を創造・向上することを意識した経営を遂行していることは500社調査で確認できた。しかし，人的価値概念および人的価値創造・向上方法に関しては，ほとんど触れられていない。このためにか，形式的かつ表面的な人的価値関連の測定は可能であるが，企業価値と関連させる具体的な測定・比較はかなり難しい。本章では，人的価値概念の整理を確認しながら，人的価値を創造・向上するための重要な主要ドライバーの抽出に関しても注目し，これからの人的価値創造方法の構築を目指したい。

　アベノミクスの新成長戦略として，2015年に，一億総活躍社会に向けて，企業価値増大のための統治改革を議論しながら，人的効率を改善する方策を検討している。政府は2016年6月2日に閣議決定した「ニッポン一億総活躍プラン」で，正社員と非正規労働者の「同一労働同一賃金」，長時間労働の是正，高齢者の就労促進などを打ち出した。政府は「日本再興戦略」において，女性の役員・管理職への登用「2020年30%」の政府目標を掲げた。2016年4月1日より新たに「女性活躍推進法」が施行されたことにより，その行動計画を策定し，今まで以上に多くの女性社員に活躍してもらい，今後もより一層女性社

員が活躍できるよう，行動計画に沿って順次施策を実施し，取り組みが進むと期待されている。

1990年代から変革期に入った日本の雇用システムに，根本的な変化が現れるまでに一世紀の時間がかかるであろうが，確実に変化が促進されている。働き方を根底から見直し，より豊かな人生をどのように送るのかを，個人だけでなく企業もより考え始めている。

統合報告書作成企業も増加傾向を続けている。企業価値をどのように理解し，どのように創造していくのかを官民を挙げてグローバルに進展しつつある。統合報告書においても，人的側面は重要であり，注目される。

人的価値を創造するには，より戦略的に企業経営を展開していくことが望まれる。そのためには，どのように人的価値を創造するのかの目標・プロセスが極めて重要となる。この検証には，測定可能な人的価値関連指標は欠かせない。指標化するには会計的指標との結び付きの考察も必要不可欠である。しかし，多くの会計的指標は結果指標であるので，その先行指標である人的価値関連指標との関連分析にも注目しなければならない。同時に全社的な測定・指標化も進めなければならない。個別的なより具体的な指標を組み合わせて統合指標化し，より積極的にステークホルダーに情報を開示し，コミュニケーションを図っていくことも重要となる。どのように人的価値創造の好循環の仕組みを構築していくのか。多くの企業で展開され，社会全体で好循環をもたらし，個別企業だけでなく，社会全体の人的価値創造にも貢献できれば幸いである。

これまで主として会計的に企業価値を創造するための企業価値創造会計を提案し，事例研究を積み重ねてきた。株式時価総額トップ企業として500社を整理してきた中で人的価値を創造している企業は多いが，人的価値が企業価値に連鎖していない企業もあり，その要因を考察しながら，どのように人的価値を創造すべきかについて今後の研究方向を総括的に展望する。

2　人的価値概念の意義

人的価値（Human Value）概念は，厳密に定義すれば，企業が将来にわたっ

て生み出す付加価値（CF）の割引現在価値の人的貢献部分と定義できる。しかし，このようなファイナンス的な定義に，必ずしも統一されていない日本企業の実状を500社調査において指摘したい。人的価値概念はまだ一般化しておらず，使用する場合でも各種多様な類似概念が使用されている。しかもほとんどの企業においては，明確に定義していない。人的価値概念の混乱を避けるためには，各企業の独自の定義を明確にして使用することが望ましい。

　これまで企業価値を3つの視点で体系的に整理することを提案してきた。すなわち，本質的企業価値，会計的企業価値，そして市場的企業価値である。企業価値をステークホルダーの視点から考えれば，ステークホルダーの信頼・満足・期待を目指すことになる。そこで，企業価値概念とステークホルダー価値概念の関係が極めて重要となる。

　企業価値概念を直接的に定義しようとするアプローチがある。それに対して，ステークホルダー価値概念に基づくアプローチは，企業価値をその構成要素である各ステークホルダー価値の総和として，各構成要素の価値を加算して求める。ステークホルダーとの関係から企業価値を考えようとするから，ステークホルダーによる信頼が基本となる。基本的には人的価値を創造し，顧客価値の創造に繋げる。顧客価値が創造できれば，通常は利益・CFも増えていくであろう。利益・CFが増加すれば株価が上がり，株主価値が創造されよう。株主価値が創造できれば，社会・環境価値を創造できる可能性が高まる。そして社会・環境価値が創造できれば，人的価値等の創造に繋がる。これらが繰り返され，スパイラルアップに企業価値を継続的にダイナミックに創造していく仕組みが望まれる。近江商人の三方よしを拡張して，四方よしを目指すことになる。人（社員）によし，客によし，株主によし，社会環境によしである。主要ステークホルダーの信頼・満足・期待を相互に高めながら，総和としての企業価値をより創造する戦略展開が課題となる。

　ステークホルダーとの関係から企業価値を考えることが注目され，これにより企業価値がより創造可能になると思われる。日本企業の調査結果から，ステークホルダーを重視する傾向は確認された。企業価値概念の多様な使用状況を理

解するために，企業価値概念を整理してきた。そして，企業価値をステークホルダーの視点から分解して，考察する可能性を検討している。

人的価値も次の区分方法で整理できる。
① 　将来CFの割引現在価値に基づく人的価値概念
② 　ステークホルダーの視点からの人的価値概念
③ 　CSR（Corporate Social Responsibility）の視点からの人的価値概念
④ 　採用・人的資源管理に関連する人的価値概念

ほとんどの企業においては，人的価値概念が用いられていない。これから，各社の考え方を反映した人的価値概念が用いられる可能性に期待している。

人的価値概念は，会計的人的価値に限定する段階から，会計的人的価値に市場的人的価値を包含する段階，そして会計的人的価値と市場的人的価値だけでなく本質的人的価値をも包含する段階に分けられる。本質的人的価値をも包含する段階では，ステークホルダーの視点からとCSRの視点からアプローチしている企業に整理できる。本質的人的価値を創造することにより，会計的人的価値の創造に繋げられる可能性があり，会計的人的価値が創造できれば，市場的人的価値の創造に連鎖する可能性が増すプロセスに注目している。

3　人的価値概念の使用状況

日本トップ500社のうち15社（3%）でしか，人的価値概念が使用されていないことが確認できた。残りの485社は，公表している情報等からは，人的価値という用語を発見できなかった。わずかではあるが，人的価値概念を用いている企業も確かに確認できた。

人的価値の使用は稀で，社員価値，仕事価値，労働価値，人的管理，人的資源，人的資本，人財，人等の用語が使われている。人的価値概念を使用している企業15社のうち，3社（20%）は定義しており，残りの12社（80%）は前後の内容・文脈から，定義はある程度推定可能である。使用箇所は，CSR，採用などの箇所である。多くの企業では，一般的に人材について触れられているが，人的価値という用語は一般的ではない。採用企業では，企業固有の人的価値を

第 8 章　人的価値創造会計　163

図表 8-1　人的価値の使用状況　　図表 8-2　人的価値の定義状況

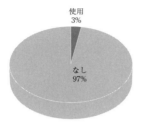
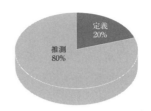

図表 8-3　人的価値の使用状況（アンケート調査）

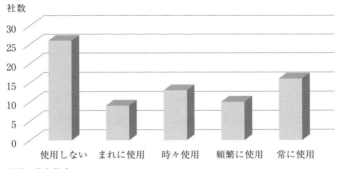

出所：著者作成

定義しながら用いているか，推測可能な形で使用している。誤解や混乱を避けるためには明確に定義し，わかりやすく説明する必要がある。今後，人の問題を価値的側面から使用・表現することが期待される。

4　人的価値創造の意義

人的価値創造とは，人的価値を将来創造できるかどうかが問題になる。そこで，「創造」は新しく生み出すことを意味している。人的価値創造とは，フローとしての期間変動額として捉えることになる。

　（未来の）人的価値創造＝未来時点の人的価値 − 現在時点の人的価値

人的価値そのものを探求するよりも，人的価値創造主要要因（KVD）に焦点を当て，その要因を分解し，展開することがより現実的であろう。フロー面から人的価値創造額を考えると，会計的人的価値創造額，市場的人的価値創造額そして本質的人的価値創造額に分けられる。会計的人的価値創造額としては，利益，CF（営業CF，FCF），売上高，付加価値，EVA等により算定される。市場的人的価値創造額としては，株式時価総額増減額等から算定される。本質的人的価値創造額としては，測定が特に問題とされる。しかし，現在のところ，客観的な測定方法は必ずしも開発されていない。むしろ，これからこれらへの挑戦が増していくであろうと期待している。

「人的価値創造」も「人的価値」同様に，概念的には必ずしも一般化していない。人的価値向上，人的価値最大化等の表現が多種多様に用いられ，その内容も定かでない。明確に定義して用いるべきである。

統合報告（Integrated Reporting）における企業価値創造プロセスの考え方は，参考になろう。一般的な経営活動は，製造業では研究開発，調達購買，製造・生産，物流流通，マーケティング・販売，サービスというバリューチェーン（value chain）プロセスの流れである。このような一貫したプロセスにおいて価値を創造している。試案では，期首に人的資源・人的価値を投入し，経営理念，戦略計画予算に基づきビジネスモデルを構築し，経営活動が行われる。その結果と

図表8-4　人的価値創造プロセス試案

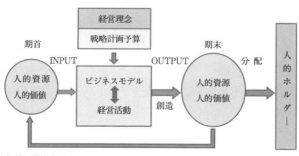

出所：著者作成

して，人的価値が創造され，期末の人的資源・人的価値となる。それを人材に分配し，残りが期首の人的資源・人的価値として再投入を繰り返す。これらを参考に，各社が自社の人的価値創造サイクルを描けるように構想するのである。

5 人的価値創造会計

　企業目的・目標として，「人的価値の創造」を置けば，人的価値創造の方策が戦略となる。したがって，人的価値創造に基づいて戦略の評価をすることが可能となる。まさにこれからは，人的価値創造の競争でもある。**人的価値創造会計**（Human Value Creation Accounting）とは，人的価値創造を支援する会計の総称である。言い換えれば，人的価値の向上を通して，顧客価値を向上させ，究極的には株主価値を向上させ，さらに社会や環境の価値を向上させる好循環の仕組みを創造することを支援する，主として会計的なアプローチである。人的価値創造方法は，無限に考えられる。各企業にもっとも適した方法を探究することが，より望ましい。コストを配慮しながら，より多くの人的価値を創造する方法を仮説・検証することになる。ステークホルダーの視点から，企業価値創造を考えると，主要ステークホルダーとして，人，顧客，株主そして社会・環境とすれば，企業価値創造会計は，人的価値創造会計，顧客価値創造会計，株主価値創造会計そして社会・環境価値創造会計と体系化可能である。

　人的価値創造会計はビジョン，戦略，戦略目標，VDとして横展開できる。人的価値創造プロセスを明確化し，その価値創造を促進するもっとも重要な要因であるKVD，さらにより具体的な測定可能な指標であるKVIを確定していくことが，重要課題である。各指標は，基本的に各社の状況により選択されるが，その定義と算出方法の妥当性をも確認しておくことが必要である。ステークホルダーの視点から企業価値創造を考えると，人的KVI，顧客KVI，株主KVI，そして社会・環境KVIに分けて指標化を試みることも有益である。さらにステークホルダーごとの関係を連鎖するKVIの抽出，その具体化に向けての研究は今後の課題である。

2. 人的価値創造会計の分析

1　人的価値創造戦略による分析

　ステークホルダーの視点から企業価値の創造戦略を類型化すれば，ステークホルダーとして，人，顧客，株主，社会・環境とに分類すれば，各ステークホルダーの価値をそれぞれ単独に創造する戦略が最初に考えられる。次に各ステークホルダー間の価値を連鎖させて，より相乗的に各ステークホルダーの価値を創造する戦略である。

　日本型人的管理は，伝統的に年功制，終身雇用，企業組合を特徴としてきたが，徐々に変化してきている。成果給を一部取り入れ，転職率も増加し，組合加入率は減少しつつある。柔軟な働き方ができるように，多様な人的管理を構築していかなければならない状況にある。少子・高齢化の影響は，有能な人材獲得維持をより困難にしつつある。政府の第3次男女共同参画基本計画において，2020年までに指導的地位に占める女性の割合を30％程度にする目標に向けて推進している。

　日本経済新聞社「人を活かす会社」調査2016［日本経済新聞2016.10.3，日経産業新聞2016.10.3］は，上場かつ連結従業員数1,000人以上の企業とそれに準じる有力企業1,260社が対象で，4つの評価軸すなわち雇用・キャリア，ダイバーシティ経営，育児・介護，職場環境・コミュニケーションで，企業編では59の調査項目を評価している。

　評価項目
　雇用・キャリア
　社員の勤続年数の長さ，退職者の少なさ，多様な勤務体系の有無，勤務エリア変更・エリア限定社員制度の有無，休業・再就職制度の有無，時間限定社員制度の有無，副業の容認，新卒採用人数の多さ，若手社員の定着率の高さ，非正規から正規雇用に転換できる制度，職種転換できる制度の有無，社会人大学（院）通学・留学支援制度の有無，社内公募制度の有無，FA制度の有無，海外

研修・国内他社出向制度の有無，キャリア開発のための制度や研修の有無，社員向け教育・研修費の多さ，被考課者に対する研修，人事考課の評価結果・目標達成度フィードバックの有無，人事考課の結果伝達・反論・修正機会の有無，人事考課の研修の有無，360度評価制度の有無

　ダイバーシティ経営

　女性社員の多さ，外国人社員の多さ，正規・非正規間の男女比差の小ささ，女性社員の勤務年数の長さ，外国人社員の勤続年数の長さ，女性の役員への登用，女性の管理職への登用，国籍を問わないキャリアパス，退職率の男女差の小ささ，女性新卒採用人数の多さ，国籍を問わない新卒採用の実施，女性活用を推進するための施策の充実，定年後の継続雇用を利用しやすい環境，継続雇用制度の報酬，定年前後の社員に役割や研修制度を用意，障害者の労働環境への配慮，世界共通の人事および人材管理制度，国籍を問わず多様な人材を活用する施策の有無，性的マイノリティへの配慮

　育児・介護

　育児休業の取得可能期間，育児休暇の取得可能期間，育児短時間勤務，残業免除制度の取得可能期間，男性にとって育児休業制度の利用しやすい環境，女性にとって育児休業制度の利用しやすい環境，男性にとって育児介護休暇を取得しやすい環境，女性にとって育児介護休暇を取得しやすい環境，残業免除制度を利用しやすい環境，保育所・託児所の有無，育児経費の援助，男性の育児参加の推進，介護休業の取得可能期間，介護短時間勤務，介護休業制度を利用しやすい環境，介護経費の援助，育児・介護休業取得者の代替人員の確保

　職場環境・コミュニケーション

　労働時間の適正さ，所定労働時間の短さ，労働時間削減・休暇取得奨励施策の有無，休暇の取りやすさ，コンプライアンス施策の有無，ハラスメント防止対策の有無，休職後の早期復帰を支援する施策の有無，メンタルヘルス不調者の少なさ，メンタルヘルス不調予防・復職支援策，従業員満足度調査の有無，経営トップによる経営ビジョンの共有，従業員同士の交流の場の設定，多様な人材活用の方針・実績を公開

図表 8-5　2016 年「人を活かす会社」総合ランキング

順位	前年	社　　名	総合得点
1	18	ジョンソン・エンド・ジョンソン G	460.17
2	5	イオン	454.60
3	1	SCSK	453.95
4	6	東京海上日動火災保険	451.31
5	13	花王グループ	450.24
6	9	ネスレ日本	447.30
7	12	損害保険ジャパン日本興亜	446.68
8	8	サントリー HD	440.13
9	7	アサヒビール	437.62
10	16	三井住友海上火災保険	437.52
11	2	TOTO	436.09
12	21	日立製作所	434.31
13	3	富士フイルム HD	433.43
14	4	セブン＆アイ・HD	427.92
15	100	伊藤忠商事	425.96
16	10	ダイキン工業	420.45
17	15	パソナグループ	419.33
18	19	凸版印刷	419.10
19	11	日立ソリューションズ	417.86
20	17	オムロン	411.14

雇用・キャリア

順位	前年	社　　名	総合得点
1	7	ネスレ日本	167.50
2	12	東京海上日動火災保険	159.35
3	63	伊藤忠商事	159.16
4	3	アサヒビール	157.85
5	2	SCSK	156.93
6	10	損害保険ジャパン日本興亜	156.09
7	8	凸版印刷	156.02
8	32	イオン	155.71
9	4	TOTO	155.69
10	9	三井住友海上火災保険	154.78

ダイバーシティ経営

順位	前年	社　　名	総合得点
1	4	イオン	111.89
2	5	第一生命保険	111.57
3	2	パソナグループ	108.39
4	17	ジョンソン・エンド・ジョンソン G	108.18
5	18	花王グループ	105.90
6	6	サントリー HD	103.34
7	29	コニカミノルタ	103.25
8	9	ネスレ日本	102.99

順位	前年	社　　　名	総合得点
9	−	日本航空	100.43
10	26	損害保険ジャパン日本興亜	98.90

育児・介護

順位	前年	社　　　名	総合得点
1	2	イオン	96.69
2	1	日立ソリューションズ	87.19
3	22	ジョンソン・エンド・ジョンソン G	87.07
4	8	日立製作所	86.40
5	3	SCSK	85.40
6	16	花王グループ	85.36
7	9	アサヒビール	82.57
8	13	東京海上日動火災保険	82.10
9	19	NTT 東日本	81.53
10	35	サントリー HD	80.98

職場環境・コミュニケーション

順位	前年	社　　　名	総合得点
1	12	三井住友海上火災保険	117.50
2	1	SCSK	117.30
3	2	ネスレ日本	116.65
4	3	TOTO	116.61
5	7	富士フイルム HD	115.33
6	5	日立ソリューションズ	115.17
7	37	ジョンソン・エンド・ジョンソン G	114.91
8	22	損害保険ジャパン日本興亜	114.66
9	9	東京海上日動火災保険	114.09
10	13	アサヒビール	114.04

ビジネスパーソン調査で「非常に重視する」と答えた人の構成比

順位	質　　　問	比率（％）
1	休暇の取りやすさ	44.6
2	労働時間の適正さ	39.8
3	メンタルヘルス不調者の少なさ	34.6
4	ハラスメント防止対策の有無	33.1
5	社員の勤続年数の長さ	32.8
6	コンプライアンス施策の有無	32.1
7	労働時間削減・休暇取得奨励施策の有無	27.9
8	社員向け教育・研修費の多さ	26.9
9	介護休業制度を利用しやすい環境	25.6
10	メンタルヘルス不調予防・復職支援策	25.2

出所：2016 年調査［日本経済新聞 2016. 10. 3，日経産業新聞 2016. 10. 3］

一人当たりの研修費ランキングも参考までに図表 8-6 に示す。

後に紹介するスマートワーク経営調査回答企業 602 社の、「従業員 1 人あたりの研修費の年間平均額は 2014 年度 66,948 円、15 年度 69,264 円、16 年度 71,336 円であった」[日本経済新聞 2018.10.22]。

図表 8-6　一人当たりの研修費ランキング

順位	企　　業	総合順位	一人当たりの研修費	ベース
1	DMG 森精機	97	584,905 円	正社員
2	野村総合研究所	112	446,081 円	正社員
3	三井物産	93	433,685 円	正社員
4	積水化学工業	63	329,471 円	正社員
5	日立建機	127	318,877 円	正社員
6	三菱商事	14	261,780 円	正社員
7	武田薬品工業	74	227,728 円	正社員
8	持田製薬	－	213,986 円	正社員
9	東京エレクトロン	136	208,600 円	－
10	ジョンソン・エンド・ジョンソン G	18	207,026 円	正社員

出所：2015 年調査［日本経済新聞 2016.5.12］

GPTW（Great Place to Work）の「働きがいのある会社」ランキング調査についても、参考にするために図表 8-7 に示す。「働きがい」を構成する 5 つの要素としては、信用、尊敬、公正、誇り、連帯感である［https//hatarakigai.info./job_satisfaction/five-elements.html］。

図表 8-7　2019 年版「働きがいのある会社」ランキング　大規模部門

順位	会　　社　　名
1	セールスフォース・ドットコム
2	Plan Do See
3	ディスコ
4	アメリカン・エクスプレス
5	プルデンシャル生命保険
6	モルガン・スタンレー
7	DHL ジャパン
8	LAVA International
9	テイクアンドギヴ・ニーズ
10	ジョンソン・エンド・ジョンソン日本法人 G

出所：日本経済新聞 2019.2.18

第 8 章　人的価値創造会計　171

図表 8-8　2016 年版「働きがいのある会社」ランキング　大規模部門

順位	会　社　名	売上高	営業利益	従業員数	女性管理職割合
1	日本マイクロソフト	非公開	非公開	2,155 人	非公開
2	アメリカン・エクスプレス	非公開	非公開	非公開	非公開
3	ワークスアプリケーション	非公開	非公開	非公開	非公開
4	ディスコ	1,081 億円	206 億円	2,956 人	3%
5	Plan Do See	非公開	非公開	1,154 人	21%
6	日建設計	388 億円	5 億円	1,881 人	5%
7	プルデンシャル生命保険	7,380 億円	329 億円	4,944 人	14%
8	モルガン・スタンレー	非公開	非公開	非公開	22%
9	サイバーエージェント	2,052 億円	222 億円	2,209 人	21%
10	マクニカ	2,847 億円	91 億円	1,458 人	非公開

出所：『日経ビジネス』2016. 2. 15, 67 頁

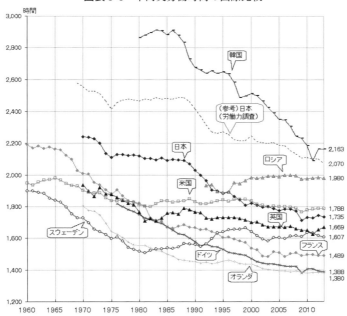

図表 8-9　年間実労働時間の国際比較

(注)　Employment Outlook ベースのこのデータは、各国の時系列把握のために作成されており、厳密には資料の違いから特定時点の国際比較には適さない。フルタイマー、パートタイマー、自営業を含む。ドイツ1990年以前は西ドイツ。日本（労働力調査）は非農林業雇用者の週間就業時間の年間換算値（×52.143）。

(資料) OECD.Stat 2014.9.16、総務省統計局「労働力調査」

出所：http://www2.ttcn.ne.jp/honkawa/3100.html

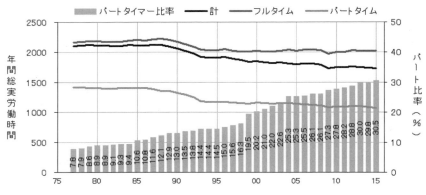

図表 8-10 年間総労働時間の推移（日本）

（資料）労働省「毎月勤労統計調査」等
出所：http://www2.ttcn.ne.jp/honkawa/3100.html

日本経済新聞社は，上場企業・有力非上場企業 663 社を「働きやすさ」の視点で格付けした「スマートワーク経営調査」（2018 年）をまとめた［日本経済新聞 2018.11.19］。多様で柔軟な働き方の実現（人材活用力は，方針・計画と責任体制，

図表 8-11 総合格付け上位 14 社（偏差値 70 以上）

社　名	人材活用力	イノベーション	市場開拓力	経営基盤
アサヒ GHD	S+	S++	S++	S++
イオン	S+	S++	S++	S+
NTT ドコモ	S+	S++	S++	S
キリン HD	S+	S++	S++	S++
コニカミノルタ	S+	S++	S++	S+
コマツ	S+	S++	S+	S++
サントリー HD	S++	S++	S++	S++
ソフトバンク	S+	S++	S++	A++
SOMPOHD	S+	S++	S+	S+
ダイキン工業	S+	S++	S++	S++
東京海上 HD	S+	S++	S++	S
日立製作所	S+	S++	S++	S++
ファースト R	S+	S+	S++	S++
冨士フイルム HD	S	S++	S++	S++

偏差値 70 以上が S++，以下偏差値 5 刻みで S+, S, A++ と表記している。
出所：著者作成

テクノロジーの導入・活用，ダイバーシティの推進，多様で柔軟な働き方の実現，人材への投資，ワークライフバランス，エンゲージメント，人材の確保・定着と流動性の8指標），新規事業などを生み出す体制（イノベーション力は，方針・計画と責任体制，テクノロジーの導入・活用，新事業・新技術への投資，イノベーション推進体制，社外との連携の5指標），市場を開拓する力（市場開拓力は，方針・計画と責任体制，テクノロジーの導入・活用，ブランド力，市場浸透，市場拡大の5指標）の3要素によって組織のパフォーマンスを最大化させる取組みを「スマートワーク経営」と定義した。調査ではコーポレートガバナンスなどの経営基盤（ガバナンス・社会貢献・情報開示を総合的に評価した1指標）も加えて各社の総得点を算出した。総合評価のウエート付けは，各分野の評価を人材活用力（50%），イノベーション力（20%），市場開拓力（20%），経営基盤（10%）の割合で合算し，総合評価を作成し，格付けした。

2 人的価値創造会計による総合分析

　時価総額上位500社調査によれば，平均連結従業員数は，2001年度前後では多少減少したが，その後は毎年増加傾向を続けている。平均親会社単体従業員数は毎年減少し，1,800人近く減少したが，それに対して平均連結子会社従業員数は，毎年増加させ，8,000人近く増加している。

　平均親会社単体従業員数は，毎年減少しているが，平均年齢は42歳前後でわずかに増加している。平均勤続年数は，16年前後で比較的安定的に推移している。これらから日本における雇用の安定性が示唆される。

　従業員数と業績については，一人当たりの平均経常利益（あるいは営業利益・税引き前利益）も算定したが，各種利益概念が不統一のため，図表8-14には，一人当たり平均純利益推移を示し，参考までに一人当たりの平均経常利益（あるいは営業利益・税引き前利益）も示す。一人当たり平均純利益推移と一人当たりの平均経常等利益推移はほぼ同じ傾向である。

図表8-12 従業員数推移

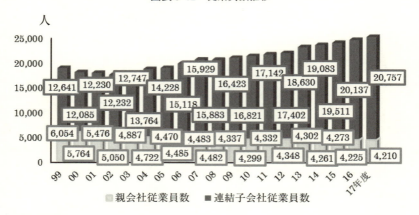

出所：著者作成

図表8-13 単体従業員推移

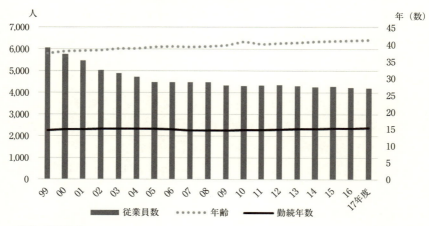

出所：著者作成

図表 8-14　従業員数と一人当たり利益推移

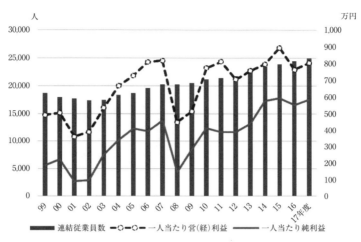

出所：著者作成

　平均連結従業員数は増加傾向を続けているが，平均一人当たり純利益は，業績が大きく悪化した年度は大幅に減少するが，相対的に増加傾向で推移している。

　単体平均年間給与（年収），人件費（従業員数×給与），利益の推移を図表 8-15 に示す。人件費は従業員数に応じて，低下傾向である。

　純粋持株会社が増加しているために，単体情報はかなり制約される。そのために，500 社を純粋持株会社とそれ以外（事業持株会社）とに区分して算定してみたが，19 年間の途中で変更している企業もあり，全体像を把握するのはかなり困難である。そこで最終年度の 2017 年度で区分して整理したら，純粋持株会社従業員数がゼロである日本マクドナルド HD を除き，純粋持株会社数は 108 社（21.6％）で，事業持株会社は 391 社であった。

図表 8-15　単体人件費等推移

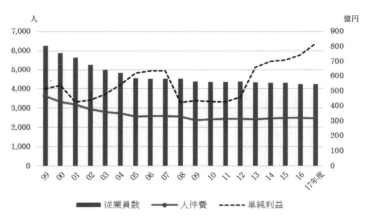

出所：著者作成

図表 8-16　事業持株会社単体人件費等推移

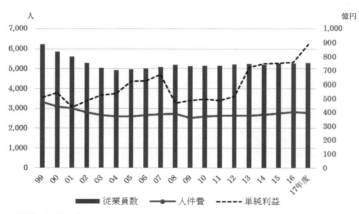

出所：著者作成

　事業持株会社（391社）に限定すれば，従業員数はほぼ安定し，それほど減少していない。年収は多少増減があるが，相対的に増加傾向である。

図表 8-17　事業持株会社年収等推移（万円）

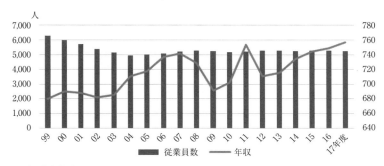

出所：著者作成

図表 8-18　事業持株会社の平均年収分布（万円）

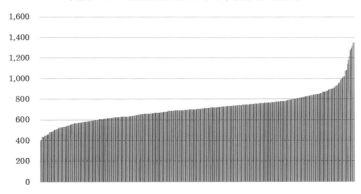

出所：著者作成

単体利益との関係では，人件費が純利益と近似していたが最近はかなり下回ってきた。

事業持株会社の年収分布は400〜1,300万円の範囲で，600〜800万円に集中している。生産性を高めて年収を上げる必要性が感じられる。

参考までに，公表されている平均勤続年数ランキング（図表8-19），新卒3年後定着率・業種別平均（図表8-20），有給休暇取得率の高い会社（図表8-21）を示す。

図表 8-19 平均勤続年数トップ 50

順位	社名	業種名	平均勤続年数 男女計	男子	女子
1	四国旅客鉄道	鉄道	24.0	24.3	11.9
2	東武鉄道	鉄道	23.1	23.6	11.2
3	出光興産	石油	◇ 22.9	23.5	16.5
〃	丸大食品	食品・水産	22.9	23.4	13.8
〃	中国電力	電力・ガス	◇ 22.9	23.5	17.5
6	河合楽器製作所	その他メーカー	◇ 22.8	23.8	18.9
7	学研ホールディングス	出版	22.3	NA	NA
〃	大阪屋	商社・卸売業	22.3	24.9	16.6
〃	王子ホールディングス	印刷・紙パルプ	22.3	NA	NA
10	日本曹達	化学	22.2	22.5	19.5
11	パナソニック	電機・事務機器	◇ 22.1	NA	NA
〃	グンゼ	衣料・繊維	22.1	22.5	10.3
〃	四国電力	電力・ガス	◇ 22.1	22.3	20.4
〃	高島屋	デパート	22.1	23.1	21.2
15	JT	食品・水産	21.9	22.6	16.3
16	日本製紙	印刷・紙パルプ	21.8	21.7	22.0
17	東洋製罐	金属製品	21.7	22.3	14.8
〃	日立金属	鉄鋼	◇ 21.7	21.8	20.7
〃	東燃ゼネラル石油	石油	◇ 21.7	NA	NA
20	トーエネック	建設	21.6	21.9	18.1
〃	中電工	建設	21.6	21.6	21.4
〃	名古屋鉄道	鉄道	◇ 21.6	22.8	11.7
23	河北新報社	新聞	21.5	NA	NA
〃	日本電気硝子	ガラス・土石	21.5	21.5	21.8
25	阪急阪神百貨店	デパート	21.4	23.8	19.8
〃	日本道路	建設	◇ 21.4	21.5	15.7
27	九州電力	電力・ガス	◇ 21.3	21.6	17.3
〃	大丸松坂屋百貨店	デパート	21.3	22.3	19.9
〃	全国農業協同組合連合会	その他サービス	21.3	NA	NA
30	日産車体	自動車部品	◇ 21.2	21.4	17.8
31	JX日鉱日石エネルギー	石油	◇ 21.1	21.4	18.7
〃	東日本旅客鉄道	鉄道	21.1	NA	NA
〃	京阪電気鉄道	鉄道	◇ 21.1	21.6	9.7
〃	日立エンジニアリング・アンド・サービス	その他サービス	21.1	21.3	18.5
35	NECフィールディング	システム・ソフト	21.0	22.0	14.4
〃	トーハン	商社・卸売業	21.0	23.1	15.1
〃	日東紡	ガラス・土石	21.0	21.0	18.0
〃	東急建設	建設	21.0	21.6	12.3
〃	中部電力	電力・ガス	◇ 21.0	21.0	17.0
〃	コスモ石油	石油	21.0	21.5	16.9

順位	社名	業種名	平均勤続年数 男女計	男子	女子
35	そごう・西武	デパート	21.0	23.0	17.0
42	NTTコムウェア	システム・ソフト	20.9	22.1	10.3
〃	横河電機	電子部品・機器	◇20.9	20.8	21.4
〃	日本合成化学工業	化学	◇20.9	NA	NA
〃	九電工	建設	20.9	21.5	12.3
46	中国新聞社	新聞	20.8	NA	NA
〃	YKK	金属製品	◇20.8	19.9	22.6
〃	ヤマハ	その他メーカー	◇20.8	20.6	21.7
〃	昭和シェル石油	石油	20.8	22.1	17.1
50	三越伊勢丹	デパート	20.7	21.4	19.9
〃	コニカミノルタホールディングス	電機・事務機器	◇20.7	20.7	21.1
〃	ハウス食品	食品・水産	◇20.7	21.9	15.8
〃	オンワード樫山	衣料・繊維	20.7	22.8	16.1
〃	北陸電力	電力・ガス	◇20.7	20.9	18.5

(注) 非現業全従業員ベース、◇は「会社四季報」、有価証券報告書からの引用など現業者を含むデータ。社名は『就職四季報』掲載当時（2012年11月）のもの。NAはNo Answerの略で、非開示を示す

出所：http://toyokeizai.net/articles/-/143227page=2

図表8-20　新卒3年後定着率・業種別平均

業種	社数	新卒3年後定着率（％）
水産・農林業	3	93.3
鉱業	1	98.4
建設業	41	84.3
食料品	43	90.8
繊維製品	13	91.8
パルプ・紙	9	83.3
化学	62	93.3
医薬品	13	92.6
石油・石炭製品	3	96.2
ゴム製品	10	88.6
ガラス・土石製品	9	88.3
鉄鋼	13	86.4
非鉄金属	10	91.2
金属製品	14	79.2
機械	46	89.1
電気機器	83	93.2
輸送用機器	45	89.0

（図表 8-20 つづき）

業種	社数	新卒3年後定着率（％）
精密機器	16	90.3
その他製品	24	91.6
電気・ガス業	11	97.7
陸運業	11	87.9
海運業	5	97.6
空運業	—	—
倉庫・運輸関運業	10	84.2
情報・通信業	53	85.4
卸売業	86	80.7
小売業	51	69.6
銀行業	26	82.9
証券，商品先物取引業	5	63.9
保険業	10	86.0
その他金融業	11	90.0
不動産業	14	85.1
サービス業	48	73.6
全体	799	86.0

（注）新卒3年後定着率は2009年4月入社の新卒入社者数と、その3年後である12年4月1日現在の在籍者数で計算。新卒入社者は学歴問わず全員。09年4月に採用実績がない場合、前年になっていることがある。『CSR企業総覧』2013年版掲載の1128社のうち男女とも入社者、在籍者を開示している799社が対象
（出所）『CSR企業総覧』2013年版
　　　出所：http://toyokeizai.net/articles/-/13467?page=2

図表 8-21　有給休暇取得率の高い会社

順位	社名	業種	有給休暇取得率（％） 3年平均	2013年度	2012年度	2011年度	3年平均付与日数（日）
1	ホンダ	輸送用機器	101.5	99.0	99.4	106.1	19.2
2	ダイハツ工業	輸送用機器	96.8	94.4	96.4	99.5	19.6
3	アイシン精機	輸送用機器	96.0	96.3	100.5	91.1	19.2
4	ケーヒン	輸送用機器	95.8	89.5	98.3	99.6	19.0
5	トヨタ自動車	輸送用機器	95.2	92.4	92.9	100.2	19.8
6	関西電力	電気・ガス業	95.0	95.0	94.5	95.5	19.8
7	ダイキン工業	機械	93.6	94.4	92.9	93.4	21.3
8	日本電信電話	情報・通信業	92.5	90.5	92.0	95.0	20.0
9	豊田自動織機	輸送用機器	92.3	92.7	88.5	95.8	19.1
10	テイ・エス　テック	輸送用機器	91.0	96.0	95.2	81.9	18.3
11	中国電力	電気・ガス業	90.9	89.6	89.6	93.6	19.9
12	NTN	機械	90.7	92.3	89.6	90.2	19.4
13	日産自動車	輸送用機器	90.2	91.5	88.5	90.5	20.0

(図表 8-21 つづき)

順位	社名	業種	有給休暇取得率（％） 3年平均	2013年度	2012年度	2011年度	3年平均付与日数（日）
14	小田急電鉄	陸運業	89.7	90.0	89.7	89.5	18.6
15	旭硝子	ガラス・土石製品	89.6	88.4	88.9	91.4	19.9
16	東レ	繊維製品	89.5	87.9	87.6	93.1	19.0
17	東日本旅客鉄道	陸運業	89.0	88.5	88.5	90.0	20.0
18	東京急行電鉄	陸運業	88.1	86.7	87.7	89.9	19.7
19	NTTドコモ	情報・通信業	87.9	90.5	86.5	86.7	20.0
20	コマツ	機械	87.8	89.0	90.5	84.0	20.0
21	NTT都市開発	不動産業	87.3	87.5	87.0	87.5	20.0
22	トヨタ車体	輸送用機器	86.9	87.2	85.7	87.8	19.6
23	日本精工	機械	86.8	86.2	86.7	87.4	20.0
〃	富士重工業	輸送用機器	86.8	86.9	85.2	88.3	19.5
25	東海理化	輸送用機器	86.6	88.1	86.7	85.1	19.4
26	大阪ガス	電気・ガス業	86.3	87.7	85.1	86.2	19.5
27	相鉄ホールディングス	陸運業	84.9	79.5	76.1	99.1	19.3
28	豊田合成	輸送用機器	84.6	89.1	82.7	81.9	19.6
29	九州電力	電気・ガス業	84.3	83.5	82.5	87.0	20.0
30	三菱自動車	輸送用機器	84.1	81.1	80.8	90.3	19.6
31	オリエンタルランド	サービス業	83.8	82.6	81.5	87.2	20.0
32	トーセ	情報・通信業	83.7	84.9	73.3	92.8	16.1
33	西日本鉄道	陸運業	83.0	82.8	82.2	84.1	19.1
34	曙ブレーキ工業	輸送用機器	82.9	89.8	88.1	70.9	19.1
35	アップルインターナショナル	卸売業	81.8	95.8	64.4	85.3	15.5
〃	コスモ石油	石油・石炭製品	81.8	73.8	85.9	85.6	20.6
37	三菱マテリアル	非鉄金属	81.5	83.3	80.1	81.2	20.4
〃	日本航空	空運業	81.5	84.5	77.0	83.0	20.0
〃	NTTデータ	情報・通信業	81.5	82.9	83.0	78.6	20.0
40	日野自動車	輸送用機器	81.1	84.2	80.2	78.8	19.7
41	三菱ガス化学	化学	81.0	82.5	82.0	78.5	20.0
42	JT	食料品	80.9	82.5	81.6	78.5	20.0
43	ヤフー	情報・通信業	80.5	79.8	77.4	84.2	17.2
〃	京王電鉄	陸運業	80.5	80.4	78.9	82.2	18.8
45	三越伊勢丹ホールディングス	小売業	80.3	82.9	88.8	69.1	20.1
〃	デンソー	輸送用機器	80.3	80.9	78.5	81.5	19.8
47	UCS	その他金融業	80.0	80.3	79.4	80.4	20.0
48	ヤマハ発動機	輸送用機器	79.6	80.0	77.3	81.6	19.6
〃	SCSK	情報・通信業	79.6	95.3	78.4	65.0	20.0
50	セブン銀行	銀行業	79.5	80.1	82.6	75.8	20.0

(注) 直近3年間の有給休暇取得率の平均値でランキング。『CSR企業総覧』2015年版掲載の1305社で有給休暇取得率の開示企業934社が対象。ただし、3年間開示がない企業は除外。付与日数が15日未満の企業は除外。有給休暇取得率は実際の有給休暇取得日を繰越分を除く有給休暇付与日数で割って計算。前年の繰越分を含めて取得した場合、数字が100％を超えることもある。全従業員を対象

(出所)『CSR企業総覧』2015年版
　　出所：http://toyokeizai.net/articles/-/62334?page=2

人的資源を最大限発揮できる人的労働環境を整備する必要がある。多様な人材を受け入れ，その能力を発揮させつつ，組織の業績を最大化するには，特に女性と高齢者を有効活用することが今後重要である。労働環境のイノベーションを推進し，グローバルで活躍できる人材を育成し，人的価値をより創造していく道を探るのである。
　人材・多様な働き方改革としては，以下の方向性を検討すべきであろう。
① 　時間や場所にとらわれず柔軟に働ける仕組みづくり
② 　就職・転職が安心してできる仕組みづくり
③ 　実力を伸ばし，力を発揮できる労働環境づくり
④ 　健康・安全・安心に働ける職場づくり
⑤ 　公平な処遇で活躍できる仕組みづくり
　少子化，非正規雇用，介護・子育ての難しさなど日本型雇用慣行，特に職務無限定，勤続年数による年功給，長時間労働などを最初に検討しなければならない。待遇としては，人件費としての賃金制度，年収，労働分配率，賃金と生産性，生涯給与，賃上げ余力，ボーナス，成果＋職務＋資格＋経験給，定年制，脱時間給，同一労働同一賃金等を全般的に見直す。働き方の改革としては，働きやすく，勤続年数，定着率，離職率，転職希望者，快適な職場，労働意欲，健全・健康，健康ポイントなどを検討する。労働環境，労働時間，有給休暇取得日数，休暇消化率，休暇のとりやすさ，労働時間と生産性（時間当たり生産性），残業ゼロ・禁止，時短制度，人的効率化，在宅勤務，サービス残業，ワークライフバランス（指標），家庭との両立，フレックスタイム，早朝勤務，プレミアムデー（早時退社日），人を活かす，柔軟性の程度，教育研修などを総点検する。
　少子化，労働力人口減少，人手不足が顕在化し，長期雇用も壊れつつある。非正規社員の活用，限定正社員の活用，正規・非正規の区別をなくすなど多くの課題が山積みされている。労働規制と労働環境を考えると，ある程度の法規制は必要であるが，基本は各企業の方針・施策・支援・考え方に依存する。時間・場所・仕事量などを自由に選べる働き方，時間選択制などの柔軟な働き方改革を推進する。高齢層（シニア）・女性を上手く使えることが重要である。ダ

イバーシティ（多様性）への対応，外国人活用，女性の活用などを見える化しながら，働きやすく，継続的に実施可能なように結婚・出産・家事・育児・介護に対応できるようにする。

　就職希望調査人気企業調査などを基に，数値目標の必要性，量から質へ，多様な働き方，バリとゆるの間，性的少数者 LGBT（Lesbian Gay Bisexual Transgender）への配慮，制度・慣行・意識改革，ホイトカラー・エグゼンプション，裁量労働制，フレックスタイム制など多くの内容を見直す。各社の状況から，優先順位を決め，中長期的に推進していくことがポイントである。

　経済産業省と東京証券取引所は共同で，従業員の健康管理を経営的な視点から考え，戦略的に取り組んでいる企業を「健康経営銘柄」として 2015 年から選定している。働き過ぎ，精神疾患を防止し，健康的に働き，業績・生産性を向上させる企業を対象としている。

　「次世代育成支援対策推進法」（2003.7 公布）に基づく，厚生労働省東京労働局による「子育てサポート企業」（くるみん）認定制度も注目される。2015 年 4 月 1 日からは，くるみん認定を既に受け，相当程度両立支援の制度の導入や利用が進み，高い水準の取組を行っている企業を評価しつつ，継続的な取組を促進するため，新たにプラチナくるみん認定が始まった。

　経済産業省による「ダイバーシティ経営企業 100 選」の選出は，2012 年より実施している表彰制度で，様々な規模・業種の企業における「ダイバーシティ経営」への積極的な取り組みを「経済成長に貢献する経営力」として評価するものである。

　SCSK では，残業を減らす目標の達成に応じて報奨金を出すほか，約 1,500 人が在宅勤務を活用している［日本経済新聞 2014.10.6］。2014 年度に平均残業時間を月 18 時間減らし，そして 2015 年 7 月に，残業手当 34 時間分を一律で上乗せした。生産性を高めて，長時間労働の是正に努めている［日本経済新聞 2015.3.6］。

　法定労働時間週 40 時間で年間 2,085.7 時間（年 365 日）以下に定めなければならない。長時間労働を抑制し，生産性を高めるように労使で交渉する。長時

間労働は精神的ストレスを増大させるので，ムダの見直し，時間配分を検討する。定時退社，残業ゼロに取り組む，ムダな残業が生産性の低下につながる可能性は高い。

年次有給休暇は，10日〜20日を与えなければならない。消化を促進し，完全に消化させるには，半日・時間単位も導入する。民間の平均は49.6%である（厚生労働省平成24年就労条件調査）。年度の繰り越しは認めない。これでは機能不全である。

「味の素は2017年度から社員1日あたり労働時間を20分短縮する。現在は1日7時間35分の所定労働時間を7時間15分にする。年間80時間の削減となる。実質的に月1万4千円以上のベアに相当する。ワークライフバランスを推進するために，ベアでなく労働時間を短縮し，多様な人材が活躍できる働き方改革の一環である」［日本経済新聞2016.3.9］。2020年度には社員の所定労働時間を1日当たり7時間とする方針を発表した［日本経済新聞2016.5.11，10.27］。

人の多様な側面を考慮して，人的価値創造を推進していかなければならない。仕事のやり方を工夫し，仕事を通したキャリアアップを可能にする。密なコミュニケーションにより，信頼関係に基づく人間関係を快適にし，働きやすい職場を共に考えていく。

人的価値にとって，柔軟な労働条件は重要である。たとえば，賃金，退職金，労働時間，短時間勤務，始業・終業時間，時間単位の休暇，連続休暇，休職，勤務地，福利厚生，人材育成・研修などを見直し，新しい制度・仕組みを再構築する。残業は極力なくし，有休休暇は完全消化，個人の事情・希望をできる限りきめ細かく配慮する。働き方を変えるための時短・在宅制度も大いに活用すべきであろう。

人的価値創造とは，個人としての人的価値創造が前提であり，個々人の価値を高めながら，統合的に組織全体としての人的価値を高める必要がある。基本的には人的価値を中長期的に高めるためには，当然業績，生産性を高めることに繋がらなければならない。人的価値創造の問題は，極めて中長期的な対応が求められ，短期的な解決は困難である。戦略的かつ計画的に対策を講じていか

なければならない。

　各社が自らの人的価値創造の全体プロセスを明確にし，人的価値関連のKVD・KVIを駆使して，進捗状況を検証しながら改革を進める。参考までに，人的価値創造プロセスの概念図の一例を図表8-22に示す。

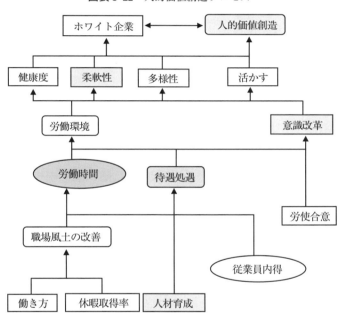

図表8-22　人的価値創造プロセス

出所：著者作成

3　女性活躍による人的価値創造

　女性活躍推進法（女性の職業生活における活躍の推進に関する法律）が2015年8月に成立し，2016年4月1日から義務づけられた。女性の活躍状況を把握し，課題を分析し，女性活躍に向けた行動計画を策定し，社内周知，公表，行動計画の届出，情報の公表を行う必要を規定している。次の項目（図表8-23）のうち，企業が適切と認めるものを公表しなければならない。優良な企業は，厚生労働

図表 8-23　情報公表項目

	採用に関する事項
①	採用した労働者に占める女性労働者の割合
②	男女別の採用における競争倍率
③	労働者及び派遣労働者に占める女性労働者の割合
	継続就業・働き方改革に関する事項
④	男女の平均継続勤務年数の差異
⑤	10事業年度前及びその前後の事業年度に採用した労働者の男女別の継続雇用割合
⑥	男女別の育児休業取得率
⑦	1か月当たりの残業時間数
⑧	雇用管理区分ごとの1か月当たりの残業時間数
⑨	有給休暇取得率
	評価・登用に関する事項
⑩	係長級にある者に占める女性労働者の割合
⑪	管理職に占める女性労働者の割合
⑫	役員に占める女性の割合
	再チャレンジ（多様なキャリアコース）に関する事項
⑬	男女別の職種又は雇用形態の転換実績
⑭	男女別の再雇用又は中途採用の実績

出所：省令第19条

大臣の認定を受けることができる。

　女性活躍の推進に関する各社の取組状況が客観的に検討可能となり，労働環境の改善推進に貢献するであろう。弱者である女性が活躍できる労働環境は，最低水準の評価を高めることになる。主に女性採用割合，女性勤続年数，女性管理者比率を評価すれば，大方の状況は把握可能である。新卒女性比率，女性従業員比率，女性育児休業取得率，女性勤続年数，女性管理職比率，女性役員比率なども総合的に検討する。

　2018年12月31日現在，女性活躍推進法に係る一般事業主行動計画策定届出状況によれば，常時雇用労働者301人以上の一般事業主行動計画届出企業数は16,425社，300人以下の一般事業主行動計画届出企業数は5,681社である〔https://www.mhlw.go.jp/content/11900000/0000469876.pdf〕。

　女性活躍推進法による認定状況によれば，認定段階1（5つの基準のうち1つ

又は2つの基準を満たし，その実績を厚生労働省のウェブサイトに毎年公表していること。）5つの基準は，①採用②継続就業③労働時間等の働き方④管理職比率⑤多様なキャリアコースである。）は4社，認定段階2（5つの基準のうち3つ又は4つの基準を満たし，その実績を厚生労働省のウェブサイトに毎年公表していること）は263社で，認定段階3（5つの基準の全てを満たし，その実績を厚生労働省のウェブサイトに毎年公表していること）は507社である［https://www.mhlw.go.jp/file/content/11900000/000469875.pdf］。

図表8-24に女性が活躍する会社2016年総合ランキングを参考に示す。

図表8-24 「女性が活躍する会社」2016年総合ランキング

順位	企業名	総合	管理職登用度	ワークライフバランス度	女性活躍推進度	ダイバーシティ浸透度
1	資生堂	80.9	78.4	69.8	69.8	85.4
2	セブン＆アイ・HD	80.9	84.9	62.1	72.7	53.9
3	第一生命保険	80.9	74.1	77.0	73.9	82.7
4	明治安田生命保険	80.8	74.1	79.6	70.4	84.0
5	JTB	80.4	86.1	58.5	65.7	69.0
6	全日本空輸（ANA）	79.2	74.5	70.8	76.8	71.7
7	ジョンソン・エンド・ジョンソンG	78.2	79.1	71.8	66.2	52.3
8	日本生命保険	77.1	69.8	77.5	72.1	74.4
9	パソナグループ	76.8	80.1	63.6	60.5	68.7
10	カネボウ化粧品	76.7	74.1	72.4	61.6	82.7
11	イオン	76.4	75.8	62.6	76.2	56.6
12	住友生命保険	74.8	74.9	67.2	59.8	74.4
13	リクルートHD	74.6	79.5	52.8	66.3	66.2
14	大和証券G	74.3	67.1	67.2	76.8	79.9
15	日本IBM	72.5	74.9	57.9	64.3	64.4
16	ノバルティスファーマ	72.5	72.2	69.3	62.4	54.5
17	ニチイ学館	72.4	81.5	46.6	57.4	69.4
18	ソラスト	72.0	80.1	55.4	54.5	55.3
19	りそなHD	71.1	73.2	52.3	69.8	63.5
20	日本航空（JAL）	70.8	71.1	57.4	65.1	73.1

出所：『日経ビジネス』2016.5.23, 50頁

図表 8-25 は 2018 年度版のランキングである。

図表8-25　2018年度版女性が活躍する会社ランキング

順位	企　業　名	総合点
1	ジョンソン・エンド・ジョンソン日本法人G	76.8
2	住友生命保険	76.6
3	ＪＴＢ	76.6
4	パソナグループ	76.5
5	花王グループ	76.3
6	セブン＆アイ・HD	76.1
7	日本ＩＢＭ	75.8
8	イオン	75.7
9	資生堂	75.3
10	リクルートグループ	75.2

出所：日本経済新聞 2018.5.6

　丸井の［女性イキイキ指数］も参考になろう。女性活躍の重点指標として「女性イキイキ指数」を設定している。「意識改革・風土づくり」と「女性の活躍推進」の2つの視点から，項目ごとに「見える化」し，女性活躍を支援している［http://www.0101maruigroup.co.jp/csr/employee.html］。

図表8-26　丸井の女性イキイキ指数

		2013年	2015年3月期	2016年3月期	2017年3月期(目標)	2021年3月期(目標)
意識改革・風土づくり	女性活躍浸透度	37 %	60 %	74 %	100 %	100 %
	女性の上位職志向	*1 41 %	*1 64 %	*1 62 %	60 %	80 %
	男性社員育休取得率	14 %	54 %	66 %	60 %	100 %
女性の活躍推進	育児フルタイム復帰率	36 %	55 %	66 %	70 %	90 %
	女性リーダー数	545人	576人	603人	650人	900人
	女性管理職数	24人	28人	29人	35人	55人
	女性管理職比率	7 %	8 %	8.9 %	11 %	17 %

*1 女性の上位志向は2014年6月，2015年6月，2016年4月のアンケート結果より

出所：http://www.0101maruigroup.co.jp/csr/employee.html

4 人的価値創造主要ドライバー

　日本の時価総額トップ500社の人的価値を創造する要因を調査・整理した。合計各社1点満点として，各社の人的価値創造に貢献する主要ドライバーに評価・配分した。500社の配分結果を集計し，類似主要ドライバーは整理統合した。

　個別主要ドライバーでは，人的価値の促進要因としては人材育成（32%），労働環境（29%），安全健康（12%），ダイバーシティ（9%），ワークライフバランス（8%）が重視されていると判定した。当然ではあるが，人材育成の要因が，一番人的価値創造に繋げられている。

　各社がそれぞれ最適なKVD・KVIを選定しながら，人的価値の創造を模索している現況が垣間見られる。

　ステークホルダー（SH）を想定して，自社に対してどのような側面を期待しているか，関心があるのかを，ステークホルダーの視点から洗い出す。ステークホルダーに配慮することが，自社の企業価値にどのように影響するのかを検討することになる。ステークホルダーごとに，テーマを特定することもできる。環境変化に応じて，必要であれば見直しを行いつつ，KVD・KVIの優先順位を決定する。ステークホルダーと自社の企業価値にとって共に重要な領域，KVD・KVIを重点的にアプローチする。このように，重要性を分析し，テーマ，KVD・KVIを選定決定することが考えられる。

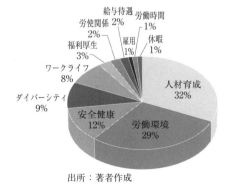

図表8-27　人的価値KVD　　　図表8-28　人的価値創造方法（アンケート調査）

出所：著者作成　　　　　　　　出所：著者作成

人的価値を創造するための，主要目標・課題を特定し，その目標を達成するためのKVD・KVIを選別しより望ましいKVD・KVIを追求し続ける。人的価値創造の中長期的な経営革新の継続的推進でもある。

人的価値を創造するためのKVD・KVIを整理し，各企業が選定するための参考に供したい。

① 雇用　従業員数，正規と非正規
　　　　　限定正規（正規と非正規の区分を無くす）
　　　　　外国人数・比率，総合職の新卒採用における外国人採用活動実績
　　　　　障害者数・雇用率
　　　　　勤務形態
　　　　平均年齢
　　　　勤続年数
　　　　労働時間，正規と非正規
　　　　残業時間，時間外労働時間の推移
　　　　休暇　有給休暇取得日数・消化率，時短
　　　　　　　産休，育児，支援金，職場復帰率
　　　　　　　介護
　　　　　　　育児休業制度利用者数，育児支援制度利用実績
　　　　　　　男性育児休業制度利用者数・取得率
　　　　　　　介護休業取得者数，育児・介護休業取得状況
　　　　定着率，離職率，新入社員定職状況
　　　　報酬・給与，正規と非正規，階層別・年齢別
　　　　付加価値分配
　　　　ワークライフバランス
　　　　研修費・時間
　　　　　　従業員一人当たり教育訓練費,(連結)従業員一人当たりの年間研修時間
　　　　　　研修費用
　　　　　　資格支援制度

　　　　安全性，労働災害，度数率・強度，休業災害発生件数・日数
　　　　定期検診率，メタボ率，疾患者数
　　　　満足度，従業員意識調査
　　　　ハラスメント，管理職ハラスメント研修の受講者数
②　人権　尊重方針
　　　　　進出国調査，児童・強制
　　　　女性社員比率（％），女性管理職比率（％），子持ち女性管理職比率（％）
　　　　高齢者，再雇用者数・再雇用率，60歳以降の継続雇用者数の推移
　　　　若年者
　　　　ハラスメント制度整備状況
③　労使関係　労働組合加入率
　　　　　　内部通報制度
　　　　　　従業員とのダイアログ

　独SAPでは，2014年から組織としての魅力を，定量的に測る制度を導入した[1]。働きがいを高める要素として，社会貢献投資から「会社への愛着心」，管理職の社内登用比率から「社員定着率」，女性管理職比率から「ビジネスヘルスカルチャー指数」，データセンター電力消費量から「温暖化ガス排出量」といった組織の魅力を示す非財務指標を定め，それぞれの目標数値を設定している。成果を株主向けの年次報告書で公表する。非財務指標の値を高めることが，営業利益にプラス効果をもたらすことを定量的に分析している。「会社への愛着心」1ポイント改善で営業利益が4,000万〜5,000万ユーロ増，「社員定着率」1ポイント改善で営業利益が4,500万〜5,500万ユーロ増，「ビジネスヘルスカルチャー指数」1ポイント改善で営業利益が7,500万〜8,500万ユーロ増，「温暖化ガス排出量」1％削減で営業利益が400万ユーロ増加する。営業利益と

---

1)『日経ビジネス』(2016. 08. 29) 53頁,『日経エコロジー』(2016. 7) 64-66頁, 2015 Integrated Report Sustainability Content, http://go.sap.com/integrated-report/2015/en/strategy/intetegrated-performance-analysis.approach.html。

の関係を定量的に明確にしているが，算定根拠は不明であるのが残念である。
「米ジョンソン・エンド・ジョンソンでは，診療所拡充や医療スタッフ増員など健康経営に1ドル投資したら，生産性向上，医療費削減，採用面の効果などで見返りが3ドルになった。」〔日本経済新聞2016.9.14〕。

非財務項目のできる限りの定量的な成果測定は極めて重要であるが，定量的側面にだけ注視し過ぎるのも危険である。定量化できない多くの視点をも同時に考慮しなければならないからである。

5 人的価値創造会計の要約

最後にこれまでの調査分析結果を要約整理しておこう。
① 人的価値概念は15社（3%）の企業でしか用いられていない。
② 人的価値概念の使用は，CSR，採用等で用いられている。
③ 人的価値概念は明確には定義されていない。
④ 人的価値概念はDCFによる算定だけでなく，マルチステークホルダー，CSR，採用の視点からも用いられている。
⑤ 人的価値の内容をかなり詳細に整理区分して開示している企業が存在している。
⑥ 人的価値を創造するには人材育成KVD（32%）がもっとも重視されている。
⑦ 人的価値創造KVDとしては，人材育成（32%），労働環境（29%），安全健康（12%），ダイバーシティ（9%），ワークライフバランス（8%）等が重視されている。

人的価値創造の戦略，計画，実績，評価，次期戦略，計画へと循環させながら，より具体化するために計量的に人的価値の創造プロセスを可視化していくことがより期待される。

時価総額上位500社では，規模の違いがかなり生じてくる。過去の財務データ等に基づいて，人的価値創造会計の分析を試みてきた。主に会計的人的価値の視点から各企業の非財務的視点をも加味した本質的人的価値への接近として

展開してきたが，まだ不十分である。さらに，未来の予測に役立つ人的価値創造会計へと展開させて分析・評価していかなければならない。経営指標が，時代・環境に応じて変化するように，人的 KVD・KVI も時代・環境に応じて変化するであろうと推測されるから，この考察も残されている。

第 9 章

社会価値創造会計

1. 社会価値創造会計の本質

1 社会価値創造会計の意義

　社会価値を創造するために，主として会計的支援を探求しながら，事例として日本のトップ企業に焦点を当てて検討する。株式時価総額上位500社を調査して，社会価値概念の使用状況を把握し，企業目的・目標，戦略，計画そして業績等との関連性を考察する。アンケート調査結果についても併用して用いている。ほとんどの企業において，社会価値をかなり重要視し，社会価値を創造・向上することを意識した経営を遂行していることは確認できた。その具体的な社会価値概念および社会価値創造・向上方法に関しては，共通点も多いが，相違点もかなりある。このためにか，統一的な社会価値の測定は難しく，むしろ不明確でもある。そこで，社会価値概念の整理をしながら，社会価値を創造・向上するための重要な主要ドライバーの抽出に関しても注目する。

　社会価値を創造するには，より戦略的に企業経営を展開していくことが望ましい。そのためには，どのように社会価値を創造するのかの目標・プロセスが極めて重要となる。この検証には，測定可能な社会価値関連指標は欠かせない。指標化するには会計的指標も必要不可欠であり，もっとも基本的な情報である。しかし，多くの会計的指標は結果指標であるため，その先行指標にも注目しなければならない。同時に全社的な測定・指標化も進めなければならない。個別的なより具体的な指標をも組み合わせて統合指標化し，より積極的にステークホルダーに情報を開示していくことも重要となる。どのように社会価値創造の好循環の仕組みを構築していくのか。多くの企業で展開され，社会全体で好循

環をもたらし，個別企業だけでなく，社会全体の社会価値創造にも貢献できれば幸いである。

これまでの調査分析で社会価値を創造している企業は多いが，社会価値にあまり関心がない企業もあり，その要因を考察しながら，どのように社会価値を創造すべきかについて総括的に今後の研究方向を展望する。社会価値と企業価値との関連性にも注目しなければならない。

2 社会価値概念の意義

(1) 社会価値概念の定義

社会価値（Social Value）概念は，厳密に定義すれば，企業と社会との関連に基づいて未来にわたって生み出す社会にとっての付加価値（CF）の割引現在価値と定義できる。社会価値概念を使用している企業においても，社会価値を明確に定義していない。社会の定義が広範囲に及ぶので，明確に定義できないのであろうか。しかし社会価値概念の混乱を避けるためには，各企業の独自の定義を明確にして使用することが望ましい。残念ながら測定レベルまでにはとても達していない。

社会価値は各社の考え方を反映して多様な概念として用いられている現状を明確に確認できる。しかし，多くの企業においては，どのような意味で社会価値概念を用いているのかは残念ながら不明であるのも事実である。社会価値は，ガバナンス価値を包含する概念として広義に使用することも，さらに環境価値をも包含して最広義で使用することもある。最広義社会価値は，狭義社会価値，ガバナンス価値，環境価値を包含する ESG（Environment Social Governance）全体を意味している。

最広義社会価値＝（広義）社会価値＋環境価値

広義社会価値＝（狭義）社会価値＋ガバナンス価値

狭義社会価値

(2) 社会価値概念の使用状況

500社のうち104社(21%)で社会価値概念をいずれかの箇所で使用していた。

残りの396社は，公表している情報等からは，社会価値という用語を発見できなかった。時価総額の多い企業ほど，社会価値概念の採用率がより高いことは確認できた。500社のうち91社（18％）で環境価値概念をいずれかの箇所で使用していた。明確に，社会価値，環境価値を定義している企業は，僅か4社しかなかった。

500社アンケート調査によると，思ったほどに社会価値が使われていなく，各社でかなりバラつきがある。

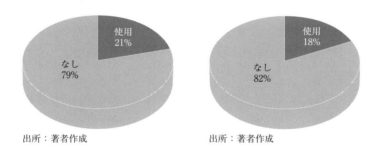

図表9-1　社会価値の使用状況　　図表9-2　環境価値の使用状況

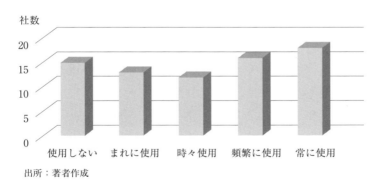

図表9-3　社会・環境価値の使用状況（アンケート調査）

出所：著者作成

(3) 社会価値創造の意義

フロー面から企業価値創造額を考えると，会計的企業価値創造額，本質的企

業価値創造額そして市場的企業価値創造額に分けられる。会計的企業価値創造額としては，利益，CF，売上高，付加価値，EVA 等により算定される。市場的企業価値創造額としては，株式時価総額増減額等として算定される。本質的企業価値創造額としては，ステークホルダーの視点から分類すれば，株主価値創造額，顧客価値創造額，人的価値創造額そして社会・環境価値創造額等から構成される。株主価値創造額は，会計的企業価値創造額そして市場的企業価値創造額とは極めて相互依存関係にある。そこで，株主価値創造額以外の顧客価値創造額，人的価値創造額そして社会・環境価値創造額の測定が特に問題とされる。しかし，現在のところ，客観的な測定方法は必ずしも開発されていない。むしろ，これからこれらへの挑戦が増していくであろうと期待する。

　社会価値創造とは，社会価値を将来創造できるかどうかが問題になる。「創造」は新しく生み出すことを意味している。そこで社会価値創造とは，フローとしての期間変動額として捉えることになる。

　（未来の）社会価値創造＝未来時点の社会価値－現在時点の社会価値

　社会価値そのものを探求するよりも，社会価値創造主要要因（Key Value Drivers：KVD）に焦点を当て，その要因を分解し，展開することがより現実的であろう。

　「社会価値創造」も「企業価値創造」と同様に，概念的には必ずしも一般化していない。社会価値向上，社会価値最大化等の表現が多種多様に用いられ，その内容も定かでない。各企業が明確に定義して用いるべきである。

　企業とステークホルダーとの相互関係が特に重要となる。企業の立場から価値を考えると企業価値が問題となり，社会のステークホルダーの立場から価値を考えると社会価値が問題となる。企業と社会との相互関係のプロセスから企業価値（社会価値）が創造される。

　社会価値とは，広範囲の内容を包含しているので，全体像をどのように整理するかが重要となる。本章では，環境価値をも包含する最広義でできる限り広範囲の概念を想定している。すなわち最広義の社会価値は，広義の社会価値と環境価値とに大別できる。

企業は社会価値を創造することにより，グッド・カンパニー（Good Company），尊敬される企業と称される。

企業の社会的役割としては，次の2つに大別される。

① 利益の一部を社会に還元する
② 企業として社会的課題・要請に応える

企業価値と社会価値の関係は，社会価値は企業価値を構成する一部であり，企業価値の中核部分は経済価値であり，経済価値以外の企業価値として社会価値を位置づけることもできる。

(4) 社会価値創造会計

企業目的・目標の一つとして，「社会価値の創造」を置けば，社会価値創造の方策が社会価値創造戦略となる。したがって，社会価値創造に基づいて社会価値戦略の評価をすることが可能である。これからは，社会価値創造の競争時代でもある。企業価値創造会計とは，企業価値創造を支援する会計の総称であり，言い換えれば，人的価値の向上を通して，顧客価値を向上させ，究極的には株主価値を向上させ，さらに社会や環境の価値を向上させる好循環の仕組みを創造することを支援する主として会計的なアプローチである。企業価値創造方法の一つとしての社会価値創造方法も，無限に考えられる。各企業にもっとも適した方法を探究するのが，より望ましい。コスト・効果を配慮しながら，より多くの社会価値を創造する方法を仮説・検証することになる。

社会価値創造会計はビジョン，戦略，戦略目標，VDとして横展開できる。社会価値創造プロセスを明確化し，その価値創造を促進するもっとも重要な要因であるKVD，さらにより具体的な測定可能な指標であるKVIを確定していくことが重要課題である。各指標は，基本的に各社の状況により選択されるが，その定義と算出方法の妥当性をも確認しておくことが必要である。社会価値創造を考えると，社会KVIと環境KVIとに分けて指標化を試みることも有益である。さらに社会・環境の関係を連鎖するKVIの抽出，その具体化に向けての研究は今後の課題である。

2. 社会価値創造会計の分析

1 社会価値創造戦略の類型化による分析

　社会価値の多くは，そのまま単独での結果指標となっているため，会計指標と関連させることはかなり困難な側面を内在している。社会価値を創造するには，社会との信頼関係をどのように構築するのかが課題となる。特に義務的には，法的責任，経済的責任，倫理的責任，社会貢献的責任等に分類して考えられている。戦略的に展開するには，最初に社会に対する基本方針・行動指針は何かを明らかにしなければならない。

　社会価値は，企業行動の倫理性，社会との一体性を総合的に評価している。社会の視点から社会価値の創造戦略を類型化すれば，社会価値を単独に創造する戦略が最初に考えられる。次に各ステークホルダー間の価値を連鎖させて，より相乗的に各ステークホルダーの価値と共創させる戦略である。社会価値創造KVIを体系化して整理するには，KVIの体系的分類が考えられる。たとえば，レベル1（大分類），レベル2（中分類），レベル3（小分類）のように体系的に細分化して整理するなどである。

　経済性と社会性の関係については，社会価値を創造する活動を次の2つのルートに分けて整理したい。すなわち，社会・環境価値を経済的側面と共存させる活動と社会・環境価値を直接的に単独に目指す活動である。社会・環境関連の経済的な経営活動を通じて社会価値を創造することができる（①）。社会・環境活動と総称する活動単独で，直接的に社会価値を創造する（②）。

　①　経済活動と社会活動を共存させる社会価値創造ルート

　経済活動に社会・環境活動を結び付ける。典型的には，環境を配慮した製品・サービスを開発供給する。最近では，環境を配慮しない製品・サービスを開発供給することは，大変難しくなってきている。社会的課題を企業活動により解決しようとする。そこで，①においては，環境をかなり配慮した製品・サービスを開発供給することを明確に意図している活動を意味している。それでも①

図表9-4 社会価値創造のルート

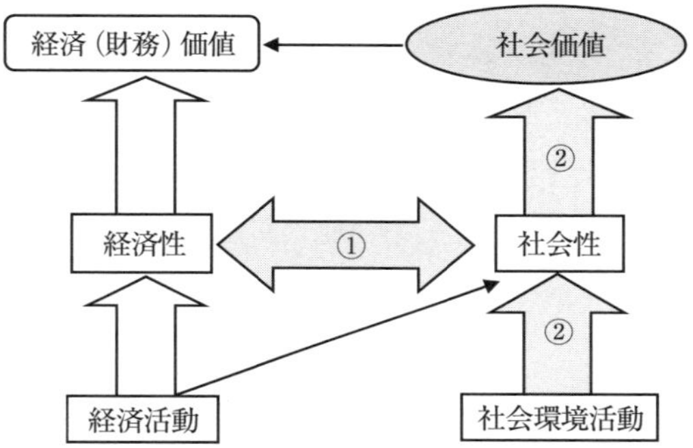

出所：著者作成

と②の区別は，かなり重複し相対的な重要性の程度差でしかない。

② 社会・環境活動による社会価値創造ルート

純粋な社会・環境活動による企業価値創造（本来の経営活動を通さない）ルートは，本来の経営活動に関連しない社会・環境活動そのものであるから，通常は認められないが，広義の企業価値の創造を前提にすれば，許容されることもある。そのためには，このことを説明し，理解してもらう必要があるから，それには開示・説明が欠かせない。本来の経営活動にほとんど関連しない，純粋な社会・環境活動である。本来の経営活動とは無関係な事柄に支援・寄付することが典型例である。社会・環境価値を創造することが，そのまま広義の企業価値を構成すると考える。そこで，社会・環境価値をより創造する社会・環境活動を行うこともできる。多くの企業は，企業活動により関連する分野での社会・環境活動を行う傾向が当然強い。純粋な社会貢献を通じた企業価値の向上はあくまでも間接的に創造するルートであり，本業とCSRは別物と明確に分ける慈善的活動であり，社会価値だけに焦点を当てる。

社会価値を創造できる仕組みをどのように作るのであろうか。社会と共生しながら，社員がより誇りとやりがいを持てれば，その結果として社会価値の創造につながりやすいのは事実である。

マイケル・ポーターのCSVに基づけば，企業は社会と価値を共有し，社会貢献を企業の事業活動と切り離すのではなく，一体のものとして扱う（統合する）という考え方である。CSRと本業を統合させた企業こそがより成長できるのかもしれない。社会貢献と収益を両立するビジネスモデルを構築することになる。本業の中でどう社会・環境に貢献するかを同時に考えるべきである。経済価値（収益性）と社会価値（社会性）を同時に共に創造しようとするアプローチである。社会の問題やニーズに着目し，本業に組み込める人材を育成し，本業とCSRを統合させる。

経済面だけでなく社会環境業績もあわせて評価されるようになってきている。カバーする内容が膨大なものであり，限定した内容だけを公開する場合もあるが，網羅的かつ客観的に確認したい。企業の事業領域や影響範囲，業種や規模などによって，具体的な取組みは異なる。

各企業自らが社会との対話や調査活動を通じて行動基準を設定していかなければならない。支援・貢献分野の選定などがテーマである。CSR・環境報告書を発行し対話しながら意見を求め，Webサイトなどを活用して建設的な対話を行う。ステークホルダー・ダイアログと名づけた社会各層との意見交換会を開く。社会価値創造のための実践例としては，地域密着で地域への貢献，社会貢献支援・参加，寄贈（マッチング・ギフト），従業員のボランティア活動の奨励・支援，財団等の設立，メセナ（芸術・文化の支援，スポーツ，教育），philanthropy，NPO/NGOとの連携促進支援・協働，社会貢献活動に関する情報提供，地域文化の尊重・保護，社会・環境リスク，ガバナンス，倫理行動規範の制定・公表，法令遵守，政治・倫理，不正行為，環境貢献，自然保護，環境保全活動への支援等が行われている。

社会価値と経済価値の関連性も意識して，考察しなければならない。各レベルに応じて分類・体系化しながら，現状を把握し，今後の目標を決め，検証していく。企業価値と各ステークホルダー価値との関連から，重要領域を選別することも必要である。環境面と社会面の組み合わせによる評価をすれば，典型的なセクターは図表9-6のように位置づけられる。

第9章 社会価値創造会計　203

図表9-5　財務価値と非財務価値との関係　　図表9-6　社会・環境関連図

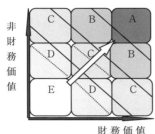

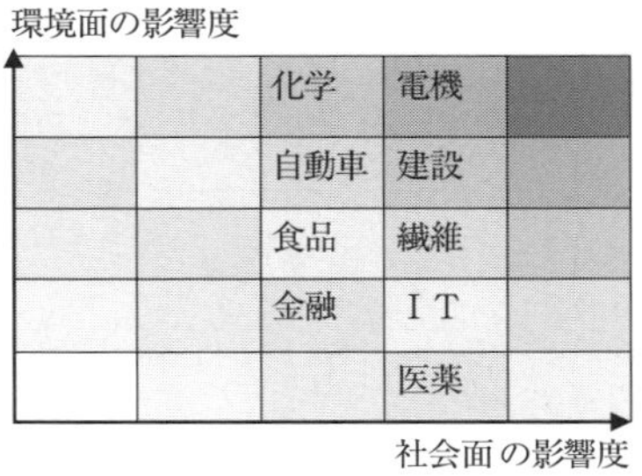

出所：著者作成　　　　　　　　　　　　　　出所：著者作成

　ISO（国際標準化機構）が2010年に発行した「組織の社会的責任に関する手引」によれば，次のように人権や労働慣行など7つのテーマごとに対応すべき主要課題を整理している。第三者機関の認証はないが，自国の規格に採用する動きが広がっている。

図表9-7　ISO26000中核主題および課題

中核主題および課題	掲載されている細分箇条
中核主題：組織統治	6.2
中核主題：人権	6.3
課題1：デューディリエンス	6.3.3
課題2：人権に関する危機的状況	6.3.4
課題3：加担の回避	6.3.5
課題4：苦情解決	6.3.6
課題5：差別および社会的弱者	6.3.7
課題6：市民的および政治的権利	6.3.8
課題7：経済的，社会的および文化的権利	6.3.9
課題8：労働における基本的原則および権利	6.3.10
中核主題：労働慣行	6.4
課題1：雇用および雇用関係	6.4.3
課題2：労働条件および社会的保護	6.4.4
課題3：社会対話	6.4.5
課題4：労働における安全衛生	6.4.6
課題5：職場における人材育成および訓練	6.6.7
中核主題：環境	6.5
課題1：汚染の予防	6.5.3
課題2：持続可能な資源の利用	6.5.4

(図表9-7つづき)

中核主題および課題	掲載されている細分箇条
課題3:気候変動の緩和および気候変動への適用	6.5.5
課題4:環境保護,生物多様性,および自然生息地の回復	6.5.6
中核主題:公正な事業慣行	6.6
課題1:汚職防止	6.6.3
課題2:責任ある政治的関与	6.6.4
課題3:公正な競争	6.6.5
課題4:バリューチェーンにおける社会的責任の推進	6.6.6
課題5:財産権の尊重	6.6.7
中核主題:消費者課題	6.7
課題1:公正なマーケティング,事実に即した偏りのない情報,および公正な契約慣行	6.7.3
課題2:消費者の安全衛生の保護	6.7.4
課題3:持続可能な消費	6.7.5
課題4:消費者に対するサービス,支援,並びに苦情および紛争の解決	6.7.6
課題5:消費者データ保護およびプライバシー	6.7.7
課題6:必要不可欠なサービスへのアクセス	6.7.8
課題7:教育および意識向上	6.7.9
中核主題:コミュニティへの参画およびコミュニティの発展	6.8
課題1:コミュニティへの参画	6.8.3
課題2:教育および文化	6.8.4
課題3:雇用創出および技能開発	6.8.5
課題4:技術の開発および技術へのアクセス	6.8.6
課題5:富および所得の創出	6.8.7
課題6:健康	6.8.8
課題7:社会的投資	6.8.9

出所:ISO/SR 国内委員会監修,24 頁より作成

国連 GRI (Global Reporting Initiative) では,4 分野・10 原則を指摘している [http://www.ungcjn.org/gc/pdf/GC_10.pdf]。

人権 　原則 1:人権擁護の支持と尊重
　　　　原則 2:人権侵害への非加担
労働 　原則 3:組合結成と団体交渉権の実効化
　　　　原則 4:強制労働の排除
　　　　原則 5:児童労働の実効的な排除
　　　　原則 6:雇用と職業の差別撤廃
環境 　原則 7:環境問題の予防的アプローチ

　　　　　　　原則　8：環境に対する責任のイニシアチブ
　　　　　　　原則　9：環境にやさしい技術の開発と普及
　腐敗防止　原則　10：強制，賄賂等の腐敗防止の取組

　国連持続可能な開発会議において，2001年に2015年を達成期限とするミレニアム開発目標（Millennium Development Goals）が示され，その発展させる形で，国連サミットで「持続可能な開発に向けた2030アジェンダ」が2015年9月に採択された。2016年発効された持続可能な開発目標（Sustainable Development Goals：SDGs）では，2030年までに国際社会が協力して取り組むべき開発課題を17目標と169項目のターゲットとしてまとめた。環境，CSRをSDGsに適合させ，世界に情報発信していくことが期待されている［http://www.unic.or.jp/activities/economic_social_development/sustainable_development/2030agenda/］。

① 貧困をなくそう　　② 飢餓をなくそう　　③ すべての人に健康と福祉を
④ 質の高い教育をみんなに　　⑤ ジェンダー平等を達成しよう
⑥ 安全な水と衛生をみんなに　　⑦ クリーンなエネルギーをみんなに
⑧ 雇用，働きがいと持続可能な経済成長
⑨ 産業と技術革新の基盤をつくろう
⑩ 各国内と各国間の不平等を是正　　⑪ 持続可能な都市と人間居住
⑫ 持続可能な生産消費形態を　　⑬ 気候変動を軽減する緊急対策
⑭ 持続可能な海を保全　　⑮ 持続可能な陸を守ろう
⑯ 持続可能な社会，司法，説明責任制度
⑰ 持続可能な開発手段強化，パートナーシップを活性化

　サステナビリティ・アカウンティング・スタンダード・ボード（Sustainability Accounting Standard Board：SASB）は，2010年にハーバード大学の研究者により組成され，その後2011年7月に米NGOとして正式に設立された。米国マーケットが主な対象で，主な支援団体には金融メディアのブルームバーグやロックフェラー財団であり，アドバイザリー委員会役員には世界最大の資産運用会社のブラックロック，UBS，モーニングスター，さらには世界最大の公的年金

基金 CalPERS（カルパース）に次ぐ公的年金基金である CALSTRS, ハーバード・ビジネススクールなどの代表者が名を連ねている。SASB の活動は米証券取引委員会（SEC）で定められている年次財務報告基準 Form 10-K や 20-F（米国版アニュアルレポート, Form 10-K は米国籍企業, 20-F は外国籍企業が対象）に沿ったサステナビリティ会計基準の構築により, より多くの投資家が機動的に情報を活用できるようになることを目指している。社会・環境（CSR）報告書の基準を作成し, 開示する CSR 情報の価値を定量化することを目標にし, 10 セクター 89 業種のそれぞれで, サステナビリティ課題の優先順位を数値で示す。「マテリアリティ・マップ」を作成し,「サプライチェーン」「製品・サービス」「ビジネスモデル・イノベーション」「リーダーシップ・ガバナンス」「環境」「コミュニティ」「従業員」「顧客」の 8 カテゴリー 43 の指標について, ステークホルダーの関心と経済的影響の観点から評価・数値化する。実際に投資家が活用できるようになるには 3～4 年を要すると見ている。SASB は既に SEC や FASB との協議に入っている［https://www.sasb.org/］。

　SRI（Social responsible investment: 社会的責任投資）の増加・その関心注目の影響が社会価値創造に貢献している。現在は ESG 投資の増加傾向として展開されている。

　その成果指標として, 社会投資収益率（Social return on investment：SROI）が提案されている。企業が社会貢献活動を行うにあたって, どのような分野に注力すべきかを判断したり, 既存のプログラムを改善し発展させるために検討したりする際には, プログラムのインパクト評価が重要となる。プログラムの価値を左右する社会的インパクトの測定は, 一般に難しいものとされているが, 評価に使う指標の選択を工夫すれば, 定量的な評価もある程度可能である。社会的インパクトを貨幣価値に換算し, 投資対効果を測定する考え方としての SROI 概念である。SROI は米国で発祥し, 英国の内閣府が標準化とガイドライン整備を進めてきた。SROI は定量的な評価手法であるため, 助成者が助成先を審査する際の基準にも利用可能である。SROI を導入しているオランダの財団では, 単純に SROI の値の高低だけで助成先を決めているわけではなく,

助成先の担当者との面接を経て，組織のポテンシャルも加味して審査を行っている。

ソーシャルイノベーションやソーシャルアカウンティングも参考になる。社会価値計算書では，社会便益−社会費用＝社会余剰と整理する。社会価値指標としては，社会価値生産性などを用いる。

日本能率協会では，2011年より社会との関わりを起点として，改めて企業や組織の活動を問いなおすことに取り組み，KAIKA運動を展開し，普及・表彰している。KAIKAとは，「個の成長・組織の活性化・組織の社会性」を同時に実現していくプロセスを指す考え方である。組織の生み出す価値は，組織側面のみならず，働く個人や，組織をとりまく社会からも注目され，目指すべき「価値」は多元化してきている。KAIKAの考え方は，多元化した「価値」を前提とし，その中で持続的に価値を生み出していく次世代組織づくりの運動である。組織，社会，そして個人のダイナミズムを組み込み，そこから新たな価値創造が生まれるというモデルが提起されている［http://www.jma.or.jp/news/release_detail.html?id=166］。

社会価値創造の参考活動事例として，西日本旅客鉄道(株)の取り組みを示す。

図表9-8　西日本旅客鉄道(株)の7分野の重点取り組み

分　　　野	基　本　方　針・取　り　組　み
安　　　全	安全・安定輸送を実現するための弛まぬ努力他3項目
Ｃ　　　Ｓ	安全・安定輸送に関する取り組み他4項目
地域との共生	線区価値を向上し，都市の魅力を磨く他2項目
人材・働きがい	ダイバーシティ推進と働き方改革他3項目
地球環境	地球温暖化防止の取り組み
	循環型社会構築への貢献
	環境マネジメントシステムの推進
	地域・自然との共生
リスクマネジメント	危機対策
	コンプライアンス
	情報セキュリティ
	人権
ディスクロージャー	社会に信頼される企業となるための広報活動

出所：西日本旅客鉄道CSR REPORT［2017，23頁］より作成

NECグループでは，社会価値の創造に向け，「ソーシャルバリューデザイン (Social Value Design)」の取り組みを推進している。ソーシャルバリューデザインは，人間中心設計やデザイン思考を用いて，「人の視点」にたってユーザーの体験価値を高める「ユーザーエクスペリエンス (User Experience)」と，「社会の視点」にたってシステムやサービスの価値を高める「ソーシャルエクスペリエンス (Social Experience)」という2つの視点で未来を描き，社会やお客様のビジネスに新しい価値を創出するというコンセプトである。NECグループにおけるソーシャルバリューデザインの取り組みについて，各事業部門の実践活動を横断的に支える共通機能としての「基盤活動」と，各事業部門が主体的に進める「実践活動」の観点から紹介している。また，NECグループでのソーシャルバリューデザイン推進という観点から，人間中心設計やデザイン思考を活用したプロジェクト効果の分析手法や，それによる体制作りの推進，人材育成など，活動の全体像を紹介している。社会貢献活動の評価と再構築に向けた，標準的なコンサルティング・プロセスは次の通りである。「貴社の社会貢献活動の経緯分析，再構築プランの策定，現行プログラムの成果・課題分析，経営理念・経営方針やCSR方針の分析，トップインタビュー等により貴社の社会貢献活動が目指す姿を設定する。貴社資料の分析，担当者へのインタビュー等により，社会貢献活動のマネジメント手法や社内資源の強み・弱みを分析する。担当者，プログラムのパートナー（NPO等），最終受益者へのインタビュー等により，現行プログラムの成果と課題を分析する。経営ビジョン実現への貢献と社会的課題解決への貢献の2つの側面から，貴社独自の評価項目・基準を策定する。行政・NPO等の各セクターの動向調査やインタビュー等により，貴社が現在取り組むべき社会的ニーズ（社会的課題）を分析する。貴社が取り組もうとする課題領域における他者（他企業，NPO，行政など）の取り組みを調査し，活動の競争優位性を分析する。貴社の社会貢献活動を，個々のプログラムの視点とマネジメントの視点の2つの視点から総合的に評価・診断する。社会貢献活動のビジョン実現に向けた再構築プランを策定しご提案する」[http://jpn.nec.com/design/svd/policy/index.html]。

このように，①環境，環境マネジメント，環境会計，情報開示，コミュニケーション，環境パフォーマンス，グリーン調達，環境配慮・環境ビジネス，②社会貢献，方針・体制，社会貢献支出，各種の社会貢献活動，地域との共生，海外における体制・活動，取り組みの改善，③ガバナンスの取り組みの改善などが考えられる。

参考までに，CSR 評価（東洋経済新報社）の直近のランキング上位を示す。

図表 9-9　CSR 評価（東洋経済新報社）2018 年

順位	昨年順位	順位上昇	社　名	総合ポイント(600)	人材活用(100)	環境(100)	企業統治＋社会性(100)	財務(300)
1	4	↑	NTT ドコモ	570.1	96.9	93.2	98.8	281.2
2	3	↑	KDDI	569.0	94.8	95.9	98.8	279.5
3	2		ブリヂストン	567.6	90.7	98.6	97.7	280.6
4	4		コマツ	563.5	96.9	94.5	94.8	277.3
5	9	↑	花王	561.1	99.0	94.5	89.5	278.1
6	1		冨士 FHD	558.3	92.8	97.3	92.4	275.8
7	8	↑	デンソー	555.8	86.6	98.6	93.6	277.0
8	7		冨士ゼロックス	554.8	91.8	95.9	91.3	275.8
8	15	↑	ダイキン工業	554.8	90.7	98.6	90.7	274.8
10	4		キヤノン	554.7	88.7	98.6	90.1	277.3
11	18	↑	クボタ	554.6	91.8	94.5	94.2	274.1
12	19	↑	積水ハウス	552.7	85.6	98.6	93.6	274.9
13	13		NEC	552.3	92.8	94.5	99.4	265.6
14	12		コニカミノルタ	552.2	90.7	98.6	97.1	265.8
15	61	↑	旭化成	551.3	93.8	95.9	91.3	270.3
16	29	↑	セイコーエプソン	551.1	84.5	98.6	95.3	272.7
17	39	↑	日本電信電話	549.8	87.6	95.9	97.1	269.2
18	16		村田製作所	549.6	85.6	91.8	90.1	282.1
18	20	↑	アサヒ HD	549.6	94.8	95.9	98.3	260.6
20	22	↑	大阪ガス	549.2	84.5	97.3	96.5	270.9
21	9		リコー	548.9	90.7	93.2	100.0	265.0
22	26	↑	セブン＆アイ HD	548.7	91.8	95.9	95.3	265.7
23	41	↑	オムロン	548.0	92.8	95.9	97.1	262.2
24	24		東京ガス	547.8	89.7	95.9	94.8	267.4
25	22		三菱電機	547.0	83.5	94.5	94.8	274.2
26	21		東レ	546.2	90.7	95.9	90.7	268.9
27	25		第一三共	545.9	83.5	89.0	97.1	276.3
28	33	↑	マツダ	545.8	89.7	93.2	95.9	267.0
29	27		信越化学工業	544.1	82.5	90.4	93.0	278.2

(図表 9-9 つづき)

順位	昨年順位	順位上昇	社名	総合ポイント(600)	人材活用(100)	環境(100)	企業統治＋社会性(100)	財務(300)
30	30		TDK	543.3	85.6	91.8	91.3	274.6
31	32	↑	大和ハウス工業	542.9	83.5	97.3	95.3	266.8
32	36	↑	住友ゴム工業	542.8	86.6	97.3	93.6	265.3
33	28		トヨタ自動車	542.7	86.6	95.9	97.7	262.5
34	35	↑	アイシン精機	541.6	86.6	91.8	95.3	267.9
35	34		アステラス製薬	540.6	85.6	83.6	90.7	280.7
35	36	↑	清水建設	540.6	86.6	94.5	95.3	264.2
35	80	↑	ヤマハ発動機	540.6	87.6	93.2	90.7	269.1
38	63	↑	セコム	540.2	85.6	89.0	88.4	277.2
39	30		富士通	539.2	90.7	91.8	94.2	262.5
40	70	↑	住友化学	538.8	89.7	95.9	91.3	261.9
41	49	↑	日本電産	538.4	87.6	84.9	91.3	274.6
41	52	↑	住友電気工業	538.4	87.6	87.7	91.3	271.8
43	40		大日本印刷	538.3	79.4	94.5	95.9	268.5
43	62	↑	日野自動車	583.3	84.5	93.2	95.3	265.3
45	17		日産自動車	537.5	91.8	97.3	84.9	263.5
45	66	↑	大林組	537.5	84.5	95.9	95.9	261.2
47	72	↑	日立金属	537.4	87.6	90.4	90.7	268.7
48	50	↑	三菱ケミカルHD	537.3	90.7	93.2	95.9	257.5
49	43		イオン	537.1	95.9	95.9	97.1	248.2
50	14		ホンダ	536.6	83.5	98.6	93.6	260.9

部門別上位企業
[環境]

順位	総合順位	社名	総合ポイント(100)
1	76	横浜ゴム	100.0
1	-	SOMPOHD	100.0
3	3	ブリジストン	98.6
3	7	デンソー	98.6
3	8	ダイキン工業	98.6
3	10	キヤノン	98.6
3	12	積水ハウス	98.6
3	14	コニカミノルタ	98.6
3	16	セイコーエプソン	98.6
3	50	ホンダ	98.6
3	75	丸井グループ	98.6
3	167	ダイフク	98.6
3	193	ケーヒン	98.6
3	-	サントリーHD	98.6
3	-	トヨタ車体	98.6

(図表 9-9 つづき)

[企業統治＋社会]

順位	総合順位	社名	総合ポイント(100)
1	21	リコー	100.0
2	13	NEC	99.4
2	52	帝人	99.4
4	1	NTT ドコモ	98.8
4	2	KDDI	98.8
6	18	アサヒ HD	98.3
6	132	フジクラ	98.3
8	3	ブリジストン	97.7
8	33	トヨタ自動車	97.7
10	14	コニカミノルタ	97.1
10	17	日本電信電話	97.1
10	27	第一三共	97.1
10	49	イオン	97.1
10	-	MS&AD インシュアランス GHD	97.1

出所：[http://toyokeizai.net/articles/-/223678?page=2,4] より作成

　日経ビジネスの「善い会社」は，営業利益率（40点満点），従業員増減（20点満点），法人税額（20点満点），株価変動率（20点満点）で，合計100点満点でランキングしている。「社会」「社員」「顧客」のそれぞれへの貢献に焦点を当て，「善い会社」を捉えている。

図表 9-10　2015年版「善い会社」ランキング

総合順位	社名	営業利益率	従業員増減	法人税額	株価変動率	総合点
1	ソフトバンク	27.0	17.2	15.7	10.8	70.7
2	ファーストリテイリング	27.0	16.1	12.1	10.2	65.4
3	キーエンス	39.0	6.9	11.5	7.8	65.2
4	ファナック	36.2	6.0	13.0	8.6	63.9
5	ヤフー	40.0	10.8	12.7	0.0	63.5
6	イオンモール	34.0	9.8	9.5	9.1	62.4
7	楽天	29.2	13.7	9.8	9.3	61.9
8	マニー	36.2	8.4	6.0	9.6	60.2
9	日本たばこ産業	26.5	7.9	15.0	10.4	59.8
10	武田薬品工業	31.8	9.7	15.2	3.0	59.7

出所：日経ビジネス[2015.2.9, 24-43頁]より作成

2　環境価値創造会計

　環境分野に限定してどのように対応して，環境価値を創造しているかを考察する。環境に関する全般的要因を網羅的に検討し，重要性・有用性等を判断して評価する。企業は持続的成長のために，環境面から積極的な経営を展開しなければならないと気づき始め，環境問題を競争優位の源泉として経営に取り入れる環境経営を推進している。環境が業績に大きく係るようになってきた。土壌汚染，温室効果ガス，環境への影響度により環境リスクを判断する。特に環境負荷である温室効果ガス（Greenhouse Gas：GHG）として，CO_2（二酸化炭素），NO_x（窒素酸化物），SO_x（硫黄酸化物）の排出量（t）等の算定が重要である。資源リサイクル，地球温暖化防止対策，化学物質の管理，大気汚染・水質汚濁防止対策，産業廃棄物の有効利用・削減，土壌汚染，資源消費，生物多様性保全などが開示されているか，そしてその内容が評価対象とされる。以下のような要因が評価項目として，一般的に考えられている。

① 環境担当部署，推進・運営体制　　② 環境方針，ビジョン
③ 地球温暖化対応・対策，気候変動，オゾン層破壊物質
④ 資源循環，水資源保護・使用量，エネルギー消費量
⑤ 有害物質管理，廃棄物発生量，汚染リスク・対策，公害の影響，生産・物流関連対策
⑥ 生物多様性・生態系保護　　⑦ 環境会計・監査
⑧ 環境コミュニケーション，環境教育

1993年2月環境庁（現在は省）から「環境にやさしい企業行動指針」が発表され，その構成は以下の通りである［丹下 2014, 167頁］。

① 環境に関する経営方針，目標等の設定
　1　環境に関する経営方針　　2　環境に関する目標
　3　環境に関する行動計画
② 環境に関する目標・行動計画の実施体制
　1　環境に関する責任者・部署の設置等　　2　定期的な実施状況の報告
　3　事業活動に伴う環境負荷の把握および評価　　4　緊急時の措置

③　内外の関係者による協調
　　1　組織内教育プログラム　　2　従業員の創意工夫の反映
　　3　社会との対話・協調
④　記録の保持
⑤　環境管理システムの点検
　　1　定期的な内部監査　　2　環境管理システムの見直し
⑥　情報の公表
　　1　環境報告書の作成・公表　　2　その他の情報の公表

環境価値は環境規制により大きな影響を受けている。その全般的概要を把握するために環境規制等の歴史的推移を図表9-11に示す。

環境価値創造会計に直結するのは，環境会計である。環境会計とは，企業が環境保全対策にどれだけ投資と費用を支出したかを計算し，またその支出によりどれだけ環境保全効果ないしは環境保全にかかる経済効果が，もたらされたかを物量化ないしは金額的に把握する手法である。環境関連情報を開示する環境会計は貨幣的情報だけでなく，物量的情報を融合させている。環境省の環境会計ガイドラインを参照しながら，企業は環境報告書やCSR報告書を作成・開示している。環境マネジメントの進展により，環境の重要性が高まり，環境に関する情報の整備・把握が進んだが，体系的・総合的な評価はその複雑性から益々困難となってきている。

環境省の環境会計ガイドラインにおける開示情報としては，次の3要素がある。
①　環境保全コスト（投資・コスト）
　　事業エリア内コスト，上・下流コスト，管理活動コスト，研究開発コスト，社会活動コスト，環境損傷対応コスト，その他コスト
②　環境保全効果
③　環境保全対策に伴う経済効果

環境管理会計が対象とするコストでは，以下のように整理している。

```
環境保全コスト        ┐
原材料費・エネルギー費  │
廃棄物に配分された加工費 ├ 企業コスト                    ┐
製品に配分された加工費  │                              │
                                                      │ フ
製品使用時に生じる環境コスト（エネルギー費など）┐ ライフ  │ ル
製品の廃棄・リサイクル時に生じるコスト      ┘ サイクルコスト │ コ
                                                      │ ス
環境負荷としての社会的コスト            社会的コスト     ┘ ト
```

図表 9-11　環境規制等の推移

年	内容
1961	民間自然保護団体である WWF(世界自然保護基金) の創設
1967	日本で公害対策基本法の制定
1971	日本で環境庁の設置
1972	国連人間環境会議の（ストックホルム）人間環境宣言採択 日本で自然環境保全法の制定
1983	酸性雨に対処するための長距離越境大気汚染（ウィーン）条約発効
1984	国連総会の承認を経て「環境と開発に関する世界委員会（WCED）」発足
1985	オゾン層の保護に関するウィーン条約採択
1987	WCED が「我ら共有の未来」を発表し「持続可能な発展」の考え提案 ISO9000（品質マネジメント）制定
1988	米国化学製造業協会が「'Responsible Care' のための指導原則」策定
1989	有害廃棄物の越境移動およびその処分の規制に関するバーゼル条約採択
1990	経団連社会貢献推進員会 1%クラブ設立 地球温暖化防止行動計画
1991	経団連地球環境憲章を発表
1992	地球サミット（環境と開発に関する国連会議）がリオデジャネイロで開催 セリーズ（旧バルディーズ）原則を採択
1993	日本で環境基本法制定
1996	ISO14001（環境マネジメント）制定
1997	京都議定書採択 「環境報告書作成ガイドライン」
1998	地球温暖化対策推進法制定 地球温暖化対策推進大綱
1999	環境会計元年 国連グローバルコンパクト提唱 地球温暖化対策に関する基本方針
2000	事業者の環境パフォーマンス指標（2000 年度版）

年	内容
2001	環境報告書ガイドライン（2000年度版）
2002	環境報告書ガイドライン（2002年度版） 地球温暖化対策推進大綱改正
2003	CSR元年
2004	環境報告書ガイドライン（2003年度版） 地球温暖化対策推進大綱の評価・見直し
2005	環境報告書ガイドライン（2005年度版） 京都議定書目標達成計画
2007	環境報告書ガイドライン（2007年度版）
2008	ISO／TC207マテリアルフローコスト会計の国際標準化採択
2010	ISO26000（社会的責任）発行
2012	環境報告書ガイドライン（2012年度版）
2015	SDGsが国連サミットで採択 パリ協定採択

出所：丹下［2014, 151-152, 155頁］等より作成

　環境省「環境報告ガイドライン（2012年版）」によれば，次の体系化を示している［http://www.env.go.jp/policy/report/h24-01/full.pdf］。
　　項目
① 環境報告の基本的事項
　1　報告に当たっての基本的要件　　2　経営責任者の緒言
　3　環境報告の概要　　　　　　　　4　マテリアルバランス
② 環境マネジメント等の環境配慮経営に関する状況
　1　環境配慮の方針，ビジョンおよび事業戦略等
　2　組織体制およびガバナンスの状況
　3　ステークホルダーへの対応の状況
　4　バリューチェーンにおける環境配慮等の取組状況
③ 事業活動に伴う環境負荷および環境配慮等の取組に関する状況
　1　資源・エネルギーの投入状況
　2　資源等の循環的利用の状況（事業エリア内）
　3　生産物・環境負荷の産出・排出等の状況
　4　生物多様性の保全と生物資源の持続可能な利用の状況

④　環境配慮経営の経済・社会的側面に関する状況
　　1　環境配慮経営の経済的側面に関する状況
　　2　環境配慮経営の社会的側面に関する状況
　　3　組織統治等，人権，労働慣行，消費者保護・製品安全，地域・社会，その他
⑤　その他の記載事項等
　　1　後発事象等　　2　環境情報の第三者審査等

GHGプロトコルの算定ガイドライン（2010年）によれば，以下のように範囲を定義している［http://www.env.go.jp/council/06earth/y061-11/ref04.pdf］。

スコープ1企業活動による直接排出　スコープ2エネルギー利用による間接排出　スコープ3サプライチェーン全体での排出

特にスコープ3は，業種によりその範囲は大幅に相違する。サプライチェーン全体での低炭素化を目指していかなければならない流れである。

環境価値に対する対応を広範囲にするか，特定分野に集中的に対応するかも整理しておくべきであろう。そして特定分野への集中度合についても整理したい。

図表9-12　環境価値対応戦略

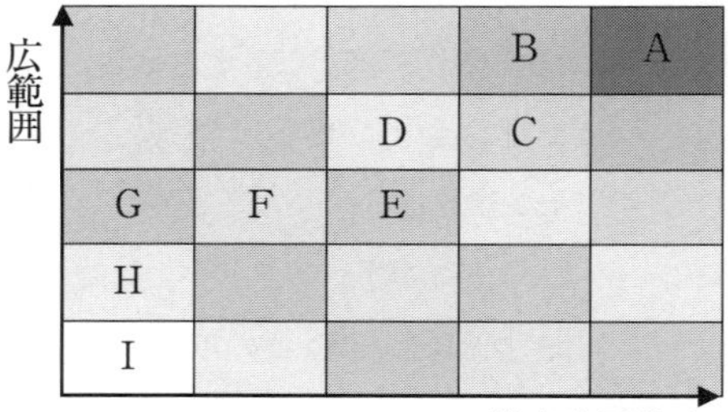

				B	A
			D	C	
	G	F	E		
	H				
	I				

縦軸：広範囲　横軸：特定分野集中

出所：著者作成

環境評価基準としては，①環境方針，②環境管理体制，③情報開示，④地球温暖化の取り組み，⑤環境配慮型製品・サービスの生産などが提案されている。

環境パフォーマンス指標として，①マネジメントパフォーマンス指標，

②操業パフォーマンス指標，③環境状態指標などが多様に用いられている。

$$環境指標 = \frac{売上高}{各環境負荷}$$

$$環境効率（\text{Eco-efficiency}） = \frac{付加価値（経済価値）}{環境負荷（影響）}$$

環境負荷単位当たりどれだけの付加価値を生み出したかを測る指標である。

$$= \frac{環境負荷削減量}{環境コスト} \text{ として算定することもある。}$$

$$資源生産性 = \frac{付加価値}{投入資源量}$$

改善割合を測定するファクター，外部化されたコストを組み込む方法，自然資本（Natural Capital）を換算し，貨幣価値として開示することなども提案されている。

500社の19年間の環境会計情報を収集しようとしたが，Web上で入手できる部分に限られた。それでも，限られた情報の分布であるが参考に示す。下位企業は，まったく開示してない企業も意外に多い。調査できたのは，項目により228社から364社で期間的にもかなり限定されている。2017年度の情報がまだ公表されていない企業分は反映していない。環境保全コスト（平均124億円）の分布では，業種間，規模間の相違により，巨額な企業とほとんど発生しない企業に明確に分かれる。その内訳である社会活動コスト（平均3.5億円）は，あまりにも少額で，割合も低く，ゼロの企業も目についた。環境保全投資（平均39億円）は，当然年度により変動があり，環境コストよりも少額であった。環境保全対策に伴う経済効果の金額（平均61億円）では，測定対象が限定されるためによりばらついている。CO_2排出量（平均634万t）は，単体だけ，国内グループだけ，海外連結を含む，対象範囲がスコープ3まで含める等，単純比較は困難であるがコストと同様にかなりばらついている。

企業が堤出した温暖化ガスの削減目標に対して，国際的な環境保護団体（SBTイニシアチブ）がお墨付きを与える「SBT（サイエンス・ベースド・ターゲット）認定」が広がっている。認定を受けるには，5つの基準が必須である。①自社

図表 9-13　環境保全コストの分布　　　図表 9-14　社会活動コストの分布

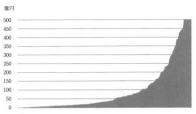
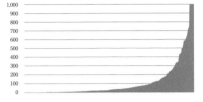

出所：著者作成　　　　　　　　　　　　出所：著者作成

図表 9-15　環境保全投資の分布　　　　図表 9-16　経済効果の分布

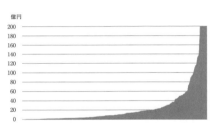
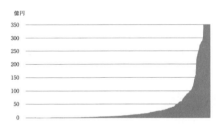

出所：著者作成　　　　　　　　　　　　出所：著者作成

図表 9-17　CO_2 排出量の分布

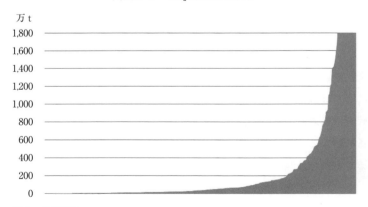

出所：著者作成

図表9-18 環境経営度ランキング

(カッコ内は前回順位)

順位	社名	スコア
製造業上位20位（最高点500）		
1（1）	キヤノン	491
2（3）	コニカミノルタ	490
3（4）	デンソー	485
4（24）	ホンダ	480
5（5）	トヨタ自動車	479
6（12）	YKK	479
7（61）	サントリーHD	478
8（2）	日産自動車	477
9（36）	豊田自動織機	476
10（18）	豊田合成	475
11（18）	ケーヒン	474
12（7）	富士通	473
12（11）	クボタ	473
14（9）	大日本印刷	471
15（7）	パナソニック	469
16（25）	ソニー	468
16（28）	ジェイテクト	468
18（6）	富士フイルムHD	466
19（13）	東京エレクトロン	465
19（14）	ディスコ	465

順位	社名	スコア
非製造業上位3位（最高点400）		
小売り・外食		
1（1）	そごう・西武	399
1（3）	丸井	399
3（2）	イオンリテール	391
金融		
1（2）	SOMPO HD	397
2（1）	リコーリース	391
3（3）	MS&ADインシュランスGHD	378
運輸		
1（1）	佐川急便	400
2（2）	日立物流	356
3（2）	京王電鉄	355
通信・サービス		
1（2）	NTT西日本	398
2（1）	NTTコミュニケーションズ	386
3（2）	NTTファシリティーズ	372
倉庫・不動産・その他		
1（1）	ヒューリック	400
2（2）	東急不動産	353
3（3）	イオンモール	261
商社		
1（7）	住友商事	394
2（2）	三井物産	380
3（6）	キヤノンマーケティングJ	378
電気・ガス（平均点500）		
1（2）	東京ガス	675
2（1）	大阪ガス	599
3（5）	中国電力	592
建設業（最高点500）		
1（1）	積水ハウス	498
2（21）	大東建託	486
3（4）	竹中工務店	481

出所：日本経済新聞［2018.1.21］より作成

や発電所が排出する温暖化ガスの量を把握する，②最低でも温暖化を2度以内に抑える削減目標を設定，③目標の年限は5〜15年後，④企業全体の温暖化ガス排出状況を毎年開示，⑤間接的な排出量が多い企業は年限を区切った削減目標を立てる［日本経済新聞 2018.1.19］。

環境経営度調査は，日本経済新聞社によって1997年に始められた。2017年度（第21回）は上場と非上場の有力企業を対象に2017年8月から11月に実施し，676社から有効回答を得た。評価指標は製造業が，①環境経営推進体制，②汚染対策・生物多様性対応，③資源循環，④製品対応，⑤温暖化対策の5つである。最高を100，最低を10に変換し，非製造業，電力・ガス業は「製品対応」を除く4指標で，電力・ガス業は平均を50，合計を500とし，建設業は製造業に準じ5指標で評価している。

参考として日経BP社の「環境ブランド調査2017」を図表9-19に示す。

図表9-19　BP「環境ブランド調査2017」

順位　カッコ内は昨年順位	社　名・ブランド名
1　（2）	サントリー
2　（1）	トヨタ自動車
3　（3）	パナソニック
4　（5）	ホンダ
5　（6）	日産自動車
6　（7）	キリン
7　（4）	イオン
8　（12）	セブン-イレブン・ジャパン
9　（17）	アサヒビール
10　（9）	日本コカ・コーラ

出所：日本経済新聞［2017.7.7］より作成

3　社会価値創造会計

最狭義の社会価値の創造を企業価値の側面から考察する。企業が社会に対してどれだけの価値を提供しているか。社会貢献額，支援・寄付額，社会的課題を解決するために企業ができることは何か。非営利活動，ボランティア活動，地域社会貢献，NPOとの協業，財団・社団の設立，貧困・弱者対策等を総合的に評価する。金額・物量的に示せない定性的側面も配慮しなければならない。

社会価値創造のタイプ類型としては，次の4つに分けられる。

①　本来の事業活動に組み込んだ社会価値創造

② 経営資源を社会価値創造に利用
③ 財団法人等設立による社会価値創造
④ 企業寄付等による社会価値創造

社会貢献活動は，多くの内容が考えられる。①寄付，②ボランティア活動，③マッチング・ギフト，④表彰制度，⑤研修制度，⑥コミュニティへの参加，⑦施設開放などである。対象分野としては，次の分野が考えられる。①社会福祉，②健康・医学，③スポーツ，④学術・研究，⑤教育・社会教育，⑥文化・芸術，⑦環境保全，⑧地域社会，⑨国際協力などである。

たとえば，社会貢献指数から評価すれば，①社会貢献方針，②社会貢献活動組織，③社会貢献活動支出（たとえば寄付活動），④安全衛生，⑤品質，⑥個人情報保護，⑦地域交流（地域との信頼関係づくり，出張授業），⑧ボランティア（人道支援），⑨メセナ活動，⑩NPO支援，⑪貧困問題，⑫人権問題，⑬格差問題，⑭公衆衛生（労災），⑮災害時支援，⑯社会（地域）との共生などが対象となる。社会的課題についての企業側からの広範囲な対応活動が問われる。

4　ガバナンス価値創造会計

コーポレート・ガバナンス（Corporate governance：CG）とは，企業経営の意思および方向性を規定する枠組み・規律である。2015年6月1日から，コーポレートガバナンス・コード（code）が採択され，義務づけられ，ガバナンス報告書を公表しているので，各社の状況を比較検討可能となった。しかし，形式的開示で，実質的評価はかなり難しい。

CG価値は，CGにより生み出される付加価値（CF）の割引現在価値であり，企業戦略の執行能力であり，経営陣の経営の仕組みを評価し，ガバナンス体制，法令順守，株主権利の確保，情報開示等の妥当性を検証しながら算定する。結果として，資本コスト・効率を意識した企業価値創造力にも繋がるので，CG価値単独で判断する難しさがある。企業の置かれた環境，直面する課題にも影響される。経営リスクを踏まえた業務執行の監視システムとして機能しているかも評価する。特に，社外独立役員の役割・機能・人数が，ガバナンス上どの

ような意味を果たしているか。統一的に企業間比較をするのは難しく、各社が独自の評価システムを構築することが望ましい。CG改革の違いにより、CG価値にも相違が生じ、今後のCG価値のリスクをより判断できるようになるであろう。各社がどこまで本気で、どのようにCGを評価・見直しを進め、実行しているかに注目したい。

5 社会価値創造主要ドライバー

　日本の株式時価総額トップ500社の環境価値を創造する要因を調査・整理した。各社1点を各主要ドライバーに評価・配分して集計した。社会価値についても同様に評価・配分した。環境価値を創造する個別主要ドライバーでは、地球温暖化（17%）、環境マネジメント（12%）、環境負荷（10%）、リサイクル（9%）、自然・資源（9%）、廃棄物（7%）、環境保全（7%）、生物多様性（5%）、コミュニケーション（4%）、化学物質（4%）、環境会計（2%）、その他（5%）である。社会価値を創造する個別主要ドライバーでは、圧倒的に寄付・支援（37%）、地域社会貢献（30%）、被災地支援（7%）、ボランティア（4%）、対話（3%）、その他（12%）である。各種多様な分野・項目に網羅的に分散している。

　当然製造業と非製造業、業種により、重点の置き方にある程度の方向性・特性が推測される。製造業では、技術志向、開発重視、品質重視関連の要因をより重視しており、非製造業では、一般的な要因をより重視している。製造業でも各セクターに応じた対応が推測される。各社がそれぞれ最適なKVD・KVIを選定しながら、環境・社会価値の創造を模索している現況が垣間見られる。

　環境変化に応じて、必要であれば見直しを行いつつ、KVD・KVIの優先順位を決定する。ステークホルダーと自社の企業価値にとって共に重要な領域であるKVD・KVIを重点的にアプローチする。このように、重要性を分析し、テーマ、KVD・KVIを選定決定することが考えられる。

　アンケート調査によれば、環境価値創造方法として、環境マネジメント（33%）、環境負荷対策（31%）、リサイクル（20%）、地球温暖化（15%）であり、選択肢が同一ではないが、公表情報からの評価とは、多少相違がある。アンケー

第9章 社会価値創造会計 223

図表 9-20 環境価値 KVD

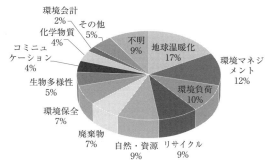

出所：著者作成

図表 9-21 環境価値創造方法
（アンケート調査）

出所：著者作成

図表 9-22 社会価値 KVD

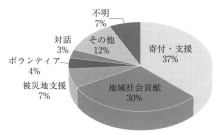

出所：著者作成

図表 9-23 社会価値創造方法
（アンケート調査）

出所：著者作成

図表 9-24 CG 価値 KVD

出所：著者作成

図表 9-25 CG 価値創造方法
（アンケート調査）

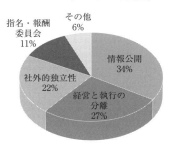

出所：著者作成

ト調査による社会価値創造方法として，地域社会貢献(58%)，被災地支援(18%)，寄付・支援（13%），ボランティア（7%）である。アンケートにおいても，多くの項目を複数選択しており，項目間でそれほど重要性には違いがないようでもある。

　CGに関する評価も大変難しい。ガバナンス報告書は参考になるが，比較検討は容易ではない。各社のガバナンスの考え方に依存している。役員の役割，構成・数，うち外部独立役員割合，役員報酬，研修状況，人権，コンプライアンス等基本的な事項をどのように整備・運用し，改善しているかが問われる。CG価値KVDの評価では，情報開示（30%），独立性（28%），経営執行（25%），委員会（9%）であり，アンケートでのCG価値創造方法では，情報開示（34%），経営と執行の分離（27%），社外的独立性（22%），指名・報酬委員会（11%）であった。

　大成建設グループは，「中期経営計画」の経営課題の取り組みにおいて，事業活動を通じて社会的課題の解決を目指すため，ステークホルダーの視点でCSR活動に取り組んでいる。主な課題・目標の設定については，国際ガイダンスISO26000の制定に伴い，同規格に示された7つの主題を参照しながら，環境・社会・ガバナンスに分類し，主な課題・目標を達成するために重要業績評価指標（KPI）を策定した［大成建設CSRパフォーマンス報告2017 G_Csr-2］。

　大和ハウスグループでは，CSR活動の成果を測定し「見える化」を図るため，2006年度より「CSR自己評価指標」を導入し，CSR活動の改善につなげている。2013年度から，E（環境），S（社会），G（ガバナンス）を軸に指標を改定し，26重要課題・47指標を設定した。2016年度よりスタートする第5次中期経営計画に合わせて3ヵ年目標を定めてPDCAを回し，業績目標の達成および経営基盤の強化を目指すとして，2017年度実績は，目標100%に対する進捗率として，お客様（51.1%），従業員（53.8%），取引先（65.2%），地域市民（80.0%），環境（76.6%），CSR経営の基盤（77.0%），合計（66.4%）であった［大和ハウスサステナビリティレポート2018，180頁］。

　CSR活動の側面だけでなく，本来の企業活動についても同様に，主な課題・

第 9 章 社会価値創造会計 225

図表 9-26 大和ハウス 2015 年度 CSR 自己評価指標のテーマ別得点比率

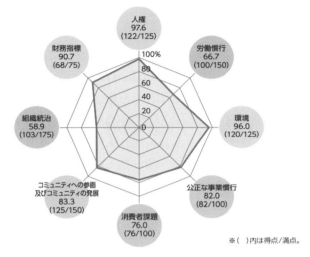

出所：CSR レポート［2016, 143 頁］

図表 9-27 社会価値創造プロセス例

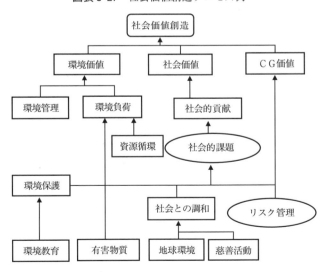

出所：著者作成

目標を設定し，それを達成するために重要業績評価指標（KPI）を策定し，その達成状況を理解できる開示までを期待したい。環境・社会価値を創造するための主要目標・課題を特定し，その目標を達成するための KVD・KVI を選別し，その KVD・KVI の達成状況をモニターしながら，必要に応じて改善・工夫を施し，社会・環境価値の創造に繋げる一連のプロセスを構築・実施する。KVD・KVI の適正性を検討しながら，より望ましい KVD・KVI を追求し続ける。社会・環境価値創造のプロセスは，中長期的な経営革新の継続的推進でもある。

社会価値創造プロセスを明確に可視化するための参考例（図表9-27）を示す。各社が，自社の社会価値創造プロセスを明確に開示し，管理することが望ましい。

6　社会価値創造会計の要約

最後にこれまでの調査分析結果に基づく社会価値創造会計を要約整理しておこう。

① 社会価値概念は 104 社（21%）の企業で用いられている。
② 環境価値概念は 91 社（18%）の企業で用いられている。
③ 社会価値概念は明確には定義されていない。
④ 環境価値概念は明確には定義されていない。
⑤ 社会・環境価値概念は広範囲であり，網羅的でもある。
⑥ 社会・環境価値の内容をかなり詳細に整理区分して評価している企業が存在している。
⑦ 環境価値創造 KVD としては，地球温暖化（17%），環境マネジメント（12%），環境負荷（10%），リサイクル（9%），自然・資源（9%），廃棄物（7%），環境保全（7%），生物多様性（5%），コミュニケーション（4%），化学物質（4%），環境会計（2%）の順で重視されている。
⑧ 社会価値創造 KVD としては，寄付・支援（37%），地域社会貢献（30%），被災地支援（7%），ボランティア（4%），対話（3%）の順で重視されて

いる。
⑨　CG 価値創造 KVD としては，情報開示（30%），独立性（28%），経営執行（25%），委員会（9%）の順で重視されている。

　社会・環境価値創造の戦略，計画，実績，評価，次期戦略，計画へと循環させながら，より具体化するために計量的に社会・環境価値の創造プロセスを可視化していくことがより期待される。

　時価総額上位 500 社を調査対象企業として検討し，過去の財務データ等に基づいて，社会価値創造会計の分析を試みてきた。会計的社会価値の視点から各企業の非財務的視点をも加味した本質的社会価値への接近として展開してきたがまだ不十分である。さらに，未来の予測に役立つ社会価値創造会計へと展開させて分析・評価していかなければならない。経営指標が，時代・環境に応じて変化するように，KVD・KVI も時代・環境に応じて変化するであろうと推測されるから，この考察も残されている。

第10章

企業価値創造会計の課題と展望

1. 企業価値創造会計の課題

1 企業価値創造会計の課題概要

　これまでの調査分析結果を要約整理しながら，企業価値創造会計における課題を指摘する。

　企業価値概念は明確には定義されていない。

　企業価値概念は多種多様に用いられている。

　企業価値概念はDCFによる算定だけでなく，マルチステークホルダー，CSRの視点からも用いられている。

　企業価値の内容をかなり詳細に整理区分して開示している企業が存在している。

　統合・CSR報告書等において，PDCAサイクルを用いて，テーマ・取り組み，計画，実績，評価，次期計画を開示し始めている企業もある。定量項目だけでなく，定性項目もかなり盛り込まれている。

　これまで過去の財務データ等に基づいて，企業価値創造会計の分析を試みてきた。会計的企業価値と市場的企業価値の視点から各企業の非財務的視点をも加味した本質的企業価値への接近を試みてきたがまだ不十分である。さらに，未来の予測に役立つ企業価値創造会計へと展開させて分析・評価していかなければならない。そして調査対象企業をも拡大して，より普遍性を高めていきたい。企業価値創造は，時価総額の大きさにかなり依存している状況は推測できる。

　企業価値創造の戦略，計画，実績，評価，次期戦略，計画へと循環させなが

ら，より具体化するために計量的に企業価値の創造プロセスを可視化していくことがより期待される。

経営指標が，時代・環境に応じて変化するように，KVD・KVIも時代・環境に応じて変化するであろうと推測されるから，この考察も残されている。

アンケート調査による課題としては，具体的施策・指標（45％），測定（24％），内外の理解（18％）で，定義はわずかに9％に過ぎない。定義からすべてが始まるのであるが。

図表10-1　企業価値創造の課題

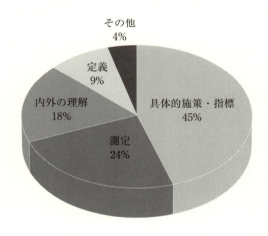

出所：著者作成

2　評価上の課題

各社の情報開示の違いが，大きく影響している。情報を開示していないと，外部からは評価できないため，不利に判断される。内部管理でどこまで意識して，経営に活用しているのであろうか。外部には伝わらない。外部に公表することにより，質的レベルを向上させる可能性はあろう。

評価方法も，多様であり，統一性に欠けている。金額把握が望ましいが，物

量的把握でもやむを得ない場合も多いであろう。定性評価しかできないものもあろう。評価方法を明確にし，徐々に改善していけば良いと考える。

グローバルでの比較検討は，必要であるが，制度・価値観等によりなかなか難しい。欧米企業との比較考察は，今後に残されている。米国との違い，欧州との類似性が推測されるが，詳細には調査していない。

3　定義の課題
(1) 企業価値の多様性

当初から企業価値創造会計研究の主要課題は，企業価値の不明確性にあった。アンケート調査問6の企業価値の意味における回答（図表2-5参照）で，「多義的に使用」(57%) がもっとも多かったのをどのように理解するのか。あるCFOとのインタビューで，企業価値の多義性を指摘され，理論との隔たりを感じていた。そのCFOは，対話するステークホルダーによって，企業価値の重点が相違する。投資家・株主と対話する時，社員と対話する時，顧客と対話する時，NGO・NPO関係者と対話する時などによって，企業価値の内容はそれぞれ微妙に違う。企業価値概念の拡張性は考えられるが，企業の都合の良いように使用しているとも思われた。それが，このアンケート調査で驚くべき結果となっている。

アンケート回答の「多義的に使用」の意味・解釈は不明であるが，企業価値に含める範囲が違う。企業価値は絶対的に集約できず，算定者によってもかなりの幅がある。確かに企業価値は多様な側面があるから，その考え方によっても相違するであろう。しかし，経営管理に使用するには，明確に各企業が各自の定義をすべきであろう。社内での対話にも齟齬が生じてしまう。社外に発信するには，誤解が生じないように明確に定義して使用すべきであろう。

最大の課題は明らかである。企業価値を明確に定義し，算定方法，算式を確定することである。ステークホルダーにより，対話の重点は相違しても，企業の考える企業価値は基本的に1つとすべきであろう。この企業価値をどうマネジメントするかが問われる。

現実的には，社内で企業価値を共有化させ，意識・認識を統一し，全社的な取組みとして，社内の不統一・混乱を避けなければならない。社内のコミュニケーションを通して，経営者が明確に企業価値に関する情報を発信し，できる範囲で外部にも開示すべきであろう。曖昧な企業価値ではなく，社内統一の明確な企業価値を考えていただきたい。

(2) 非財務情報・成果の取り扱い

企業価値創造経営を展開するには，財務の側面だけでなく，非財務の側面も十分に配慮することが重要である。中長期の持続性や将来リスクの視点からも，非財務をより積極的に組み込む経営が求められている。しかし，非財務の取扱いについては，各社の状況により相違するであろうから，各社が明確により具体的に取り入れ，開示すべきであろう。将来的には企業価値全般のデータベース化して，ある程度の業種間比較が可能となればと思う。今後の非財務分野への関心，そして実践の展開により整理され，より明確化するであろうと期待している。

4　ドライバー選定の課題

企業価値を創造するドライバーは各社で相違するであろう。同時に多くのドライバーが候補として考えられ，妥当性・効果を検証しなければならない。本当に企業価値創造に貢献するのか。間接的に，どのくらいの期間で効果を発揮するのか。どのような因果連鎖が仮定できるかを考察しなければならない。調査・検証が進めば，より多くの企業で利用可能な典型的なドライバーは絞られてくるであろう。

企業価値を創造するドライバーは各種多様であり，各社の状況・経営方針等により相違する。アンケート調査結果から，複数選択にすると，可能なドライバー候補を網羅的に回答しているようだ。1つのドライバーを選択するのは難しいが，絞り込む必要性もあろう。人的・社会・環境・CG各価値は，特に関連する多くのテーマ・項目があり，網羅的にそれぞれ対応することが重要であろうが，そのなかでも各価値にその時期に応じてより優先的に考慮する特定項

目も考えられる。

　株主価値のドライバーとして，アンケートでは，公表情報調査ではほとんど触れられていない「時価総額」(24%) がかなり多く回答されている。企業価値のアンケートだからか，株価はコントロール不能であるから公表上では避けているのか。成果報酬基準としても株価は有力基準候補でもあろう。それにもかかわらず株価目標の公表には躊躇の傾向が強い。

　アンケート調査と公表情報からの調査結果（図表3-12, 3-13, 3-14, 3-15, 5-6, 6-16, 6-17, 6-18, 7-18, 7-19, 8-27, 8-28, 9-20, 9-21, 9-22, 9-23, 9-24, 9-25参照）は，参考になるが，選択肢にかなり依存してしまう。KVD, KVI, KPI等は検証しなければ，効果は不明であるので，試行錯誤を繰り返しながら，より役立つドライバーを探求することが，もっとも重要であろう。企業価値創造KVD等を例示公開している企業が存在しているから，参考にして，マテリアリティ分析を組み合わせて，各社独自のものを抽出する。

2. 企業価値創造会計の展望

1　企業価値創造の整理

　企業価値概念の混乱から，企業価値は不明確であり，経営管理に使えない。そこで，統一的にこれまでの議論を整理したい。企業価値創造として使用するために簡潔に考えたい。企業価値創造額は，期間の変動として捉える。

　　企業価値創造＝経済価値創造 ± a

　± a は，経済価値創造以外の要素の創造分とする。経済価値創造と± a は，相互に影響を及ぼしている。経済価値創造が± a に影響を与え，± a が経済価値創造に影響を与えている。時間の経過に応じて，この影響の程度は様々であろう。

　経済価値創造を具体化すると会計価値創造と考えられる。

　　　＝会計価値創造 ± a

次に会計価値創造をより具体的に何で把握するのか。一般的に利益とCF，そして時価総額増減額とすれば，次のように算定される。

　　＝（当期利益＋FCF＋時価総額増減額の統合金額）± a

会計価値創造は，短期的な視点ではなく，中長期視点での年間平均額を用いるべきであろう。

当期利益も，会計基準により相違するであろう。重要なことは，会計以外の要因をも考慮することである。常に± a を考慮することが，これまでの会計だけの考え方とは異なる。単純化すれば，

　　企業価値創造＝会計利益± a

と考えることもできる。

± a は，各企業の経営理念，経営方針，経営戦略等に基づき自由に考えることができる。結果として，企業間比較は困難となる。企業価値の多様な定義を認めるが，その代わりに明確に定義し，具体的な測定までを説明する必要はある。各社が各KVD・KVIを駆使しながら，± a を少しでも説得していかなければならない。結果として，± a にかなり主観的な要素をも組み込むことになる。± a は，当初は前項の何％等のかなり概算でもやも得ないが，徐々に精緻化させる必要はあろう。

過去の実績を基に，未来の創造額を予測することになる。中長期経営計画の確度を高めながら利用可能にしていかなければならない。

500社の19年平均値の相関分析を以下の財務項目等について実施してみた。

利益①，FCF，会計価値，時価総額増減額②，平均価値，売上高，総資産，純資産，ROS，資産回転率，財務レバレッジ，ROE③，ROA④，営業利益，売上高営業利益率，純資産増減額，営業CF⑤，財務CF，営業投資財務CF計，CF増減額，Cash残，年収⑥，従業員数，平均年齢，勤続年数，連結従業員数⑦，1人当り営業（経常）等利益，1人当り純利益，単体人件費，単体純利益，単体人件費控除前利益

特徴的な相関だけを図表10-2に示す。

第10章 企業価値創造会計の課題と展望　235

図表10-2　主要項目間の相関

	①	②	③	④	⑤	⑥	⑦
① Pearson の相関係数 有意確率（両側） 度数	1 500						
② Pearson の相関係数 有意確率（両側） 度数	.264＊＊ .000 499	1 500					
③ Pearson の相関係数 有意確率（両側） 度数	.022 .623 500	.070 .118 499	1 500				
④ Pearson の相関係数 有意確率（両側） 度数	-.003 .947 500	.195＊＊ .000 499	.339＊＊ .000 500	1 500			
⑤ Pearson の相関係数 有意確率（両側） 度数	.617＊＊ .000 500	.304＊＊ .000 499	-.044 .324 500	-.088＊ .049 500	1 500		
⑥ Pearson の相関係数 有意確率（両側） 度数	.277＊＊ .000 500	.242＊＊ .000 499	-.076 .090 500	-.131＊＊ .003 500＊＊	.242＊＊ .000 500	1 500	
⑦ Pearson の相関係数 有意確率（両側） 度数	.548＊＊ .000 494	.030 .512 493	-.071 .115 494	-.163＊＊ .000 494	.344＊＊ .000 494	.124＊＊ .006 494	1 494

※※相関係数は1％水準で有意（両側）　※相関係数は5％水準で有意（両側）
出所：著者作成

　時価総額増減額との相関ではROEよりROAの方が有意であり，ROEはその他の項目との相関も劣っている。

　最後にこれまでの調査分析結果を要約整理しながら，課題対処別企業グループに分けてみた。最初に過去・現在の財務業績を検討して，不良であれば，財務業績改善を優先的に注力する。ある程度の財務業績であれば，これまでの利益中心の経営から，企業価値中心の経営に発展させる。それでも財務業績重視の企業価値と考えれば，さらなる財務業績の向上に邁進する。非財務業績を包含する企業価値を重視すると考えれば，非財務業績改善にもかなり配慮する。このように，企業価値創造企業になるためには，財務業績と非財務業績を統合する企業価値の創造をより重視する経営を推進することになる。

　アンケートからも明らかなように，企業価値を創造する経営が進行しているが，その実態は不透明である。どうして企業価値が創造されたのか，創造されなかったのか等ははっきりしない。今後，企業価値を創造する経営を目指すの

には，会計情報を基盤に，非財務情報をも組み込み，企業価値を明確に定め，関連 KPI 等の管理指標を活用し，進捗状況を確認しながら，確実に企業価値を創造する歩みを続けていかなければならない。

　アンケートは，統計的判断には有効であるが，個々の企業の個別環境を把握できないから，全体と個の知識蓄積が同時に求められる。回答企業が企業価値を益々創造し，その創造方法を開示して行くことを期待したい。より多くの企業が，企業価値をより創造できるようになれば幸いである。

図表 10-3　企業価値創造企業への展開区分

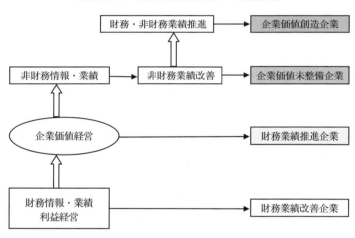

出所：著者作成

2　企業価値の拡張性と定義

　企業価値はこれまでは，明確な概念が確定していない。企業価値概念にどこまで含めるかを，企業が自由に選択可能であった。これが長所でもあり，同時に短所でもあった。統一概念にするには，まだ慎重でなければならない。現段階では，各社が範囲を明確にしていくことが必要であろう。

　企業経営の進化に応じて企業価値概念は益々拡大を続けるであろう。それ故に，常に概念，測定，具体的指標を検討し続けなければならない。

会計から財務へ，人的へ，そして顧客へ，社会環境までを包含するように，拡張され続けるであろう。

図表 10-4　企業価値の拡張性

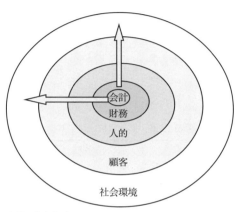

出所：著者作成

3　企業価値の定義・測定の展望

企業価値の定義は，曖昧もことして使用し，漠然としており，具体的に測定するためには，ある程度限定的に用いるしかない。そこで，定義と測定が分離している事例が多い。定義と測定は一体化して用いることが望ましい。

これまでの総括として，典型的な各企業価値創造企業を例示したい。かなり相対的な評価である。より多くの企業が望ましい価値創造を持続できるように，今後も検討を続ける参考になればと考える。

企業価値を整理しながら考察してきたが，経営管理手法として，有効活用できる可能性を内在しているので，これらも研究調査を続けて成功事例を活用し，多くの企業で企業価値を創造できることを明らかにしたい。

ただし，図表 10-5 の企業価値創造企業の類型化は現在時点での例示に過ぎない。

図表10-5　企業価値創造企業の類型化

類　　型	社　名（例示）
1　株主価値創造企業	ファナック，日本電産
2　顧客価値創造企業	サントリー，ソニー，任天堂
3　人的価値創造企業	パナソニック，日立製作所，SCSK，
4　社会環境価値創造企業	ホンダ，オムロン
5　株主・顧客価値創造企業	トヨタ自動車，日産
6　株主・人的価値創造企業	キリン，ソフトバンク，コニカミノルタ
7　株主・社会環境価値創造企業	イオン，TOTO
8　顧客・人的価値創造企業	セブン＆アイ
9　顧客・社会環境価値創造企業	アサヒビール
10　企業価値創造企業	オリエンタルランド，日本コカ・コーラ

出所：著者作成

図表10-6　企業価値と利益の比較

企業価値	利　　益
ハード	ソフト
有　高	期間フロー
自　由	法規，原則，基準，ルール
主観的	客観的
長期視点	短期視点
未来志行	過去志行
相対金額	絶対金額
管理会計志行	財務会計志行
KVD・KVI必要	必ずしも必要としない

出所：著者作成

　最後に，企業価値と利益の特徴を簡単に比較したい。利益は，原則，基準，ルールにより，厳格に算定方法・評価・測定が統一されている。それに対して企業価値は，相対的に自由に算定することが出来る。従って，極めて主観的にならざるを得ない。利益はハードな金額でなければならなく，企業価値はソフトの金額でもかまわないのである。利益は短期業績を意図しているが，企業価値は中長期の業績を目指している。
　利益だけなく企業価値を両輪として重視していくことが望まれる。企業価値創造会計においては，利益を基礎としなが企業価値創造の展開を主張している。

本章では，本書の全体を総括しながら，企業価値創造会計の課題を明確にし，これからの展望を述べた。企業価値創造をより実りある分野にするには，抽象論から現実的に活用する時代へと進化させていかなければならない。どのように多くの企業が企業価値を創造していくのかを今後も見届けたい。企業の価値創造が社会全体の価値創造に繋がり，そして個人の価値創造に連鎖することを楽しみにしている。

主要参考文献

企業価値創造会計関連

青嶋稔（2018）『事業を創る』中央経済社
アメーバ経営学術研究会編（2017）『アメーバ経営の進化』中央経済社
伊藤邦雄（2007）『企業価値評価』日本経済新聞出版社
伊藤邦雄（2014）『新・企業価値評価』日本経済新聞出版社
井上達彦（2014）『ブラックスワンの経営学』日経BP社
大浦真衣（2017）「CSRへの取り組みと財務パフォーマンスの関係性」『ノンプロフィット・レビュー』17（1），49-62頁
大平浩二編著（2016）『ステークホルダーの経営学　第2版』中央経済社
加登豊他編著（2010）『管理会計研究のフロンティア』中央経済社
企業価値創造会計研究会，紺野剛代表（2009）『企業価値創造会計─エレクトロニクス業界の事例分析』学文社
経済産業省経済産業政策局編（2017）『企業価値向上のための実務指針』経済産業調査会
経団連社会貢献担当者懇談編（2001）『この発想が会社を変える─新しい企業価値の創造』リム出版新社
現代財務管理論研究会（2017）『経営力と経営分析』税務経理協会
後藤貴昌（2016）「サステナブル経営による企業価値創造と企業無形資産の考察」『公共政策志林』4，75-94頁
小林啓孝（2017）『エレクトロニクス産業　攻防のダイナミズム』中央経済社
小林敏男（2014）『事業創成』有斐閣
小森宗一郎（2010）「CSとES向上，経費3割減」『日経ビジネス』（2010.9.27）pp.84-87
小山和伸（2014）『意思決定論』白桃書房
小山泰宏（2006）「わが国上場企業の経営財務政策に関するアンケート調査の結果」『岡山大学経済学会雑誌』38（2），173-207頁
紺野剛（1994）『新・経営資源の測定と分析』創成社
紺野剛（2000）『現代企業の戦略・計画・予算システム』白桃書房
紺野剛（2003）「総合的経営指標に関する一考察」『CGSAフォーラム』中央大学大学院国際会計研究科，第1号，135-159頁
紺野剛（2004）「宝ホールディングスの持続的企業価値向上経営」『CGSAフォーラム』中央大学大学院国際会計研究科，第2号，117-146頁
紺野剛（2005）「新企業価値概念とその創造を支援する会計に関する一考察」『CGSAフォーラム』中央大学大学院国際会計研究科，第3号，89-119頁

紺野剛（2006）「HOYA の効率経営による企業価値創造戦略」『CGSA フォーラム』中央大学大学院国際会計研究科，第 4 号，123-150 頁
紺野剛（2008）「エレクトロニクス業界の比較研究による企業価値創造会計」『CGSA フォーラム』中央大学大学院国際会計研究科，第 6 号，23-55 頁
紺野剛（2011）「日本トップ 100 社の比較分析による企業価値創造会計」『CGSA フォーラム』中央大学大学院国際会計研究科，第 9 号，33-55 頁
紺野剛（2012）「日本トップ 200 社の比較分析による企業価値創造会計」『CGSA フォーラム』中央大学大学院国際会計研究科，第 10 号，75-94 頁
紺野剛（2013c）「日本トップ 300 社の比較分析による企業価値創造会計」『CGSA フォーラム』中央大学大学院国際会計研究科，第 11 号，75-97 頁
紺野剛（2014）「日本トップ 400 社の比較分析による企業価値創造会計」『CGSA フォーラム』中央大学大学院国際会計研究科，第 12 号，29-51 頁
紺野剛（2015）「日本トップ 500 社の比較分析による企業価値創造会計」『CGSA フォーラム』中央大学大学院国際会計研究科，第 13 号，17-38 頁
紺野剛他（2018）「アンケート調査による日本トップ 500 社の企業価値創造実態」『CGSA フォーラム』中央大学大学院国際会計研究科，第 16 号，107-125 頁
坂本雅明（2015）『戦略の実行とミドルのマネジメント』同文舘出版
櫻井通晴（2010）「日本の経営者のレピュテーション・マネジメントに関する認識」『Melco』3 巻，pp.3-16
櫻井通晴編著（2012）『インタンジブルズの管理会計』中央経済社
櫻井通晴・伊藤和憲編著（2007）『企業価値創造の管理会計』同文舘出版
櫻井通晴・伊藤和憲編著（2017）『ケース　管理会計』中央経済社
高橋透（2015）『競合分析手法』中央経済社
園田智昭編著（2017）『企業グループの管理会計』中央経済社
田中隆雄（1997）『管理会計の知見』森山書店
谷武幸他（2017）『アメーバ経営が組織の結束力を高める』中央経済社
谷武幸他責任編集（2010）『業績管理会計』中央経済社
寺本義也・原田保（2006）『無形資産価値経営』生産性出版
中尾隆一郎（2018）『KPI マネジメント』フォレスト出版
中川信義（2014）『世界価値論研究序説』御茶の水書房
中村博之・高橋賢編著（2013）『管理会計の変革』中央経済社
浪江一公（2007）『プロフィット・ピラミッド』ダイヤモンド社
夏目啓二編著（2017）『21 世紀 ICT 企業の経営戦略』文眞堂
馬奈木俊介（2017）『豊かさの価値評価』中央経済社
西澤修（2005）『企業価値の会計と管理』白桃書房
ニッセイアセットマネジメント株（2014）『企業価値を高める経営戦略』中央経済社

日本公認会計士協会編（2013）『企業価値評価ガイドライン改訂版』日本公認会計士協会出版局
日本公認会計士協会東京会研修出版部編集（2007）『企業価値と会計・監査』日本公認会計士協会東京会
日本取引所グループ他編著（2018）『企業価値を高める経営』日本経済新聞出版社
日立コンサルティング他編（2007）『日立の知的資本経営』中央経済社
沼上幹（2016）『ゼロからの経営戦略』ミネルヴァ書房
野澤宗二郎（2014）『複雑性マネジメントとイノベーション』日本地域社会研究所
服部周作（2016）『47原則』ダイヤモンド社
藤井智朗・笹本和彦監修（2014）『企業価値を高める経営戦略』中央経済社
藤野哲也（2007）『日本企業における連結経営』税務経理協会
プルータス・コンサルティング編（2018）『企業価値評価の実務Q&A 第4版』中央経済社
宮川壽夫（2016）『企業価値の神秘』中央経済社
森生明（2016）『バリュエーションの教科書』東洋経済新報社
門田安弘（2001）『管理会計』税務経理協会
八島雄士（2017）『セルフ・イノベーションの管理会計』中央経済社
山根節（2015）『MBAエグゼクティブズ』中央経済社
吉田博文他（2006）『知的資産経営』同文舘
リクルートマネジメントソリューションズ組織行動研究所（2010）『日本の持続的成長企業』東洋経済新報社
横田絵理・金子晋也（2014）『マネジメント・コントロール』有斐閣
日本経済新聞2010年9月25日他
日本産業新聞2010年9月21日他
ヴィネイ・クート他, Pwc Strategy& 訳（2017）『成長への企業変革』ダイヤモンド社
コンダカル・ミザヌル・ラハマン（2014）『企業組織の発展と会計学の展開』創成社
ケネス・R・フェリス他, 村上雅章訳（2003）『企業価値評価』ピアソン・エデュケーション
サイモンズ・ロバート, 伊藤邦雄監訳（2003）『戦略評価の経営学』ダイヤモンド社
ショーン・S・スミス, 伊藤和憲他監訳（2018）『戦略的管理会計と統合報告』同文舘出版
チャン・W・ロナルド, 山本御稔他訳（2017）『価値の探求者たち』金融財政事情研究会
モーガン・マーク他, 後藤治・小林暢子訳（2012）『戦略実行』東洋経済新報社
ミッタル・バン&ジャグ・シェス, 陶山計介他訳（2004）『バリュースペース戦略』ダイヤモンド社
メーター・パヴィスラ・K他, 矢羽野薫訳（2012）『ビジョナリーであるということ』ダイヤモンド社
リン・シャープ・P, 鈴木主税・塩原通緒訳（2004）『バリューシフト』毎日新聞社

ロジャーズ・J・デービッド，松野弘訳（2013）『古今の名将に学ぶ経営戦略』ミネルヴァ書房
Daum, Juergen H., (2003) *Intangible Assets and Value Creation*, Wiley.
Davila, Antonio, etc., (2012) *Performance Measurement and Management Control: Global Issues*, Emerald.
Merchant, Kenneth A., (2012) *Management Control Systems Third Edition*, Prentice Hall.
Olve, Nils-Göran, etc., (1999) *Performance Drivers*, Wiley.
Olve, Nils-Göran, etc., (2003) *Making Scorecards Actionable*, Wiley.
Scott, Mark C., (1998) *Value Drivers*, Wiley.
Sullivan, Patrick H., (2000) *Value-Driven Intellectual Capital*, Wiley. 森田松太郎監修（2002）『知的経営の真髄』東洋経済新報社

株主価値創造会計関連

アーサーアンダーセン（1999）『株主価値重視の企業戦略』東洋経済新報社
井手正介（1999）『株主価値経営　成功の条件』東洋経済新報社
伊藤和憲（2014）『BSC による戦略の策定と実行』同文舘出版
碓氷悟史（2004）『ROE 不用論』中央経済社
大津広一（2005）『会計指標入門』ダイヤモンド社
大工舎宏（2017）『事業計画を実現する KPI マネジメントの実務』日本能率協会マネジメントセンター
川勝宜昭（2016）『日本電産流「V 字回復経営」の教科書』東洋経済新報社
KPMG FAS あずさ監査法人編者（2017）『ROIC 経営』日本経済新聞出版社
菊地正俊（2016）『良い株主　悪い株主』日本経済新聞出版社
北居明（2014）『学習を促す組織文化』有斐閣
北上弘明（2017）『儲かる「商社ポジション経営」のやり方』セルバ出版
小西宏美（2017）『グローバル資金管理と直接投資』日本経済評論社
紺野剛（2016）「日本トップ 500 社の比較分析による株主価値創造会計」『CGSA フォーラム』中央大学大学院国際会計研究科，第 14 号，65-89 頁
手島直樹（2015）『ROE が奪う競争力』日本経済新聞出版社
日本證券アナリスト協会編著（2017）『企業・投資家・証券アナリスト　価値向上のための対話』日本経済新聞出版社
野村證券金融工学研究センター編（2011）『企業価値向上の事業投資戦略』ダイヤモンド社
星野雄滋（2015）『戦略バランスとレバレッジ会計マネジメント』同文舘出版
藤井剛（2014）『CSV 時代のイノベーション戦略』ファーストプレス

藤田勉（2016）『ROE 戦略』中央経済社
ベリングポイント（2002）『株主価値マネジメント』生産性出版
三品和広（2015）『高収益事業の創り方』東洋経済新報社
森直哉（2017）『配当政策のパズル』中央経済社
柳良平（2015）『ROE 革命の財務戦略』中央経済社
渡辺茂（1994）『ROE 革命』東洋経済新報社
日本経済新聞 2015 年 9 月 16 日他
日本産業新聞 2010 年 9 月 21 日他
A・ブラック他，井出正介監訳（1998）『株主価値追求の経営』東洋経済新報社
A・ラパポート，岡野光喜監訳（1989）『株式公開と経営戦略』東洋経済新報社
Jury, Timothy D.H., (2012) *Cash Flow Analysis and Forecasting*, Wiley.
Rappaport, Alfred, (2006) "Ten Ways to Create Shareholder Value" *Harvard Business Review*, September, Harvard Business Review ORG, pp.66-77. アルフレッド・ラパポート（2007.2）「株主価値創造への 10 原則」『ハーバード・ビジネス・レビュー』ダイヤモンド社，24-37 頁

顧客価値創造会計関連

青木章通（2012）「インタンジブルズとしての顧客資産の測定」『インタンジブルズの管理会計』中央経済社，67-79 頁
有吉秀樹（2007）『企業価値向上のマーケティグ戦略』中央経済社
池尾恭一他（2010）『マーケティグ』有斐閣
大石芳裕編（2009）『日本企業のグローバル・マーケティング』白桃書房
片山富弘（2009）『顧客満足対応のマーケティング戦略』五絃舎
河合篤男他（2017）『100 年成長企業のマネジメント』日本経済新聞出版社
川上昌直（2011）『ビジネスモデルのグランドデザイン―顧客価値と利益の共創』中央経済社
紺野剛（2000）「企業価値向上のマーケティング戦略」『企業価値向上の戦略』税務経理協会，51-70 頁
紺野剛（2013b）「顧客価値創造会計」『商学論纂』中央大学商学部，第 50 巻第 3 号，191-223 頁
嶋口充輝（1994）『顧客満足型マーケティングの構図』有斐閣
嶋口充輝他（2004）『マーケティング戦略』有斐閣
嶋口充輝・内田和成編著（2004）『顧客ロイヤルティの時代』同文舘出版
清水公一（2015）『共生マーケティング戦略論　第五版』創成社
匠英一（2007）『顧客見える化』同友館

多田正行（2004）『コトラーのマーケティング戦略』PHP 研究所
田村正紀（2010）『マーケティング・メトリクス』日本経済新聞出版社
寺本義也・原田保（2006）『無形資産価値経営』生産性出版
常盤猛男（2007）『顧客満足経営事典』ファーストプレス
永井猛（2010）『富と知性のマーケティング戦略』五絃舎
浪江一公（2007）『プロフィット・ピラミッド』ダイヤモンド社
西岡健一他（2017）『「製造業のサービス化」戦略』中央経済社
西川徹（1996）『価値創造のマーケティング』国元書房
日本会計研究学会特別委員会報告（1997）『市場・製品・顧客と管理会計の新しいパラダイム中間報告』
日本会計研究学会特別委員会報告（1998）『市場・製品・顧客と管理会計の新しいパラダイム最終報告』
延岡健太郎（2011）『価値づくりの経営の論理』日本経済新聞出版社
日立コンサルティング他編（2007）『日立の知的資本経営』中央経済社
マーケティング史研究会（2010）『日本企業のマーケティング』同文舘出版
松村潤一編著（2015）『価値共創とマーケティング論』同文舘出版
町田守弘・大竹佳憲（2003）『実践ロイヤル・カスタマー経営』コンピュータ・エージ社
南知恵子・西岡健一（2014）『サービス・イノベーション』有斐閣
宮尾学（2016）『製品開発と市場創造』白桃書房
本橋正美（2011）「マーケティング活動の有効性評価」『会計論叢』（明治大学大学院会計専門職研究科）第 6 号，55-65 頁
森川正之（2016）『サービス立国論』日本経済新聞出版社
横山隆治・内田康雄（2017）『デジタル変革マーケティング』日本経済新聞出版社
リクルートマネジメントソリューションズ組織行動研究所（2010）『日本の持続的成長企業』東洋経済新報社
渡部吉昭（2017）『企業金融にける価値共創』千倉書房
『週刊ダイヤモンド』（2012.7.14）「都賀一宏」ダイヤモンド社，148-151 頁
『日経ビジネス』（2011.7.11）「コスト削減は改革ではない」日経 BP 社，42-45 頁
『日経ビジネス』（2012.1.9）「コスト削減は価値創造の第一歩」日経 BP 社，76-79 頁
『日経ビジネス』（2012.7.9）「パナソニック，過去と決別」日経 BP 社，8-9 頁
AccountAbility，創コンサルティング訳（2007）『マテリアリティ・レポート』
クマー・ニラマルヤタ，井上崇通・村松潤一他訳（2008）『戦略としてのマーケティング』同友館
コトラー・フィリップ，村田昭治監修（1996）『マーケティング・マネジメント』プレジデント社
コトラー・フィリップ，恩蔵直人監修（2001）『コトラーのマーケティング・マネジメ

ント　ミレニアム版（第 10 版）』ピアソン・エデュケーション
コトラー・フィリップ，恩蔵直人監修（2003）『コトラーのマーケティング・コンセプト』東洋経済新報社
コトラー・フィリップ，ゲイリー・アームストロング，恩蔵直人監修（1999）『コトラーのマーケティング入門（第 4 版）』ピアソン・エデュケーション
コトラー・フィリップ，ケラー・ケビン・R，恩蔵直人監修（2008）『マーケティング・マネジメント（第 12 版）』ピアソン桐原
サットン・デイブ，クライン・トム，博報堂ブランドソリューションマーケティングセンター他訳（2006）『利益を創出する統合マーケティング・マネジメント』英治出版
ドイル・ピーター，恩蔵直人監訳（2004）『価値ベースのマーケティング戦略論』東洋経済新報社。
ニーリー・アンディ編著，清水孝訳（2004）『業績評価の理論と実務』東洋経済新報社
ファリス・ポール・W. 他，小野晃典・久保知一監訳（2011）『マーケティング・メトリクス（原著第 2 版）』ピアソン桐原
ホーキンス・ゲーリー，青木輝夫監訳（2004）『「顧客知」経営革命』コンピュータ・エージ社
バゼル・ロバート・D. 他，編集部訳（2008）「PIMS:ROI は市場シェアに従う」『Diamond Harvard Business Review』November, pp.74-89. ダイヤモンド社
バーンド・シュミット・H，嶋村和恵・広瀬盛一訳（2004）『経験価値マネジメント』ダイヤモンド社
ピーターセン・S・グレン，匠英一監訳（2000）『CRM 入門』東洋経済新報社
マクドナルド・マルコム，浦郷義郎訳（1999）『マーケティング監査』白桃書房
ミッタル・バン ＆ ジャグ・シェス，陶山計介他訳（2004）『バリュースペース戦略』ダイヤモンド社
レビット・セオドア，有賀裕子訳（2007）『T. レビット　マーケティング論』ダイヤモンド社
レンズコールド・ジェームズ・D.，ベリングポイント戦略グループ訳（2004）『マーケティング ROI』ダイヤモンド社
Kotler, P., (1994) *Marketing Management 8th ed.*, Prentice-Hall

人的価値創造会計関連

アトキンソン・デービット（2017）『日本再生は，生産性向上しかない！』飛鳥新社
阿部正浩・山本勲編（2018）『多様化する日本人の働き方』慶應義塾大学出版会
石塚由紀夫（2016）『資生堂のインパクト』日本経済新聞出版社
井出誠（2016）『平成 27 年改正労働法の企業対応』中央経済社

今井祐（2014）『経営者支配とは何か』文眞堂
岩崎裕美子（2016）『ほとんどの社員が17時に帰る』クロスメディア・パブリッシング
植田寿乃（2014）『会社の未来は女性が拓く！』日本経済新聞出版社
小川孔輔（2014）『CSは女子力で決まる！』生産性出版
岡田昌毅（2013）『働くひとの心理学』ナカニシ出版
大内伸哉（2016）『労働法で人事に新風を』商事法務
大久保幸夫・石原直子（2014）『女性が活躍する会社』日本経済新聞出版社
太田正孝編著（2016）『異文化マネジメントの理論と実践』同文舘出版
大沢真知子（2015）『女性はなぜ活躍できないのか』東洋経済新報社
大橋弘他編著（2018）『イノベーションの研究』きんざい
大村剛史・高亮（2018）『働き方改革法』労務行政
大湾秀雄（2017）『日本の人事を科学する』日本経済新聞出版社
奥林康司・平野光俊編著（2014）『多様な人材のマネジメント』中央経済社
貝塚啓明他編著（2014）『持続可能な高齢社会を考える』中央経済社
加藤健太・大石直樹（2013）『ケースに学ぶ日本の企業』有斐閣
金田信一郎（2016）『矢敗の研究　巨大組織が崩れるとき』日本経済新聞出版社
金丸祐子（2016）「女性活躍推進法の概要と企業のとるべき対応」『会計・監査ジャーナル』
　日本公認会計士協会出版局，No.727，71-76頁
上林憲雄編著（2016）『人的資源管理』中央経済社
北居明（2014）『学習を促す組織文化』有斐閣
経団連出版編（2014）『企業力を高める』経団連出版
小池和男（2016）『「非正規労働」を考える』名古屋大学出版会
小室淑恵（2015）『女性活躍　最強の戦略』日経BP社
小室淑恵（2016）『労働時間革命』毎日新聞出版
紺野剛（2017）「日本トップ500社の比較分析による人的価値創造会計」『CGSAフォーラム』中央大学大学院国際会計研究科，第15号，47-80頁
齋藤清一（2016）『職能給の再構築と日本型成果主義賃金の実践テキスト』中央経済社
斉藤智文（2008）『働きがいのある会社』労働行政
佐藤厚（2016）『組織のなかで人を育てる』有斐閣
佐藤博樹他編（2017）『ダイバーシティ経営と人材活用』東京大学出版会
猿田正機編著（2016）『トヨタの躍進と人事労務管理』税務経理協会
白木三秀（2006）『国際人的資源管理の比較分析』有斐閣
大工舎宏・井田智絵（2015）『KPIで必ず成果を出す目標達成の技術』日本能率協会マネジメントセンター
大和総研経営コンサルティング本部編（2014）『「健康戦略」の発想と着眼点』中央経済社
高嶋栄（2007）『「自立型社員」はこうつくる！』同文舘出版

立花則子他編著（2017）『組織を動かす働き方改革』中央経済社
田中宏司・水尾順一編著（2013）『人にやさしい会社』白桃書房
東京都社会保険労務士会編（2015）『ダイバーシテイマネジメントの実践』労働新聞社
鶴光太郎（2016）『人材覚醒経済』日本経済新聞出版社
中尾篤史（2018）『経理部門の働き方改革のススメ』税務研究会出版局
中谷文美（2015）『オランダ流ワーク・ライフ・バランス』世界思想社
中町誠・中山慈夫編（2014）『労働時間・休日・休暇・休業 第3版』中央経済社
永田稔（2016）『非合理な職場』日本経済新聞出版社
永禮弘之・瀬川明秀（2015）『ホワイト企業』日経BP社
日本創造経営協会編（2006）『人づくりの経営』中央経済社
服部治（2016）『海外日系企業の人材形成とCSR』同文舘出版
濱口桂一郎（2015）『働く女子の運命』文藝春秋
平野光俊（2006）『日本型人事管理』中央経済社
林明文（2014）『合理的人事マネジメント』中央経済社
服部治（2016）『海外日系企業の人材形成とCSR』同文舘出版
水町勇一郎（2018）『「同一労働同一賃金」のすべて』有斐閣
宮本光晴（2014）『日本の企業統治と雇用制度のゆくえ』ナカニシ出版
三輪卓（2015）『知識労働者の人的資源管理』中央経済社
ムーギー・キム（2016）『最強の働き方』東洋経済新報社
森岡孝二（2005）『働きすぎの時代』岩波書店
森川正之（2018）『生産性 誤解と真実』日本経済新聞出版社
森中謙介・山口俊一（2016）『人事評価・賃金制度入門』中央経済社
山西均（2015）『グローバリズムと共感の時代の人事制度』白桃書房
山口一男（2017）『働き方の男女不平等 理論と実証分析』日本経済新聞出版社
山口一美（2015）『ホスピタリティマネジマント』創成社
山口俊一（2017）『同一労働同一賃金で，給料の上がる人・下がる人』中央経済社
山本勲・黒田祥子（2014）『労働時間の経済分析』日本経済新聞出版社
山元浩二（2015）『人事評価制度のつくり方』あさ出版
山下洋史（2016）『人的資源管理と日本の組織』同文舘出版
山下洋史編著（2011）『日本企業のヒューマン・リソース・マネジメント』東京経済情報出版
横田浩一・石井淳蔵（2014）『愛される会社のつくり方』碩学舎
吉田寿（2007）『社員満足の経営』日本経団連出版
吉原敬典編著（2014）『ホスピタリティマネジメント』白桃書房
労働総研労働時間問題研究部会編（2006）『非常識な労働時間』学習の友社
日本公認会計士協会（2009）『日本企業の労働関連KPI』経営研究調査会研究報告第35号

日本経済新聞 2016 年 10 月 3 日他
日本産業新聞 2016 年 10 月 3 日他
国際労働機関（ILO），田村勝訳（2016）『ビジネスと経営における女性』一灯舎
オスターマン・ポール他，伊藤健市他訳（2004）『ワーキング・イン・アメリカ』ミネルヴァ書房
コトラー・フィリップ他，ハーバード社会起業大会スタディプログラム研究会訳（2014）『グッドワークス』東洋経済新報社
シロタ・デビッド他，スカイライトコンサルティング（株）訳（2006）『熱狂する社員』英治出版
ジョン・H・フレミング & ジム・アスプランド，林康史監訳（2010）『ヒューマン・シグマ』東洋経済新報社
ソーントン 3 世・C・ジョージ他，廣瀬紳一他監訳（2014）『人事戦略のためのアセスメント・センター』中央経済社
ラジアー・エドワード・P & マイケル・ギブス，樋口美雄監訳（2017）『人事と組織の経済学・実践編』日本経済新聞社
ラズロ・ボック，鬼澤忍・矢羽野薫訳（2015）『ワーク・ルールズ！』東洋経済新報社
Becker, Brian E., etc., (2001) *The HR Scorecard*, Harvard Business School Press.

社会価値創造会計関連

青木英孝（2017）『日本企業の戦略とガバナンス』中央経済社
青木崇（2016）『価値創造経営のコーポレート・ガバナンス』税務経理協会
足達英一郎・金井司（2004）『CSR 経営と SRI』金融財政事情研究会
足立浩（2012）『社会的責任の経営・会計論』創成社
アムディ・ジャパン編著（2018）『ESG 入門』日本経済新聞出版社
粟屋仁美（2012）『CSR と市場』立教大学出版会
天野明弘他編著（2004）『持続可能社会構築のフロンティア』関西学院大学出版会
R&I 格付投資情報センター編集部編（2016）『点検　ガバナンス大改革』日本経済新聞出版社
石川淳（2016）『シェアド・リーダーシップ』中央経済社
伊咲英子（2014）『新版　CSR 経営戦略』東洋経済新報社
石崎忠司（2005）「CSR と企業価値」『産業経理』Vol.65No.3, 11-18 頁
石崎忠司・中瀬忠和編著（2007）『コーポレート・ガバナンスと企業価値』中央大学出版部
石田正泰・石井康之（2016）『企業経営に資する知的財産』経済産業調査会
伊藤邦雄他総監修（2017）『持続的成長のための「対話」枠組み変革』商事法務

井上正広他（2016）『東レ　改訂版』出版文化社
井端和男（2016）『最新の粉飾　第7版』税務経理協会
今井祐（2016）『東芝事件と「守りのガバナンス」』文眞堂
江川雅子（2018）『現代コーポレートガバナンス』日本経済新聞出版社
岩田宣子（2015）『コーポレートガバナンス・コードのIR対応』中央経済社
Ｅ Y Japan（2015）『コーポレートガバナンス・コードとスチュワードシップ・コード』第一法規
インターリスク総研編著（2004）『実践CSR―持続可能な発展に向けて』経済法令研究会
植田和弘・島本実編著（2017）『グリーン・イノベーション』中央経済社
氏家豊（2017）『イノベーション・ドライバーズ』白桃書房
内田正剛（2016）『「不正会計」対応はこうする・こうなる』中央経済社
江頭憲治郎（2017）『株式会社法　第7版』有斐閣
大垣尚司（2017）『金融から学ぶ会社法入門』勁草書房
尾崎恒康監修・執筆（2015）『役員・従業員の不祥事対応の実務　社外対応・再発防止編』レクシスネクシス・ジャパン
小澤紀美子編著（2015）『持続可能な社会を創る環境教育論』東海大学出版部
海永修司（2017）『実践　ガバナンス経営』日本経済新聞出版社
風間信隆編著（2019）『よくわかるコーポレート・ガバナンス』ミネルヴァ書房
加護野忠男他編著（2015）『スウェーデン流グローバル成長戦略』中央経済社
加藤康之編著（2018）『ESG投資の研究』一灯舎
株式会社日本総合研究所編著（2017）『葛藤するコーポレートガバナンス改革』金融財政事情研究会
金子登志雄（2017）『総務・法務担当者のための会社法入門』中央経済社
上村達男（2002）『会社法改革』岩波書店
亀井利明原著（2017）『リスクマネジメントの本質』同文舘出版
亀川雅人・高岡美佳編（2007）『CSRと企業経営』学文社
勝田悟（2017）『環境概論　第2版』中央経済社
川西拓人他（2018）『ESGの視点』中央経済社
姜理恵（2017）『イノーベション・リレーションの現状と課題』同文舘出版
経済法令研究会編（2007）『金融CSR総覧』経済法令研究会
（社）企業メセナ協議会編（2003）『メセナマネジメント』ダイヤモンド社
倉阪秀史（2002）『環境を守るほど経済は発展する』朝日新聞社
栗山浩一編著（2018）『企業経営と環境評価』中央経済社
黒川文子（2017）『自動車産業のESG戦略』中央経済社
黒川保美他編著（2003）『CSRグランド戦略』白桃書房
経済産業省（2012）『持続的な企業価値創造に資する非財務情報開示のあり方に関する

調査』経済産業省経済産業政策局企業会計室
経済産業省編（2016）『コーポレート・ガバナンスの実践』経済産業調査会
経団連出版編（2013）『企業力を高める』経団連出版
KPMGジャパン編著（2018）『社会が選ぶ企業』日本経済新聞出版社
高巖他（2003）『企業の社会的責任』日本規格協会
國部克彦編著（2013）『社会環境情報ディスクロージャーの展開』中央経済社
國部克彦編著（2017）『CSRの基礎』中央経済社
小林潔司他編（2014）『日本型クリエイティブ・サービスの時代』日本評論社
小林光編著（2013）『環境でこそ儲ける』東洋経済新報社
小林喜光（2011）『地球と共存する経営―MOS改革宣言』日本経済新聞出版社
コーポレート・プラクティス・パートナーズ編（2017）『コーポレート・ガバナンスの現状分析［2017年版］』商事法務
近藤久美子（2017）『CSV経営とSDGs政策の両立事例』ナカニシヤ出版
紺野剛（2018）「日本トップ500社の比較分析による社会価値創造会計」『CGSAフォーラム』中央大学大学院国際会計研究科，第16号，71-106頁
佐久間健（2006）『トヨタのCSR戦略』生産性出版
澤口実他編著（2018）『コーポレートガバナンス・コードの実務　第3版』商事法務
宍戸善一他編著（2016）『コーポレート・ガバナンス改革の提言』商事法務
柴田英樹・梨岡英理子（2014）『進化する環境・CSR会計』中央経済社
島本実（2014）『計画の創発』有斐閣
清水克彦（2004）『社会的責任マネジメント』共立出版
鈴木良隆編者（2014）『ソーシャル・エンタプライズ論』有斐閣
事業構想研究所編者（2018）『SDGsの基礎』事業構想大学院大学出版部
十川廣國（2005）『CSRの本質』中央経済社
宝印刷（株）総合ディスクロージャー研究所編（2014）『統合報告書による情報開示の新潮流］』同文舘出版
武井一浩編著（2015）『コーポレートガバナンス・コードの実践』日経BP社
丹下博文（2014）『企業経営の社会性研究［第3版］』中央経済社
電通総研（1991）『企業の社会貢献』日本経済新聞社
谷本寛治（2013）『責任ある競争力―CSRを問い直す』NTT出版
谷本寛治（2014）『日本企業のCSR経営』千倉書房
谷本寛治編著（2003）『SRI社会的責任投資入門』中央経済社
谷本寛治編著（2015）『ソーシャル・ビジネス・ケース』中央経済社
玉村雅敏編著（2014）『ソーシャルインパクト』産学社
玉村雅敏編著（2016）『ソーシャルパワーの時代』産学社
中央青山監査法人編（2004）『CSR実践ガイド』中央経済社

円谷昭一編著（2017）『コーポレート・ガバナンス「本当にそうなのか？」』同文舘出版
所伸之編著（2017）『環境経営とイノベーション』文眞堂
豊澄智己（2007）『戦略的環境経営』中央経済社
中村直人（2016）『取締役会改革』中央経済社
中村直人・倉橋雄作（2018）『コーポレートガバナンス・コードの読み方・考え方　第2版』商事法務
名和高司（2015）『CSV 経営戦略』東洋経済新報社
日経エコロジー編著（2017）『ESG 経営　ケーススタディ 20』日経 BP 社
日経エコロジー編著・日経 BP 環境経営フォーラム編（2013）『トップが語る環境経営』日経 BP 社
日経 CSR プロジェクト編（2007）『CSR　働く意味を問う』日本経済新聞出版社
日経デザイン編（2017）『創造する会社』日経 BP 社
日本公認会計士協会（2013）『統合報告の国際事例研究』経営研究調査会研究報告第 49 号［http://www.hp.jicpa.or.jp/specialized_field/files/2-3-49-2-20130213.pdf］
日本規格協会編著（2004）『CSR 企業の社会的責任』日本規格協会
日本 CSR 協議会編（2013）『実践 CSR 経営』創成社
日本証券アナリスト協会編（2017）『価値向上のための対話』日本経済新聞出版社
日本総合研究所編著（2017）『葛藤するコーポレートガバナンス改革』金融財政事情研究会
野田健太郎（2017）『戦略的リスクマネジメントで会社を強くする』中央経済社
野中郁次郎他（2014）『実践ソーシャルイノベーション』千倉書房
野村総合研究所（1991）『環境主義経営と環境ビジネス』野村総合研究所
藤井和彦（2005）『ヨーロッパの CSR と日本の CSR』日科技連出版社
藤井剛（2014）『CSV 時代のイノベーション戦略』ファーストプレス
長谷川俊明（2015）『新しい取締役会の運営と経営判断原則』中央経済社
長谷川直哉編著（2018）『統合思考と ESG 投資』文眞堂
浜辺陽一郎（2014）『企業法務入門』東洋経済新報社
浜本光紹（2017）『環境経済学入門講義　改訂版』創成社
林雄二郎・加藤秀俊編著（2000）『フィランソロピーの橋』ティビーエス・ブリタニカ
樋口晴彦（2017）『東芝不正会計事件の研究』白桃書房
久塚謙一（2017）『環境論ノート』流通経済大学出版会
福原紀彦編集代表（2007）『企業法務戦略』中央経済社
藤井敏彦・新谷大輔（2008）『アジアの CSR と日本の CSR』日科技連
藤原英賢（2017）『内部統制の有効性とコーポレート・ガバナンス』同文舘出版
古庄修編著（2018）『国際統合報告論』同文舘出版
倍和博（2005）『CSR 会計を導入する』日本規格協会

倍和博（2008）『CSR 会計への展望』森山書店
馬場英朗（2013）『非営利組織のソーシャル・アカウティング』日本評論社
樋口一清他（2010）『サステイナブル企業論』中央経済社
古室正充他編著（2005）『CSR マネジメント導入のすべて』東洋経済新報社
細野祐二（2017）『粉飾決算 VS 会計基準』日経 BP 社
牧野昇他（2001）『環境ビジネス新時代』経済界
松澤綜合会計事務所編著（2017）『会計不正と粉飾決算の発見と調査』日本加除出版
松山遥（2017）『社外取締役・社外監査役の役割』商事法務
三木義一監修（2017）『新実務家のための税務相談　会社法編』有斐閣
三宅隆之（2002）『社会的使命の経営学』中央経済社
水尾順一（2005）『CSR で経営力を高める』東洋経済新報社
水尾順一（2016）『サスティナブル・カンパニー』宣伝会議
水尾順一他（2007）『やさしい CSR イニシアチブ』日本規格協会
水尾順一編（2004）『CSR マネジメント』生産性出版
水尾順一編（2005）『CSR イニシアチブ』日本規格協会
水口剛（2005）『社会的責任投資（SRI）の基礎知識』日本規格協会
村上一真（2016）『環境配慮行動の意思決定プロセスの分析』中央経済社
桃尾・松尾・難波法律事務所編（2015）『コーポレート・ガバナンスからみる会社法［第 2 版］』商事法務
森哲郎（2004）『ISO 社会的責任（SR）規格はこうなる』日科技連
森・濱田松本法律事務所編（2018）『コードに対応したコーポレート・ガバナンス報告書の記載事例の分析　平成 30 年版』商事法務
『山を動かす』研究会編（2017）『ガバナンス改革　先を行く経営　先を行く投資家』日本経済新聞出版社
山崎喜代宏（2017）『「持たざる企業」の優位性』中央経済社
山下洋史・諸上茂登編著（2017）『企業のサステナビリティ戦略とビジネス・クオリティ』同文舘出版
八木俊輔（2011）『現代企業と持続可能なマネジメント』ミネルヴァ書房
宜川克（1998）『エコロジー経営』日刊工業新聞社
吉川達夫他編著（2015）『ハンドブック企業法務』レクシスネクシス・ジャパン
吉原敬典編著（2014）『ホスピタリティマネジメント』白桃書房
吉村慎吾（2014）『イノベーターズ』ダイヤモンド社
吉村典久他（2017）『企業統治』中央経済社
脇坂明（2018）『女性労働に関する基礎的研究』日本評論社
鷲田豊明（1999）『環境評価入門』勁草書房
渡邊顕（2015）『コーポレートガバナンス・コードを読み解く』商事法務

渡部吉昭（2017）『企業金融における価値共創』千倉書房
週刊東洋経済　臨時増刊（2011・2012・2013）『CSR 企業総覧』東洋経済新報社
日本経済新聞 2018 年 1 月 21 日他
ステッド・G・ジーン＆ステッド・W・エドワード，柏崎外次郎＆小林綾子訳（2014）『サステナビリティ経営戦略』日本経済新聞出版社
デービッド・ボーゲル，小松由紀子他訳（2007）『企業の社会的責任（CSR）の徹底研究』一灯舎
ベン・W・ハイネマン Jr., 企業法務革命翻訳プロジェクト訳（2018）『企業法務革命』商事法務
マッキー・ジョン＆シソーディア・ラジェンドラ，鈴木立哉訳（2014）『世界でいちばん大切にしたい会社』翔詠社
マグレイス・リタ，鬼澤忍訳（2014）『競争優位の終焉』日本経済新聞出版社
スティーブン・B・ヤング，経済人コー円卓会議日本委員会他監訳（2005）『CSR 経営―モラル・キャピタリズム－』生産性出版
OECD 編著，連合総合生活開発研究所訳（2010）『社会的企業の主流化』明石書店
Bertini M.and Gouville J.T, (2012) "Pricing To Create Shared Value"*Harvard Business Review*, June pp.96-104. 邦訳「共通価値のプライシング」『Diamond Harvard Business Review』August（2012）116-130 頁
Porter M.E and Kramer M.R, (2011) "Creating Shared Value"*Harvard Business Review*, Jan-Feb. pp.62-77. 邦訳「共通価値の戦略」『Diamond Harvard Business Review』June（2011）8-31 頁

初出一覧

第2章　企業価値創造会計の意義
- (2003)「総合的経営指標に関する一考察」『CGSAフォーラム』中央大学大学院国際会計研究科，第1号，135-159頁
- (2004)「宝ホールディングスの持続的企業価値向上経営」『CGSAフォーラム』中央大学大学院国際会計研究科，第2号，117-146頁
- (2005)「新企業価値概念とその創造を支援する会計に関する一考察」『CGSAフォーラム』中央大学大学院国際会計研究科，第3号，89-119頁
- (2006)「HOYAの効率経営による企業価値創造戦略」『CGSAフォーラム』中央大学大学院国際会計研究科，第4号，123-150頁
- (2011)「日本トップ100社の比較分析による企業価値創造会計」『CGSAフォーラム』中央大学大学院国際会計研究科，第9号，33-55頁
- (2012)「日本トップ200社の比較分析による企業価値創造会計」『CGSAフォーラム』中央大学大学院国際会計研究科，第10号，75-94頁
- (2013c)「日本トップ300社の比較分析による企業価値創造会計」『CGSAフォーラム』中央大学大学院国際会計研究科，第11号，75-97頁
- (2014)「日本トップ400社の比較分析による企業価値創造会計」『CGSAフォーラム』中央大学大学院国際会計研究科，第12号，29-51頁
- (2015)「日本トップ500社の比較分析による企業価値創造会計」『CGSAフォーラム』中央大学大学院国際会計研究科，第13号，17-38頁

第3章　企業価値創造会計の本質
- (2008)「エレクトロニクス業界の比較研究による企業価値創造会計」『CGSAフォーラム』中央大学大学院国際会計研究科，第6号，23-55頁
- (2009) 紺野剛代表　企業価値創造会計研究会『企業価値創造会計』学文社

第4章　企業価値創造会計の連鎖
(2012)「日本トップ200社の比較分析による企業価値創造会計」『CGSAフォーラム』中央大学大学院国際会計研究科，第10号，75-94頁

第5章　企業価値創造のアンケート調査
紺野剛他（2018）「日本トップ500社のアンケート調査による企業価値創造実態」『CGSAフォーラム』中央大学大学院国際会計研究科，第16号，107-125頁

第6章　株主価値創造会計
(2016)「日本トップ500社の比較分析による株主価値創造会計」『CGSAフォーラム』中央大学大学院国際会計研究科，第14号，65-89頁

第7章　顧客価値創造会計
(2013a)「企業価値向上のマーケティング戦略」『企業価値向上の戦略』税務経理協会，51-70頁
(2013b)「顧客価値創造会計」『商学論纂』中央大学商学部，第50巻第3号，191-223頁

第8章　人的価値創造会計
(2017)「日本トップ500社の比較分析による人的価値創造会計」『CGSAフォーラム』中央大学大学院国際会計研究科，第15号，47-80頁

第9章　社会価値創造会計
(2018)「日本トップ500社の比較分析による社会価値創造会計」『CGSAフォーラム』中央大学大学院国際会計研究科，第16号，71-106頁

第 10 章　企業価値創造会計の課題と展望
紺野剛他（2018）「アンケート調査による日本トップ 500 社の企業価値創造実態」『CGSA フォーラム』中央大学大学院国際会計研究科, 第 16 号, 107-125 頁

著者紹介

紺野　剛（こんの・つよし）

中央大学大学院商学研究科博士課程単位取得満期退学
Drury 大学大学院 MBA
中央大学専門職大学院国際会計研究科教授を経て現在法務研究科教授
公認会計士・税理士
［主な著書］
『(増補改訂版) 新・経営資源の測定と分析』創成社，1997 年
『現代企業の戦略・計画・予算システム』白桃書房，2000 年
企業価値創造会計研究会代表『企業価値創造会計―エレクトロニクス業界の事例分析』学文社，2009 年ほか

企業価値創造会計の理論と実践
日本トップ500社調査　　　　　　　　　　　中央大学学術図書（98）

2019 年 10 月 10 日　初版第 1 刷発行

著　者　　紺　野　　　剛
発行者　　間　島　進　吾

発行所　中 央 大 学 出 版 部
郵便番号 192-0393
東京都八王子市東中野 742-1
電話 042(674)2351　FAX 042(674)2354
http://www2.chuo-u.ac.jp/up/

© 2019 Tsuyoshi Konno　　　　　　　　印刷　恵友印刷㈱
ISBN978-4-8057-3146-8

本書の出版は，中央大学学術図書出版助成規程による。
本書の無断複写は，著作権上の例外を除き，禁じられています。
複写される場合は，その都度，当発行所の許諾を得てください。